Agenda Setting

Agenda Setting

아젠다세팅

맥스웰 맥콤스 지음 | 황선영 옮김

라이온북스

차례

서문

'아젠다 세팅(agenda-setting, 의제 설정)'은 정치와 여론을 논할 때 흔히 등장하는 표현이다. 이 표현은 무엇이 대중의 관심과 행동의 중심에 놓여야 하는지를 두고 작은 동네부터 국제무대까지 모든 지역사회에서 꾸준히 진행되는 대화와 토론을 간결하게 나타낸다.

이런 대화에서 뉴스 매체는 상당한 역할, 때로는 논란이 되는 역할을 하는 경우가 대부분이다. 남아프리카공화국에서 규모가 가장 큰 일간지《더 소웨탄(The Sowetan)》의 편집장은 자국의 정치 과도기 중 매우 중요한 시기에 국가 아젠다를 설정하는 매체의 이런 역할에 대해 다음과 같이 논평했다.

"남아프리카공화국과 같은 나라에서 매체를 지배한다는 이유로 소수가 공공 아젠다를 계속 설정하는 일은 옳지 않다는 것이 우리의 주장이다."[1]

영국의《가디언(Guardian)》도 비슷한 논평을 실었다.

"영국 언론은 전혀 정상적으로 기능하지 못하는데도 국가의 정치 담론을 위한 아젠다를 설정한다. 우파 남자 세 명이 언론의 75% 이상을 통제하는데도 말이다."[2]

뉴스 매체의 이런 오래되고 누구나 수긍하는 역할에 의구심이 든다면《뉴욕 타임스(New York Times)》가 20세기의 영국 언론 부호 비버브룩 경(Lord Beaverbrook)에 관해 "그는 여러 수상과 저녁 식사를 즐기고 국가의 아젠다를 설정했다"라고 논평한 점을 떠올려보자.[3]《뉴욕 타임스》의 전 임원 맥스 프랭클(Max Frankel)도 자신이 발간하는 신문에 관해 다음과 같이 언급했다.

> (우리 신문은) 미국의 힘이 가장 막강할 때 가장 똑똑하고, 가장 재능 있고, 가장 영향력 있는 미국인의 사보(社報) 역할을 하고 있다. 우리 신문의 논조 또는 칼럼니스트와 비평가 개개인의 시각을 경멸하거나 무시할 수는 있어도 우리가 매일 선보이는 뉴스는 그럴 수 없을 것이다. 그 뉴스가 진지한 미국인의 지적이고 감정적인 아젠다를 형성하기 때문이다.[4]

현대 사회에서 빼놓을 수 없는 특징인 이러한 언론 기관의 엄청난 성장과 확장은 지난 세기의 가장 주목할 만한 측면이었다. 19세기에 우후죽순처럼 생겨난 신문과 잡지 외에 우리는 20세기에 들어와 영화, 라디오, TV, 케이블 TV 등을 도처에서 볼 수 있게 되었다. 20세기 후반에 등장한 인터넷과 의사소통기술의 변화무쌍한 혼합체는 다양한 매체와 콘텐츠 간의 전통적인 경계를 계속해서 허물고 있다. 이런 새로운 의사소통채널은 매스컴을 재정의하고 사회에서 매스컴의 아젠다 세팅 역할을 확장하기도 한다. 한때 매스컴은 특히 신문, TV, 라디오를 통해 같은 메시지를 대규모로 전파하는 매개체를 의미했다. 페이스북, 트위터, 블로그와 같은 새로운 의사소통채널은 많은 사람이 이용하기는 하지만, 이 채널을 통해 오가는 메시지는 개별화되어 있다.

새천년이 시작되자 모두가 이런 떠오르는 기술의 영향력에 관해 이야기하지만, 최신 기술의 파도가 전 세계를 강타하기 몇십 년 전에도 매스컴의 막강한 사회적 영향력은 이미 자명했다. 1972년에 출간된 『대통령 만들기(The Making of the President)』에서 미국 기자 시어도어 화이트(Theodore White)는 대중의 관심을 끄는 아젠다를 설정하는 뉴스 매체의 힘을 묘사하며 "다른 국가에서 이 정도의 권한은 독재자, 성직자, 정당, 정계 실력자에게만 주어진다"고 말했다.[5] 화이트가 이처럼 설득력 있는 말을 한 후에 전 세계적으로 사회과학자들이 우리의 정치적 · 사회적 · 문화적 아젠다의 여러 방면에 영향을 미치는 뉴스 매체와 점점 늘어나는 의사소통채널의 능력을 연구해왔다.

이런 영향력을 가장 잘 기록한, 눈에 띄는 지적 지도(intellectual map) 중 하나가 바로 이 책의 주제인 의사소통 매체의 아젠다 세팅 이론이다. 이론이 완전히 발달한 채 등장하는 경우는 드물다. 이론은 대체로 간단명료한 통찰력에서 시작되며, 각자의 지적 분야에서 다양한 탐구자와 여론조사 연구원이 이론을 수년간 설명하고 해석한다. 아젠다 세팅 이론도 이런 사례에 해당한다. 이 이론은 사회적 · 정치적 이슈에 관한 대중의 관심에 뉴스 매체가 행사하는 영향력을 논하는 빈약한 가설이었다. 하지만 이제는 이런 영향의 심리적인 과정, 의사소통 아젠다를 형성하는 영향력, 메시지에 담긴 특정한 요소의 영향, 이 아젠다 세팅 과정의 다양한 결과에 관한 문제를 포함하는 것으로 확장되었다. 아젠다 세팅 이론은 전통적인 뉴스 매체를 넘어 확장하면서 점점 늘어나는 다양한 의사소통 채널을 통해 사회 문제에 관한 정보의 흐름이 미치는 영향을 나타내는 상세한 지도가 되었다.

이 아이디어는 1967년 초 어느 날《로스앤젤레스 타임스(Los Angeles Times)》의 1면에 실린 기사를 무심히 보다가 떠올렸다. 그날의 굵직한 기사는 총 세 가지였다. 첫 번째는 국제 뉴스였는데, 영국의 주 의회 선거에서 예상을 뒤엎고 보수당이 노동당을 이겼다는 소식이었다. 두 번째는 워싱턴에서 발생한 추문에 관한 미국 국내 뉴스였다. 세 번째는 LA 지역 소식이었다. '빈곤과의 전쟁'이라는 전국적인 캠페인의 주춧돌이었던, 연방정부의 지원을 받은 대규모 프로그램의 LA 수도권 책임자가 해고되었다는 뉴스였다.《로스앤젤레스 타임스》는 당연히 지역 기사를 1면에 톱뉴스로 실었고, 나머지 기사 두 개는 1면의 덜 중요한 자리에 실었다. 세 기사 모두 나머지 두 기사가 없었더라면 손쉽게 1면의 톱뉴스로 실릴 수 있었다. 젊은 UCLA의 교수진 몇 명은 센추리 플라자 호텔(Century Plaza Hotel) 로비에서 금요일 오후마다 열리는 '젊은 교수진 모임'에서 술을 마시며 이에 관한 대화를 나누었다. '어떤 기사가 신문에서 영향력을 덜 발휘하는 자리에 실리면 그 사건의 영향력은 감소할까?'라는 의문 또는 추측이 제기되었다. 주변에 널려 있는 다양한 아이디어에 바탕을 둔 이런 추측과 매체가 대중에게 행사하는 영향력에 관한 경험적 연구 결과가 아젠다 세팅 이론의 씨앗이 된 것이다.

아젠다 세팅이라는 아이디어가 정식화된 것은 필자가 그해 가을에 채플힐(Chapel Hill)에 있는 노스캐롤라이나대학교로 옮기면서 시작되었다. 나는 그곳에서 도널드 쇼(Donald Shaw)를 만났고, 그와 이제 45년 남짓 동안 친구이자 직업적 동반자 관계를 맺고 있다. 우리가 아젠다 세팅과 관련하여 처음 시도했던 공식 조사는 LA에서 뉴스 기사의 영향에 관한 위의 추측에 기반을 두었다. 우리는 같은 소식을 근본적으로 다르게 다룬 신문을 바탕으로 실험을 진행할 생각이었다.《샬럿 옵서버(Charlotte Observer)》는 노스캐롤라이나에서 널리 인정받는 신문이었다. 이 신문은 하루에 두세 차례 발행되는데, 아침에 발행되는 판은 샬럿에서 먼 지역에서 일어나는 일들로 채워졌고, 그날의 마지막 판에는 샬럿 소식이 실렸다. 신문이 이렇게 여러 판으로 발행되다 보니 어떤 기사는 아침에는 1면의 중요한 자리에 실렸다가 시간이 갈수록 점점 덜 중요한 자리로 옮겨가고, 1면 자체를 떠나는 경우도 있다. 우리의 본래 계획은 판에 따른 이런 차이를 실험의 토대로 이용하는 것이었다. 그러나 매일 살펴본 결과, 기사의 소재나 기사가 신문에서 차지하는 자리의 변화 모두 너무 불규칙했다. 따라서 기사가 대중의 인식에 끼치는 영향에 관한 체계적인 비교가 어려웠다.

이런 어려움이 있었지만, 이론적인 아이디어 자체는 흥미로웠다. 그래서 우리는 다른 방법론을 시도하기로 했다. 1968년 미국 대선에서 부동층(undecided voters)을 대상으로 소규모의 설문조사를 시행한 것이다. 부동층이 이용하는 뉴스 매체가 선거에서 중요하게 다뤄지는 이슈에 어떤 영향을 미쳤는지에 관한 체계적인 콘텐츠 분석을 진행했다. 조사를 위해 부동층을 선택한 이유는 분명했다. 일반인들 가운데 선거에는 관심이 있지만 누구에게 투표할지 결정하지 못한 유권자가 매체의 효과에 가장 영향받기 쉬울 것으로 생각했기 때문이다. 이것이 바로 채플힐 연구였으며, 이제는 아젠다 세팅 이론의 기원으로 알려져 있다.[6]

채플힐 연구의 근본적인 성과 중 한 가지는 '아젠다 세팅'이라는 용어를 탄생시킨 것이다. 이 용어는 매체의 영향력이라는 개념을 논하는 학자들 사이에서 빠르게 통용되었다. 필자가 스티브 채피(Steve Chaffee)

를 1968년에 열린 저널리즘 교육협회 연례 모임에서 만나 아젠다 세팅 연구에 관해 이야기했을 때만 하더라도 이 용어는 새롭고 낯선 것이었다. 그런데도 그는 우리 연구의 초점을 곧바로 이해했다.

도널드 쇼가 역사를 전공한 만큼 우리에게 '아젠다 세팅'이라는 용어를 만든 과정에 관한, 가령 '8월 초의 어느 화요일 오후…'와 같은 기록이 있을 것으로 생각할지 모른다. 하지만 도널드나 필자 모두 그 용어를 언제 만들었는지 정확히 기억하지 못한다. 확실한 건 1967년 연구비용의 일부를 지원받기 위해 NAB(National Association of Broadcasters: 미국 방송 사업자들이 설립한 자율 기구—옮긴이)에 제출한 지원금 신청서에는 아젠다 세팅이란 용어가 언급되지 않았다. 하지만 1969년에 NAB에 제출한 채플힐 연구 결과 보고서에는 이 용어가 전혀 새롭지 않은 것처럼 들어가 있었다. 따라서 1968년 어느 즈음에 '아젠다 세팅'이라는 용어가 만들어진 것으로 추측되며[7], 스티브 채피는 이 용어의 유용성을 인정한 첫 '심사위원' 중 한 명이었다. 어쩌면 그는 채플힐 연구 프로젝트에 직접 개입하지 않은 첫 번째 외부인일지도 모른다. 이 연구에 대해서는 제1장에서 자세히 다룰 것이며, 더불어 채플힐과 LA 연구보다 앞서서 이런 아이디어를 제시했던 핵심 선행 연구 몇 가지를 살펴볼 것이다.

셜록 홈스의 말을 응용하자면 1968년에 채플힐 연구의 성공으로 게임이 벌어지고 있는 것이 자명했다. 매체가 여론에 끼치는 정확한 효과의 미스터리 중 일부나마 해결하는 데 도움이 될 법한, 기대할 만한 단서가 있었다. 그래서 여러 연구원이 매체가 여론과 대중의 인식에 어떻게 영향을 미치는지, 매체의 다양한 요소, 콘텐츠, 매체 수용자가 이런 영향에 어떻게 작용하는지에 관한 단서를 탐구하기 시작했다. 두툼한 책 아홉 권을 가득 채우는 셜록 홈스의 모험처럼 이 거대한, 지적인 거미줄에도 다양한 먹이가 걸려들었다. 그러나 의사소통 연구에 관한 아이디어 경쟁의 장이 자유방임주의를 표방하다 보니 의사소통매체의 아젠다 세팅 역할을 탐구하는 일이 언제나 질서정연하게 또는 체계적으로 진행되지는 않았다. 다양한 지리적·문화적 환경에서 여러 사례를 조사한 연구원은 많다. 그들은 수년 동안에 걸쳐 아젠다 세팅 이론을 뒷받침하는 증거를 추가했다. 아젠다 세팅이라는 아이디어를 설명하는 여러 새로운 이론적 개념이 이 지적인 거미줄의 한쪽에서 탄생했고, 그 후에도 줄줄이 탄생했다.

수년 동안 연구의 초점은 공공 이슈 아젠다에 우선적으로 맞춰졌다. 공공 이슈는 뉴스 매체에서 여론조사의 형태로 자주 등장하는 만큼 여론은 공공 이슈 아젠다와 자주 연관되어 언급된다. 아젠다 세팅 이론은 당일의 이슈에 관한 여론에 뉴스 매체가 행사하는 영향력에 대한 묘사와 설명으로부터 발전했다. 1930년대 이후 여론조사 기관인 갤럽(Gallup)에서는 '오늘 이 나라가 직면한 가장 중요한 문제가 무엇인가?'라는 개방형 질문을 이용해왔다. 이런 종류의 질문은 아젠다 세팅 연구에 자주 쓰였다. 왜냐하면 유사한 질문에 바탕을 둔 여론조사가 수십 년 동안 대중과 여론조사 위원들의 관심을 사로잡은 이슈 수백 개를 기록으로 남겼기 때문이다.[8]

아젠다 세팅 이론은 이슈 아젠다뿐만 아니라 인물에 관한 여론도 아우른다. 특히 대중이 생각하는 정치 후보자나 다른 공인의 이미지, 그리고 그런 대중적인 이미지에 매체는 일정한 영향을 미치기 때문이다. 공공 이슈뿐만 아니라 공인을 아우르며 확대된 이슈 아젠다는 의사소통 과정의 첫 단계(매체와 대중이 어떤 이슈에 관심을 보이는지, 그리고 어떤 이슈를 중요하게 여기는지)부터 그 후의 여러 단계(이런 이슈의 세부사항을 매체와 대중이 어떻게 인식하고 이해하는지)에 이르기까지 중요한 이론적인 확장을 거친다. 결과적으로 이런 단계는 대중의 태도, 견해, 행동에 관한 매체의 아젠다 세팅 역할의 중요성을 파악하기 위한 초반 포석으로 작용한다.

최근 몇십 년 동안 아젠다 세팅 효과와 그 결과에 관한 조사가 사회 문제를 넘어 스포츠, 종교, 비즈니스와 같은 다양한 환경 분석에 사용되며 영역을 확장해왔다. 이 책에 실린 대중에 대한 매체의 이 모든 영향력은 단순히 이론적인 분석만 거친 것이 아니라 전 세계에서 경험적인 증거로 판명되었다.

1968년의 기념비적인 채플힐 연구 이후 아젠다 세팅에 관한 우리의 지식은 단편적인 역사적 진화를 거쳤다. 하지만 이 책에서는 우리가 지난 세월 동안 배운 것을 질서정연하고 체계적으로 제시하고자 했다. 아젠다 세팅 이론을 뒷받침하는 증거의 다양성, 즉 역사적·지리적 환경, 매체와 이슈의 혼합, 연구 방법의 다양성을 통합하려고 시도한 것이다. 존 파블릭(John Pavlik. 아젠다 세팅에 관해 의료계의 『그레이 해부학(Gray's Anatomy)』[9] 같은 책을 집필)의 말을 빌자면, 아젠다 세팅에 관해 이런 통합적인 그림을 제시하는 것이 이 책의 핵심 목적이다. 이러한 그림을 그리는 데 필요한 증거의 대부분은 미국적인 환경에서 추출되었다. 아젠다 세팅의 '창시자'인 도널드 쇼, 데이비드 위버(David Weaver)[10], 그리고 필자가 모두 미국 학자이기 때문이다. 게다가 최근까지만 해도 경험적 연구의 대다수가 미국에서 실시되기도 했다. 그러나 독자들은 영국, 독일, 스페인, 일본, 한국, 대만을 비롯한 여러 국가에서 수집한 증거를 상당히 많이 접하게 될 것이다. 아젠다 세팅 이론의 큰 강점 중 하나는 이론을 뒷받침하는 증거가 지리적·문화적으로 다양하다는 것이다. 따라서 매체의 영향력을 사회의 주요 측면에 똑같이 적용할 수 있다.

절친한 친구들이자 오랜 연구 파트너인 도널드 쇼와 데이비드 위버에게 감사의 말을 전한다. 이 책은 전 세계적으로 활동하는 학자들에게 큰 빚을 지고 있다. 그분들 덕에 이 책에 수많은 자료가 실릴 수 있었다. 감사의 말을 전할 분 중에 실수로 누락된 이들도 있을 것이다. 필자는 특히 에스테반 로페즈 에스코바(Esteban Lopez-Escobar), 크레이그 캐럴(Craig Carroll), 딕시 에바트(Dixie Evatt), 살마 가넴(Salma Ghanem), 레이 궈(Lei Guo), 스피로 키우시스(Spiro Kiousis), 도미니크 라소르사(Dominic Lasorsa), 폴라 포인덱스터(Paula Poindexter), 토시오 다케시타(Toshio Takeshita), 세바스티안 발렌수엘라(Sebastian Valenzuela), 홍 부(Hong Vu), 웨인 원타(Wayne Wanta), 지엔 화 주(Jian-Hua Zhu)와 오랫동안 같이 일하면서 즐거운 시간을 보냈다. 『아젠다 세팅(Agenda-Setting)』의 저자 제임스 디어링(James Dearing)과 에버렛 로저스(Everett Rogers)에게도 특별히 감사드린다.

이 책은 아젠다 세팅의 역사와 기본 아이디어를 다룬 필독서다. 이 책의 1판과 2판이 나오기까지 인내심 있게 기다려준 폴리티 프레스(Polity Press)의 존 톰슨(John Thompson)과 안드레아 드루건(Andrea Drugan)에게도 감사 인사를 전하고 싶다. 필자는 툴레인대학교의 월터 윌콕스(Walter Wilcox) 교수님에게도 개인적인 빚이 있다. 그분은 필자가 스탠퍼드대학교에서 대학원 과정을 밟도록 이끌어주셨다. 거기서 만난 칠튼 부시(Chilton Bush), 리처드 카터(Richard Carter), 네이선 매코비

(Nathan Maccoby), 윌버 슈람(Wilbur Schramm) 교수님들은 필자가 이 이론적인 길을 걷기 시작하도록 도와주셨다. 더 최근에 만나서 도움을 준 유니버시다드 나시오날 오토노마 데 멕시코(Universidad Nacional Autonoma de Mexico)의 이싸 루나(Issa Luna), 스페인 팜플로나에 있는 나바라대학교의 동료들, 칠레 산티아고에 있는 가톨릭대학교와 디에고 포르탈레스 대학교의 동료들에게도 감사드린다. 이분들은 라틴 아메리카에서 아젠다 세팅 이론이 전파되는 데 큰 힘을 보탰다.

아젠다 세팅 이론은 여전히 진화 과정을 거치고 있는 복잡한 지적 지도다. 이 책의 초점은 우리가 지금 여론을 형성하는 매체의 역할에 관해 알고 있는 것을 경험적으로 증명한, 매체에 중점을 둔 지도에 있다. 하지만 본문에서는 매체의 이런 영향력이 발휘되는 더 큰 맥락도 살펴볼 것이다. 매체의 이런 아젠다 세팅 역할은 45년이 넘는 기간 동안 학자들의 관심을 끈 주제였다. 그럼에도 여전히 연구가 미진한 영역이 많이 남아 있다. 기존의 이론적인 지도만으로도 탐구해볼 만한 새롭고 흥미로운 영역을 파악할 수 있을 것이다. 그러나 오늘날 대중적인 의사소통 시스템의 끊임없는 변화로 말미암아 여기에서 소개하는 지도를 정교하게 만들 수 있는 새로운 기회가 많이 만들어졌다.

영국 학자 제이 블럼러(Jay G. Blumler)와 데니스 카바나(Dennis Kavanagh)는 이런 새로운 정치 커뮤니케이션 시대를 돌아보며 다음과 같이 논평했다.

> 최근의 상황은 연구하기에 상당히 이상적이다. 하지만 이런 긴장 관계와 새로운 환경에 맞게 상황을 조정할 수 있는 상상력이 필요하다…이

분야의 대표적인 실례 중에서 아젠다 세팅은 연구할 가치가 가장 높을 지도 모른다.[12]

이 책의 목표는 두 가지다. 첫 번째는 여론을 형성하는 의사소통매체의 역할에 관한 기본 아이디어를 제시하는 것이다. 두 번째는 아젠다 세팅 이론을 뒷받침하는 경험적 증거의 대표적인 표본을 열거하는 것이다. 이런 지식은 대중적인 소통의 더 큰 사회적 맥락을 이해하는 길을 열어주며, 미래에 이론적인 지도를 만드는 학자들에게 길을 열어 줄 수도 있다.

여론에 관한 기존의 영역에서도 단지 묘사와 설명의 수준을 떠나서 우리가 사회 문제를 보는 시각에 매체가 어떤 영향을 미치는지에 관해 고려할 것이 많다. 기자들에게는 우리가 이제 뉴스 매체의 아젠다 세팅 역할이라고 부르는 것이 놀랍고도 대단히 중요한, 윤리적인 문제다. 매체가 지지하는 아젠다가 무엇인지에 관해 신중하게 생각해야 하기 때문이다. '대중이 알아야 할 것'이라는 표현은 저널리즘의 세계에서 흔히 접할 수 있다. 미디어 아젠다가 대중이 알아야 할 것을 정말로 반영하는가?[13] ABC 뉴스 〈나이트라인(Nightline)〉의 담당 프로듀서는 "어떻게 감히 우리가 국가를 위해 아젠다를 설정해야 한다고 생각할 수 있는가? 평범한 사람들보다 우리가 더 똑똑하다고 생각하는 이유가 무엇인가?"라는 회의적인 질문을 던진 적이 있다.[14]

저널리즘은 스토리텔링이라는 전통에 단단히 뿌리박고 있다. 하지만 좋은 저널리즘은 단순히 좋은 이야기를 들려주는 것이 아니다. 시민들에게 매우 유용한 이야기를 하는 것이 좋은 저널리즘이다.[15] 매체의 아젠다 세팅 역할은 저널리즘과 연결되고 이는 여론으로 이어진다. 우리 사회에 결코 작지 않은 영향력을 행사하는 주체인 것이다.

Current Press

october 7, 3400 Section2

Agenda Setting

Issue: 240460

Est - 2018

제1장

여론은 어떻게 만들어지는가

미국의 유머 작가 윌 로저스(Will Rogers)는 "내가 아는 모든 것은 신문에서 읽은 게 전부다"는 말로 자신의 냉소적인 정치 논평을 시작하길 좋아했다. 이 말은 우리가 갖고 있는 사회 문제에 관한 지식과 정보 대부분을 간결하게 표현한다. 우리의 호기심을 자극하는 사회 이슈와 관심사는 대체로 직접 겪은 개인적인 경험이 아니기 때문이다. 오래전에 월터 리프먼(Walter Lippmann)이 『여론(Public Opinion)』에서 언급했듯이 "우리가 정치적으로 다루어야 하는 세계는 손에 닿지도 않고, 볼 수도 없고, 관심이 가지도 않는다."[1] 윌 로저스와 월터 리프먼이 활동하던 시절에는 일간지가 사회 문제에 관한 정보를 얻는 주요 원천이었다. 오늘날 의사소통채널이 기하급수적으로 늘어났지만, 정보의 핵심 원천은 달라지지 않았다. 시민들은 공공 아젠다에 오르는 거의 모든 관심사를 매체를 통해서 간접적으로 접한다. 이때의 간접 현실이란 사건과 상황에 관해 기자들이 만들어낸 현실이다.

사회학자 로버트 파크(Robert Park)는 '뉴스의 신호 기능'이라는 명구로 뉴스에 대한 우리의 상황을 짧게 묘사했다.[2] 뉴스를 매일 보면 우리의 직접적인 경험 너머 더 넓은 환경에서 일어나는 최신 사건과 변화를 알 수 있다. 하지만 뉴스는 굵직굵직한 사건과 이슈의 존재를 알리는 것보다 훨씬 많은 일을 한다. 기자들은 매일 뉴스거리를 선별하고 전달하여 그날의 가장 중요한 이슈에 관한 우리의 관심을 집중시키고 우리의 인식에 영향을 미친다. 그날의 중요 이슈와 화제를 파악하는 뉴스의 역할, 그리고 이런 이슈와 화제가 공공 아젠다에서 차지하는 중요성에 영향을 미치는 뉴스의 역할을 뉴스의 '아젠다 세팅 역할'이라고 부르게 되었다.

신문은 당일의 아젠다에 오른 화제 간의 상대적인 중요성을 여러 가지 방식으로 전달한다. 해당 면의 머리기사, 1면 또는 안쪽 면 기사, 머리기사 표제의 크기, 심지어 기사의 길이에 따라서 뉴스 아젠다에 오른 화제의 중요도가 다르다. 웹 사이트에서도 유사한 방식을 볼 수 있지만, TV 뉴스는 제한적인 아젠다를 다룰 수밖에 없다. 따라서 저녁 TV 뉴스에 잠깐이라도 언급되는 화젯거리는 그 소식이 얼마나 중요한지를 나타낸다. 방송에서 뉴스를 배치하는 방식과 뉴스에 할애하는 시간도 중요도를 가늠하는 기준이다. 모든 통신 매체에서 하나의 화제가 매일 반복적으로 등장한다면, 그것은 화제의 중요성을 가장 강력하게 알리는 메시지다.

대중은 매체가 알려주는 소식의 중요성에 관한 이런 신호를 이용하여 자신만의 아젠다를 조직하고 어떤 이슈가 가장 중요한지 결정한다. 시간이 지나면 뉴스 보도에서 강조되는 이슈가 대중에게 가장 중요한 이슈로 여겨지므로 뉴스 매체의 아젠다가 공공 아젠다가 되는 경우가 많다. 한마디로 뉴스 매체가 공공 아젠다 대부분을 설정한다. 대중에게 이슈의 중요성을 인식시키고, 공공 아젠다에 이슈나 화제를 올려서 대중이 그것에 관심과 생각(그리고 행동)의 초점을 맞추게 하는 것이 여론 형성의 첫 단계다.

여론에 관한 토론은 의견의 분포에 중점을 두는 경우가 많다. 얼마나 많은 사람이 찬성하는지, 얼마나 많은 사람이 반대하는지, 얼마나 많은 사람이 아직 의견을 정하지 못했는지 살피는 것이다. 이것이 바로 뉴스 매체와 뉴스를 접하는 여러 수용자가 여론조사에 그토록 흥미를 보이는 이유다. 특히 선거철에는 더 그렇다. 하지만 의견의 분포를 논하기 전에 어떤 화제가 여론의 중심에 있는지 알아야 한다. 사람들은 여러 화젯거리에 관해 의견은 있지만 정작 관심을 보이는 것은 그중 몇 가지에 지나지 않는다. 뉴스 매체의 아젠다 세팅 역할이란 특정한 이슈의 중요성, 즉 불특정 다수의 사람이 해당 이슈에 대해서 어떤 의견을 취할 것인지의 여부를 결정하는 중요성에 영향을 끼치는 일이다. 대중의 관심을 사로잡으려는 이슈는 많지만 성공하는 것은 몇 가지에 지나지 않는다. 뉴스 매체야말로 무엇이 그날의 가장 중요한 이슈인지에 관한 우리의 인식에 상당한 영향력을 행사한다. '어떤 아젠다를 가지려고'라는 말이 어색한 것처럼, 이러한 영향력은 의도하거나 계획할 수 있는 것이 아니다. 오히려 그때그때 가장 중요한 뉴스를 보도할 때 화젯거리 몇 가지를 선택하고 강조해야 하는 뉴스 매체의 필요성에 따라 의도하지 않게 생겨나는 영향력이다.

버나드 코헨(Bernard Cohen)은 뉴스 매체가 '이슈의 중요성'에 영향을 미치는 것과 이런 이슈에 관한 '구체적인 의견'에 영향을 미치는 것이 구분되는 상황을 잘 요약했다. 뉴스 매체가 사람들이 '어떻게' 생각해야 하는지를 알려주지는 못하더라도 '무엇을' 생각해야 하는지를 알려주는 데는 놀랍도록 성공적이라는 것이다.[3] 다시 말해, 뉴스 매체는 대중의 생각과 토론을 위한 아젠다를 설정할 수 있다. 매체가 이것보다 큰 역할을 할 때도 있는데, 코헨의 설득력 있는 의견에 관해서는 나중에 더 자세히 알아보기로 한다. 우선 여론 형성의 첫 단계인 대중의 관심을 사로잡는 것에 관해서 좀 더 살펴보자.

세상에 관한 우리의 그림

월터 리프먼은 우리가 지금 '아젠다 세팅'이라고 부르는 개념의 지적인 아버지다. 그가 1922년에 출판한 명저 『여론』의 1장 제목은 '바깥 세상과 우리의 머릿속에 있는 그 세상의 이미지'이다. 1장에는 '아젠다 세팅'이라는 용어가 쓰이지 않았지만, 아젠다 세팅이라는 개념은 잘 요약되어 있다. 리프먼에 따르면 우리는 뉴스 매체라는 창문을 통해서 직접적인 경험을 넘어서 드넓은 세상을 볼 수 있다. 따라서 뉴스 매체는 세상에 관한 우리의 인지 지도를 만들어준다. 리프먼은 여론이 환경에 반응하는 것이 아니라 뉴스 매체가 만들어낸 가짜 환경에 반응한다고 주장한다.

『여론』은 처음 출판된 지 90년이 지난 지금도 여전히 출판되고 있으며, 저자의 주장을 뒷받침하는 흥미진진한 이야깃거리를 많이 들려준다. 리프먼은 '1914년에 영국인, 프랑스인, 독일인 몇 명이 살던 대양의 어느 섬'에 관한 재미있는 이야기로 책을 시작한다. 그들은 제1차 세계대전이 발발하고 나서 6주도 넘게 지나고 나서야 우편선이 도착한 것을 계기로 서로 적이라는 사실을 알아차렸다.[4] 1920년대에 이 책을 쓴 리프먼은 플라톤의 '동굴의 비유'를 현대적으로 변형하여 책의 앞부분에 실었다.

그는 소크라테스의 말을 변형하여 다음과 같이 언급하기도 했다. "우리는 우리가 사는 환경을 얼마나 간접적으로만 알고 있는가! 그럼에도 우리는 그런 환경에서 살아간다. 그러나 우리가 참된 그림이라고 믿는 것이 무엇이든 간에 우리는 그것이 마치 환경 그 자체인 것처럼 취급한다."[5]

당대의 경험적 증거

통신 매체의 아젠다 세팅 역할에 관한 경험적 증거는 이제 리프먼의 개괄적인 논평이 사실임을 확인해준다. 하지만 여론의 형성에 관한 상세한 그림은 훨씬 나중에 등장했다. 『여론』이 1922년에 출판되고 나서 10년이 훌쩍 지난 후에야 매스컴이 여론에 행사하는 영향력에 관한 과학적인 연구가 처음으로 실시되었다. 매스컴의 아젠다 세팅 역할에 관한 첫 연구는 정확히 50년 뒤에 이루어졌다.

매스컴이 여론에 미치는 효과의 체계적인 분석(과학적인 조사에 기반을 둔 경험적 연구)은 1940년 미국 대선으로 거슬러 올라간다. 사회학자 폴 라자스펠드(Paul Lazarsfeld)와 컬럼비아 대학교의 동료들은 여론조사 요원 엘모 로퍼(Elmo Roper)와 함께 오하이오 주의 이리 카운티(Eerie County) 유권자들을 대상으로 일곱 차례 인터뷰를 실시했다.[6] 그러나 대중이나 학자들의 예상과 달리 그 후 20년 동안 다른 환경에서 진행된 여러 설문조사와 후속 조사 결과에 따르면 매스컴이 사람들의 태도와 의견에 영향을 미친다는 증거가 부족했다. 이리 카운티에서 실시한 인터뷰로부터 20년이 지난 후에 조지프 클래퍼(Joseph Klapper)의 『매스 커뮤니케이션의 효과(The Effects of Mass Communication)』가 출판되었고, 클래퍼는 자신의 책에서 대중매체의 '최소효과론(the law of minimum consequence)'을 공표했다.[7]

하지만 1940년대와 1950년대에 행해진 이런 초기 사회과학조사 덕택에 사람들이 의견을 바꾸지는 않았더라도 대중매체를 통해 정보를 얻었다는 증거가 상당히 많이 확보되었다. 유권자가 뉴스를 보고 정보를 얻긴 했으며, 기자의 관점에서 보면 정보의 습득에 관한 문제가 설득에 관한 문제보다 중요하다. 대부분의 기자는 정보를 제공하는 데 관심을 갖고 있다. 설득은 사설란에서나 가볍게 다뤄질 요소며, 거기서도 정보 제공이 중요하게 취급된다. 더구나 최소효과론을 일반적인 통념으로 받아들이고 나서도 여러 사회학자 사이에서는 매체의 영향력에 대해서 여전히 탐구하고 조사해야 할 여지가 있다는 생각이 꼬리를 물었다. 마침내 매체의 영향력을 고찰하는 데 따른 패러다임의 변화가 일어났다. 즉 매체 수용자를 설득하는 문제에서 의사소통 과정의 초기 단계인 정보 제공의 문제로 패러다임이 옮겨간 것이다.

이런 상황에서 노스캐롤라이나대학교 언론대학원에 재직 중인 두 젊은 교수가 노스캐롤라이나대학교 채플힐에서 1968년 미국 대선 기간에 소규모 조사를 시작했다. 그들의 핵심 가설은 유권자가 어떤 이슈를 중요하게 여기는지에 대중매체가 영향을 미쳐 정치 운동에 쓰일 이슈의 아젠다를 설정한다는 것이었다. 두 교수는 바로 도널드 쇼와 필자 본인이었다. 우리는 매스컴의 이런 영향을 '아젠다 세팅(agenda-setting)'이라고 불렀다.[8]

이 아젠다 세팅 가설을 시험해보려면 두 가지 증거, 즉 공공 아젠다

(채플힐 유권자가 가장 중시하는 이슈들)와 유권자가 이용하는 뉴스 매체에 등장하는 이슈의 아젠다를 비교해야 한다. 〈표 1.1〉에서 볼 수 있듯이 아젠다 세팅 가설의 핵심 주장은 뉴스에서 강조한 이슈들이 시간이 지나면서 대중에게 중요하게 여겨진다는 것이다. 다시 말해, 미디어 아젠다가 공공 아젠다를 설정한다. 이는 매체의 영향이 최소한으로 작용한다는 정설과 달리, 매스컴과 대중 간의 강한 인과관계를 나타낸다. 미디어 아젠다의 중요성이 공공 아젠다의 중요성으로 이어지는 것이다.

1968년 대선 기간에 채플힐의 공공 아젠다를 알아내기 위해서 설문조사를 시행했다. 대상은 무작위로 선별된 부동층이었다. 부동층만 면담한 이유는 이 새로운 아젠다 세팅 가설이 대중매체의 영향력에 관한 일반적인 시각에 어긋나기 때문이었다. 이 조사는 표를 던지고 싶은 대통령 후보를 찾지 못한 채플힐 유권자들이 있는 최적의 조건에서 실시되었다. 만약 이 조사가 실패로 돌아가면 일반 대중은 조사할 필요가 없을 것이다. 일반 대중은 오랫동안 특정 정당에 심리적으로 공감해온 성향이 있으며, 그로 인해 뉴스를 선택적으로 인식하는 탓에 이들에게는 선거

〈표 1.1〉 대중매체의 아젠다 세팅 역할

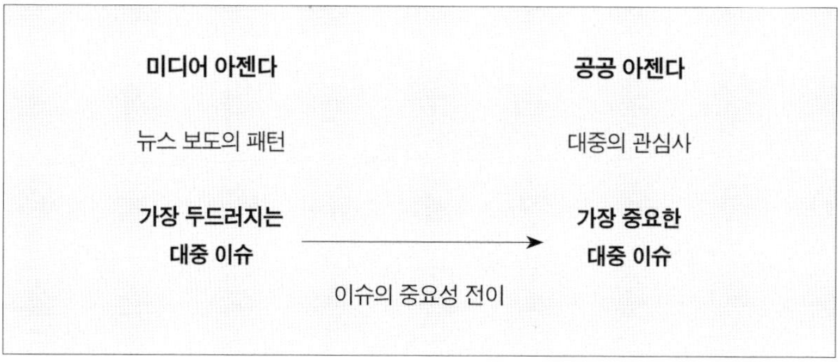

기간 매스컴의 영향력이 약하게 나타난다.

설문조사에서 이 부동층들은 대통령 후보자들이 뭐라고 말했든 개의치 않고 자신이 본 대로 그날의 핵심 이슈를 꼽으라는 질문을 받았다. 공공 아젠다를 파악하기 위해 설문조사에서 언급된 이슈는 각각의 이슈를 꼽은 유권자의 퍼센티지에 따라 순위가 매겨졌다. 이 순위는 이슈를 단순히 대중의 관심이 높고, 보통이고, 낮은 정도에 따라 묶음으로 나눈 것보다 훨씬 정확하다.

우리는 유권자들이 이용하는 주요 뉴스 공급원 아홉 개의 콘텐츠도 분석했다. 여기에는 지역 신문과 전국 신문 다섯 개, TV 방송국 두 군데, 뉴스 잡지 두 개가 포함되었다. 미디어 아젠다로 오른 이슈의 순위는 최근 몇 주 동안 각각의 이슈에 할애된 기사의 수로 정해졌다. 구체적인 미디어 콘텐츠의 영향을 평가하는 데 여론조사 연구와 콘텐츠 분석을 통합한 것이 이번이 처음은 아니었다. 하지만 두 가지 방식을 동시에 사용하여 매스컴의 영향을 측정하는 작업은 그 당시로써는 드문 일이었다.

1968년 대선에서는 외교 정책, 법과 질서, 경제, 공공복지, 인권 등의 이슈 다섯 가지가 미디어 아젠다와 공공 아젠다를 장악했다. 채플힐 유권자들이 꼽은 이슈의 순위와 지난 25일 동안 뉴스 매체에서 다룬 이슈의 순위 사이에는 완벽에 가까운 상관관계가 있었다. 그러니까 부동층이 꼽은 핵심 선거 이슈 다섯 가지의 중요성이 최근 몇 주 동안 뉴스에 실린 이슈의 중요성과 사실상 똑같았다.

게다가 아젠다 세팅이라는 개념으로 표현되는 매체의 강력한 효과는 선택적 인식보다 공공 아젠다 이슈의 중요성을 나타내기에 더 적합한 설명이었다. 선택적 인식은 대중매체의 영향력이 최소한으로 작용한다는 이론의 핵심이기 때문이다.[9] 아젠다 세팅은 매체의 전지전능한 영향을 강조하는 '탄환 이론'이나 '피하주사식 이론'으로 회귀하는 것이 아니다. 그렇다고 해서 매체 수용자를 뉴스 매체로부터 프로그램되길 기다리는 로봇으로 여기는 것도 아니다. 하지만 뉴스 매체에 공공 아젠다를 위한 이슈를 수용자가 처음으로 접하게 하는 핵심적인 역할을 아젠다 세팅이 부여하는 것은 맞다. 리프먼의 말을 응용하자면, 뉴스 매체가 제공하는 정보는 현실에 관한 우리 머릿속의 그림을 형성하는 데 중요한 역할을 한다. 뉴스 매체가 제공하는 총체적인 정보가 이런 그림에 영향을 미치는 것이다.

반면에 선택적 인식이라는 개념은 핵심적인 영향력을 개인에게 안겨준다. 또한, 매체의 콘텐츠를 개인의 기존 태도와 의견에 부합하는 정도에 따라 계층화하기도 한다. 이런 관점을 바탕으로 개인이 자신의 의견에 부합하지 않는 정보에 노출되는 빈도를 최소화하고, 의견에 부합하는 정보에 노출되는 빈도를 최대화한다는 가정을 할 수 있다. 선거 기간에는 유권자가 자신이 선호하는 정당이 강조하는 이슈에 신경을 가장 많이 쓸 것으로 추정된다.

그렇다면 공공 아젠다가 어떤 것을 더 많이 반영하는가? 뉴스에 나오는 종합적인 이슈들의 아젠다(아젠다 세팅 이론이 가정하는 결과)를 더 많이 반영하는가? 아니면 유권자가 선호하는 정당이 제기하는 이슈의 아젠다(선택적 인식 이론이 가정하는 결과)를 더 많이 반영하는가?

이 질문에 답하기 위해서 채플힐의 부동층을 세 집단, 즉 민주당 지지자, 공화당 지지자, 그리고 해당 선거에 출사표를 던진 세 번째 정당의 후보 조지 월리스(George Wallace) 지지자로 나누었다. 이 유권자들은 선호하는 정당은 있었지만, 표를 줄 만한 특정한 후보가 아직 확고하게 자리 잡은 상황은 아니었다. 각 집단에 속한 유권자를 대상으로 CBS TV 방송국 뉴스를 이용한 한 쌍의 비교 연구가 이루어졌다. 우리는 해당 유권자 집단의 이슈 아젠다를 CBS에서 보도된 모든 뉴스와 비교하고, 그 다음에는 그 이슈 아젠다를 CBS 뉴스 중에서 해당 집단이 선호하는 정당과 후보에 관한 뉴스와 비교했다. CBS 뉴스를 이용한 비교 연구는 NBC 방송국,《뉴욕 타임스》, 지역 일간지를 이용하여 되풀이되었다. 결과적으로 비교해야 할 상관관계가 유권자 집단 세 개 곱하기 뉴스 매체 네 군데를 하여 총 12쌍이 나왔다.

그렇다면 각 쌍에서 더 강한 상관관계를 보인 것이 어느 쪽인가? 유권자의 아젠다를 모든 뉴스 보도와 비교한 아젠다 세팅 이론이 우세했는가? 아니면 유권자의 아젠다를 자신이 선호하는 정당과 후보에 관한 뉴스 보도와 비교한 선택적 인식 이론이 우세했는가? 12쌍 중 8쌍에서 아젠다 세팅 이론이 우세했다. 한 가지 결과에는 아무런 차이가 없었고, 선택적 인식 이론에 힘을 실어준 결과는 세 가지뿐이었다. 드디어 언론의 강력한 영향력을 인정하는 새로운 시각이 도약의 발판을 마련한 것이다.

누적되는 증거

〈1.2〉에서 소개하는 발췌문은 뉴스 매체가 아젠다 세팅에 행사하는 영향력을 분명하게 보여준다. 1968년 대선 기간에 채플힐에서 조사가 소박하게 시작된 이래 뉴스 매체의 아젠다 세팅 영향에 관한 경험적 조사가 수백 개씩 실시되었다.[10] 2011년에 《퍼블릭 오피니언 쿼털리(Public Opinion Quarterly)》는 75주년을 자축하며 채플힐 연구가 본 저널에 게재된 논문 중에서 가장 많이 인용되었다고 밝혔다.[11] 언론이 일반 대중에 행사하는 이런 영향력을 보여주는 증거는 전 세계적으로 다양한 지리적, 역사적인 환경에서 점점 늘어났다. 조사에는 다양한 매체와 공공 이슈 수십 개가 동원되었으며, 언론과 공공 아젠다 사이의 시간 순서와 인과 관계가 더 상세하게 기록되었다. 이제부터 언론의 영향력을 뒷받침하는 증거의 표본을 한 가지 살펴보자.

1972년 미국 대선 기간에 샬럿에서

1968년 가을 선거 기간에 채플힐의 부동층과 그들이 이용하는 언론 매체를 대상으로 한 조사는 아무래도 범위가 좁았다. 그래서 언론의 아젠다 세팅 기능에 관한 증거를 더 확장하기 위해 노스캐롤라이나 주의 샬럿에 사는 모든 유권자와 그들이 이용하는 언론 매체를 대상으로 1972년 여름과 가을에 세 차례에 걸쳐 조사가 실시되었다.[12] 그 결과, 선거철 아젠다 세팅 양상이 두 가지로 뚜렷하게 나타났다. 여름과 초가을에는 일간지가 막강한 영향력을 행사했다. 보도 시간이 30분밖에 되지 않는 TV 뉴스보다 수십 페이지에 걸쳐 소식을 실을 수 있는 신문이 유리했기 때문이다. 그렇게 《샬럿 옵서버》는 선거 유세가 시작되고 처음 몇 달 동안 공공 아젠다에 영향을 미쳤다. 반면에 TV 뉴스는 그러지 못했다. 하지만 선거 기간의 마지막 달에는 지역 신문이든 TV 방송국이든 대중의 아젠다 세팅에 영향을 끼친다는 증거가 빈약했다.

이 연구는 지역 신문이 대중에게 행사하는 아젠다 세팅 영향력을 기

〈1.2〉 **언론의 힘**

미국에서 언론의 힘은 근본적이다. 대중이 토론할 문제를 언론이 정해주며, 이 맹렬한 정치 세력은 어떤 법으로서도 통제되지 않는다. 사람들이 무엇을 이야기하고 생각할지 결정하는 것이 언론이다. 다른 국가에서는 이 정도의 권한은 독재자, 사제, 정당, 정계 실력자에게만 주어진다.

언론이 대중의 마음을 준비시키지 않는 한 그 어떤 미국 의회의 주요 법률도, 외국에서 일어난 어떤 돌발적인 사건도, 어떤 외교 행위도, 어떤 위대한 사회 개혁도 미국에서 성공할 수 없다. 언론이 이야깃거리가 될 만한 특종을 잡으면 독자적으로 행동하기도 한다. 환경운동, 인권운동, 베트남 전쟁의 청산, 그리고 언론의 영향력을 확실하게 보여준 워터게이트 사건은 전부 처음부터 언론이 아젠다로 올린 사건이었다.

시어도어 화이트의 『대통령 만들기』 중에서

워싱턴을 바다에 비유하면 《워싱턴 포스트(Washington Post)》는 고래나 마찬가지다. 고래는 물을 조금만 튀겨도 그 사실을 모르는 이가 거의 없기 때문이다. 《워싱턴 포스트》가 워싱턴을 장악한 것처럼 한 신문이 도시를 그렇게 확실하게 장악한 경우는 없다. 1991년 9월에 편집장 벤저민 브래들리(Benjamin C. Bradley)가 은퇴하고 나서 신문이 에너지를 잃었다는 불만도 있다. 하지만 그 무엇도 《워싱턴 포스트》가 미국의 정치 아젠다에 행사하는 영향력을 감소시키지는 못한 것으로 보인다. 또한, 해당 신문이 불평분자, 리더, 노력하는 사람들로 구성된 워싱턴 구독자에게 신비주의적일 만큼 큰 영향을 끼친다는 점도 달라지지 않았다.

《더 뉴요커(The New Yorker)〉, 1996년 10월 21일과 28일자

록하는 것 외에 다른 역할도 했다. 공공 아젠다가 신문의 아젠다에 영향을 미친다는 경쟁 가설을 무력화한 것이다. 미디어 아젠다와 공공 아젠다를 두 가지 이상의 관점에서 살펴보면 시간에 따라 두 아젠다의 상관관계가 어떻게 달라지는지 비교할 수 있다. 즉, 경쟁 관계에 있는 아젠다 세팅 가설과 선택적 인식 가설의 강도를 측정할 수 있는 것이다. 예를 들면, 첫 번째 시점의 신문 아젠다가 두 번째 시점의 공공 아젠다에 미치는 영향을 첫 번째 시점의 공공 아젠다가 두 번째 시점의 신문 아젠다에 미치는 영향과 비교할 수 있다. 샬럿에서는 아젠다 세팅 가설이 우세했다.

1972년 대선 기간에 아젠다로 꼽힌 개인적인 이슈는 세 가지였다. 바로 경제, 마약, 공립학교에서 인종 통합을 이룩하기 위해 힘쓰는 것이었다. 다른 이슈 네 가지는 좀 더 멀게 느껴지는 문제였는데, 바로 워터게이트 사건, 미-러 관계와 미-중 관계, 환경, 베트남 전쟁 같은 문제였다. 대중이 이러한 이슈 일곱 가지를 모두 중시하게 된 것은 지역 언론의 뉴스 보도 패턴의 영향을 받았기 때문이다.

1976년 미국 대선 기간에 세 지역에서

1976년에는 대선이 치러진 해 전체를 면밀하게 살펴보는 조사가 이루어졌다. 이 조사 결과 역시 여러 계절에 걸쳐 나타나는 뉴스 매체의 아젠다 세팅 영향력의 변화를 강조했다.[13] 이런 변화를 알아보기 위해 연구진은 2월부터 12월까지 매우 다른 세 가지 환경에서 유권자들을 아홉 차례에 걸쳐 면담했다. 세 가지 환경은 뉴햄프셔 주의 레바논(선거철마다 대통령 후보로 나설 민주당 후보와 공화당 후보를 선별하는 첫 대통령 예비 선거가 열리는 소도시), 인디애나폴리스 주의 인디애나(전형적인 중간 규모의 미국 도시),

일리노이 주의 에번스턴(시카고 근교에 있는 부자 도시)이었다. 이와 동시에 연구진은 전국적으로 방송하는 TV 방송국 세 군데와 이 세 도시의 지역지에 실린 선거 소식도 분석했다.

세 지역에서 TV와 신문의 아젠다 세팅 영향력은 봄에 열린 대통령 예비 선거 기간에 가장 강력하게 나타났다. 이때가 유권자가 선거 운동에 관심을 막 보이기 시작할 무렵이기 때문이다. 그 후의 나머지 기간에는 공공 아젠다에 대한 매체의 영향력이 감소했다. 특히 개인이 상대적으로 멀게 느끼는 외교 문제, 정부 신뢰도, 범죄, 사회 문제, 환경과 에너지, 정부 지출과 규모, 인종 관계 등의 경우 매체의 영향력 감소가 두드러졌다. 경제적 이슈와 같이 좀 더 개인적인 문제는 관련 소식이 신문과 TV로부터 어떤 취급을 받았든 선거 기간 내내 유권자들로부터 대단히 중요하게 인식되었다. 이슈가 사람들의 삶에 직접적인 영향을 끼칠 때면 개인적인 경험이 뉴스 매체보다 더 막강한 길잡이가 될 수 있다.

공공 아젠다에 오르는 이슈를 이렇게 상세하게 살피는 작업이 뉴스 매체의 아젠다 세팅 영향력이 어떻게 달라지는지 이해하는 데 도움이 된다. 하지만 구체적인 이슈는 선거마다 달라진다. 따라서 다양한 환경에서 나타나는 아젠다 세팅 기능의 정도를 비교할 수 있도록 요약 통계를 확보하는 것이 유용하다. 뉴스 매체의 아젠다 세팅 역할을 탐구하는 연구원이 사용하는 가장 흔한 측정법 중 한 가지는 상관관계를 따지는 것이다. 이 통계 수치는 미디어 아젠다에 오른 이슈의 순위(어떤 이슈가 뉴스에 가장 많이 보도되었는지, 어떤 이슈가 두 번째로 많이 보도되었는지 등)와 똑같은 이슈들이 공공 아젠다에서 차지하는 순위(어떤 이슈가 가장 많은 유권자로부터 가장 중요하다고 꼽혔는지, 어떤 이슈가 두 번째로 중요하다고 꼽혔는지

등)를 정확하게 요약한다. 상관관계 통계의 가능 범위는 +1.0(완벽한 상관관계)부터 0(아무런 연관도 없음)을 거쳐서 -1.0(완벽하게 반비례)까지다. 아젠다 세팅 이론은 미디어 아젠다와 그 결과로 나타나는 공공 아젠다 사이에 대단히 높은 상관관계가 있을 것으로 예측한다.

그렇다면 이런 상관관계 통계를 이용하여 대선이 열린 1976년 전체를 대상으로 서로 다른 세 지역에서 이루어진 조사의 핵심 결과를 요약해보자. 봄에 열린 대통령 예비 선거 기간에는 TV와 신문의 아젠다 세팅 영향력이 정점에 달했을 때라 전국적인 TV 방송국의 아젠다와 그 결과로 나타나는 유권자의 아젠다 사이의 상관관계가 +0.63이었다. 이는 상당한 정도의 영향력이다. 반대로, 이 유권자들이 읽은 지역 신문 세 개의 아젠다와 여러 공공 이슈로 구성된 유권자들의 아젠다 사이의 상관관계는 +0.34에 불과했다. 그런데도 이때가 신문사로서는 최고의 시기였다. 삶의 여러 방면에서 TV에 큰 영향력을 안겨주는 것이 유행이다. 그렇다고 해서 TV와 신문의 상대적인 영향력에 관한 이 조사 결과를 일반화하려고 서두르지 말자. 이 장의 마지막 부분에서는 다양한 의사소통매체의 아젠다 세팅 역할에 관한 더 신중하고 포괄적인 그림을 제시할 것이다.

대선이 열린 1976년 전체를 대상으로 이루어진 조사는 미디어 아젠다가 공공 아젠다에 영향을 미친다는 아젠다 세팅 이론의 핵심 가설과 공공 아젠다가 미디어 아젠다에 영향을 미친다는 경쟁 가설을 비교할 또 다른 기회를 제공한다. 위에서 언급한 봄에 측정한 전국적인 TV 방송국의 아젠다 세팅 상관관계가 +0.63이었던 데 반해, 같은 기간에 공공 아젠다와 그 결과로 나타나는 전국적인 TV 방송국의 아젠다 사이의 상관관계는 +0.22에 불과하다. 둘의 차이는 로젤 캠벨(Rozelle-Campbell) 기준값과 비교하면 더 분명해진다. 로젤 캠벨 기준값은 가능성만으로 예측할 수 있는 가치를 나타내는 통계치다. 이 경우에는 로젤 캠벨 기준값이 +0.37이다. 아젠다 세팅 이론에 입각한 상관관계는 이 기준값보다 한참 위에 있으며, 경쟁 이론에 입각한 상관관계는 이 기준값보다 아래에 있다. 신문의 경우 아젠다 세팅 이론에 입각한 상관관계(+0.34)가 상대적으로 낮은데도 경쟁 이론에 입각한 상관관계(+0.08)보다는 높다. 이 경우에는 로젤 캠벨 기준값도 +0.08이다. 두 가지 경우 모두 증거가 신문과 TV의 이슈 아젠다가 공공 아젠다에 영향을 미친다는 주장을 뒷받침한다.

대중매체의 아젠다 세팅 역할을 알아보려는 초기의 이런 경험적 노력은 3회 연속 실시된 미국 대선을 대상으로 삼았다. 선거 기간이 연구 환경으로 꼽힌 것은 아젠다 세팅 효과가 선거에 국한된다는 생각 때문이 아니라 전국 선거가 매체의 효과를 조사하기 위한 자연적인 실험실로 작용하기 때문이었다. 전국 선거 기간에는 공공 이슈와 정치의 다른 측면에 관해 후보자들이 계속해서 메시지를 쏟아낸다. 이 메시지가 의미 있는 사회적 효과로 이어지기 위해서는 그 효과가 선거일에는 나타나야 한다.

매체의 효과를 연구하는 데 적합한 이런 요소 외에도 학자들은 전국 선거 기간에 대중매체의 역할을 조사해온 전통이 있다. 이는 라자스펠드와 동료들의 중대한 연구가 시작한 전통이다. 그들은 처음에는 1940년 미국 대선 기간에 이리 카운티에서, 그다음에는 1948년 미국 대선 기간에 뉴욕주 엘미라에서 중요한 연구를 진행했다. 이 모든 이유로 아젠다 세팅에 관한 초창기 연구는 선거 환경에서 실시되었다.

그러나 대중매체의 아젠다 세팅 역할은 선거나 미국에 국한된 것이 아니며, 심지어 광범위하게 정의된 정치 커뮤니케이션 환경에도 국한되지 않는다. 미국 대선은 그저 출발점에 불과했다. 아젠다 세팅 현상(의사소통 과정에서 꾸준히 나타나는 의도하지 않은 부산물)은 선거가 있을 때도 나타나고 없을 때도 나타난다. 또한, 전국적으로도 나타나고 지역 단위에서도 나타나며, 전 세계적으로 다양한 지리적 환경에서 나타난다. 이제는 시간이 가면 갈수록 정치 커뮤니케이션을 넘어서는 폭넓은 아젠다에 관해서도 나타난다. 하지만 지금은 의사소통매체의 아젠다 세팅 역할이 가장 잘 연구된 부문인 이슈 아젠다에 초점을 맞추기로 한다.

시민권에 대한 국가적인 관심

1954년부터 1976년까지 23년 동안(대선 6회 포함) 미국에서 인권문제의 중요성은 뉴스의 보도 빈도에 따라 대단히 주기적으로 오르내렸다.[14] 해당 기간에 벌인 27회 분량의 갤럽 여론조사 결과에 따르면 시민권을 국가가 직면한 '가장 중요한 문제'로 꼽은 미국인 응답자가 0%에서 52%로 증가했다고 한다. 27회의 설문 조사가 시행되기 전 달에 공공 아젠다에서 시민권의 중요성이 계속 달라지는 현상을 《뉴욕 타임스》 1면의 뉴스 보도 빈도와 비교해보니 +0.71이라는 높은 상관관계가 나왔다. 더 앞선 달에 보도된 뉴스의 영향을 제거하더라도 상관관계는 여전히 +0.71로 유지된다. 이것은 매체의 아젠다 세팅 역할을 대단히 설득력 있게 뒷받침하는 증거다. 또한, 대중이 인권이슈를 중시하는 현상이 주로 그 이전 달에 보도된 뉴스를 반영한다는 사실에 주목해보자. 이는 미디어 아젠다에 반응하기에 상대적으로 짧은 기간이다. 23년에 걸쳐서 연구 대상이 된 미디어 아젠다가 공공 아젠다보다 일찍 선별되었기 때문에 둘의 시간 순서를 설명하는 이 증거 역시 아젠다 세팅 이론을 뒷받침한다. 공공 아젠다가 미디어 아젠다의 영향을 상당히 많이 받는다는 주장에 힘이 실리는 대목이다.

외교 문제에 관한 영국과 미국의 관심

당연하게 들리겠지만, 뉴스 매체는 외교 문제에 관한 소식을 얻는 주요 정보원이다. 영국과 미국, 두 국가에서 모두 외교 문제의 중요성은 매체의 관심에 따라 주기적으로 오르내린다.[15] 1990년부터 2000년까지 영국 대중이 느낀 외교 문제의 중요성은《더 타임스(The Times)》에 실린 외교 문제에 관한 기사의 양과 의미 있는 상관관계(+0.54)를 보였다. 미국에서는 1981년부터 2000년까지(영국 조사와 일부 기간 겹침) 20년 동안 미국 대중이 느낀 외교 문제의 중요성은《뉴욕 타임스》에 실린 외교 문제에 관한 기사의 양과 의미 있는 상관관계(+0.38)를 보였다. 각 신문에 실린 기사의 양 외에도 자국이 개입된 기삿거리는 공공 아젠다에 추가로 영향을 끼쳤다.

독일의 여론

독일에서 1986년 전체를 두고 공공 아젠다와 미디어 아젠다를 매주 비교한 결과, TV 뉴스 보도가 충분한 에너지 공급, 동독과 서독의 관계, 유럽 정치, 환경 보호, 국방 등의 다섯 가지 공공 이슈에 상당한 영향력을 행사한다는 사실이 드러났다.[16]

에너지 공급 문제는 이런 아젠다 세팅 효과를 잘 보여준다. 1986년 초만 하더라도 이 문제는 뉴스 아젠다뿐만 아니라 공공 아젠다에서도 중요성이 낮았다. 하지만 그해 5월이 되자 에너지 공급 문제는 뉴스 아젠다에서 가파른 상승세를 보였고 일주일 뒤에는 공공 아젠다에서도 비슷한 상승세를 보였다. 뉴스에서 매주 열두 번도 언급되지 않던 문제가 매주 100번 이상 언급된 것이다. 충분한 에너지 공급 문제에 관심을 보인 대중이 인구의 약 15%였는데 갑자기 25~30% 수준으로 올라갔다. 그러다가 뉴스 보도의 빈도가 점점 줄어들자 독일의 에너지 공급을 걱정하는 유권자의 규모도 똑같이 줄어들었다.

같은 해에 다른 이슈 열한 가지는 아젠다 세팅 효과가 나타나지 않았다. 앞에서 살펴본 것처럼 대중은 매체로부터 프로그램되기를 수동적으로 기다리는 로봇 집단이 아니다. 일부 이슈의 경우 매체 보도의 패턴이 대중의 반향을 불러일으켰지만 다른 이슈의 경우에는 아무런 반향도 찾아볼 수 없었다.

다른 이슈에서도 똑같이 나타나는 패턴

뉴스 보도가 여론의 추세에 미치는 다양한 영향에 관해서도 유사한 증거가 있다. 이는 1980년대에 41개월에 걸쳐 주목받은 이슈 열한 가지를 개별적으로 분석해서 얻은 결과다.[17] 각각의 이슈 분석에서 미디어 아젠다는 TV, 신문, 뉴스 저널에 바탕을 두고 있다. 공공 아젠다는 미국인 응답자에게 국가가 직면한 가장 중요한 문제를 꼽으라는 갤럽 여론조사 13개에 바탕을 두고 있다. 두 가지 패턴이 〈표 1.3〉에 분명히 드러난다. 우선, 미디어 아젠다와 공공 아젠다 간의 상관관계를 나타낸 수치 중에 딱 한 가지 이슈만 마이너스를 보인다. 미디어 아젠다와 공공 아젠다 간 상관관계의 중앙값은 +0.45다. 도덕성이 마이너스의 상관관계를 보

〈표 1.3〉 **1983년~1986년에 이슈 열한 가지에 관한 뉴스 보도의 경향과 미국 대중의 관심 비교**

정부의 성과	+0.87
실업	+0.77
인플레이션/생활비	+0.71
전쟁/핵 재난 걱정	+0.68
국제 문제	+0.48
빈곤	+0.45
범죄	+0.32
경제	+0.25
재정 적자	+0.20
예산 삭감	+0.14
도덕성	-0.44

• 출처: 하워드 이튼 주니어(Howard Eaton Jr.)의 〈전국 매체 세 가지의 콘텐츠를 대상으로 격주 단위의 데이터를 이용한 아젠다 세팅〉, 《저널리즘 쿼털리(Journalism Quarterly)》66호(1989년), 946쪽.

인 이유는 설명하기 쉽다. 뉴스 언론에서 언급되는 경우가 적은 이슈이기 때문이다.

이 시기에 주목받았던 다른 공공 이슈 열 가지의 경우, 매체의 아젠다 세팅 영향력을 논할 수 있는 긍정적인 상관관계가 어느 정도 나타났다. 하지만 이슈에 따라서 미디어 아젠다와 공공 아젠다 간의 상관관계에 차이가 제법 난다는 사실도 눈에 띈다. 따라서 매체 보도 외에도 대중이 그날의 가장 중요한 이슈가 무엇이라고 인식하는 데 영향을 미치는 다른 요소들을 살펴볼 필요가 있다. 제4장과 5장에서는 대중이 매일 통신 매체를 이용하고 그날의 이슈를 꼽는 데 작용하는 다양한 심리적·사회적 요소를 알아볼 것이다. 이런 요소는 매체의 영향을 강화하거나 약화할 수 있다.

루이빌의 여론

지금까지 뉴스 매체의 아젠다 세팅 영향력에 관하여 주제별로 살펴본 모든 사례는 대선이나 전국적인 규모에서 알아본 여론에 바탕을 두고 있다. 하지만 지역적인 공공 이슈에서도 매체의 아젠다 세팅 효과가 나타난다. 그래서 이번에는 미국의 어느 도시의 장기적인 여론 추세를 들여다보기로 한다. 종합적인 아젠다의 추세도 분석하고, 아젠다로 오른 개별적인 이슈 여덟 가지의 추세도 분석한다.[18] 1974년부터 1981년까지 루이빌의 여론 추세를 《루이빌 타임스(Louisville Times)》의 뉴스 보도와 비교해본 결과, 공공 아젠다와 뉴스 아젠다 간의 전반적인 상관관계가 +0.65였다. 추가 연구에서는 이 8년 동안 대중이 이슈 여덟 개에 보이는 관심의 변화도 각각 살펴보았다. 교육, 범죄, 지역 환경, 지역 경제 발전 등 뉴스 아젠다로서 주목을 가장 많이 받은 이슈 네 가지의 경우 매체의 아젠다 세팅 영향력이 의미 있게 나타났다.

여러 가지 이슈에 영향력을 행사하지만 뉴스 매체가 여론을 좌지우지하는 전지전능한 존재는 아니다. 《루이빌 타임스》의 아젠다에서 5위와 6위에 오른 대중오락과 의료 서비스의 경우 아젠다 세팅이 역으로 일어나는 상황, 즉 대중의 관심이 미디어 아젠다를 설정하는 상황에 해당한다.

매체가 전지전능하지 않다는 증거는 다음의 두 사례에서도 볼 수 있다. 첫째로, 지역 정부에 관한 대중의 관심은 뉴스 보도의 추세와 별개의 문제였다. 지역 정부가 일간지 보도에 전통적으로 등장하는 주제 중 하나였는데도 말이다. 지역 정부에 관한 대중의 관심은 언론의 아젠다 세팅 영향을 받지 않았다. 어쩌면 지역 정부에 관한 끊임없는 보도가 사람들에게 정보보다는 백색 소음으로 인식되는지도 모른다. (다른 주제도 마찬가지일 것이다.) 지역 정부에 관한 대중의 관심이 언론의 그 어떤 아젠다 세팅 영향도 받지 않았을 뿐만 아니라 공공 아젠다가 뉴스 보도로 이어지는 아젠다 세팅의 역 상황도 일어나지 않았다. 지역 정부가 그 기간에 공공 아젠다에서 6위에 올랐던 이슈였는데도 말이다.

스페인, 일본, 아르헨티나의 지역 여론

실업과 도심 혼잡(특히 주말의 구시가지) 문제는 1995년 봄에 스페인 팜플로나에서 가장 중요한 공공 아젠다로 꼽힌 이슈들이다.[19] 공공 아젠다에 오른 주요 이슈 여섯 가지와 앞서 2주 동안 보도된 지역 뉴스를 비교한 결과 높은 상관관계가 나타났다. 유력지인 지역 일간지와의 상관관계는 +0.90이었고, 두 번째로 인기가 많은 팜플로나 일간지와는 상관관계가 +0.72였다. TV 뉴스와의 상관관계는 +0.66으로 나타났다.

1986년에 마키다 시에서 치러진 시장 선거에서도 아젠다 세팅 현상이 발생했다. 마키다 시는 도쿄 근교에 있으며 인구는 32만 명이다.[20] 이슈가 총 일곱 가지 있었던 공공 아젠다를 마키다 시의 주요 신문 네 개의 보도 패턴과 비교한 결과, 높지는 않지만 의미 있는 +0.39라는 수치가 나왔다. 대중의 나이, 성별, 교육 수준에 따라 이 상관관계에 뚜렷한 차이는 없었다. 하지만 제4장에서 상관관계가 상대적으로 낮게 나온 데 대한 설명을 제시할 수 있는 심리적 요인을 살펴보기로 한다.

지역 단위에서 일어나는 아젠다 세팅 효과는 1997년 총선 때 부에노스아이레스의 수도권에서도 볼 수 있었다.[21] 그해 9월에는 조사일에 주목을 가장 많이 받은 이슈 네 가지에 대해 공공 아젠다와 부에노스아이레스의 주요 신문 다섯 개의 통합적인 이슈 아젠다를 비교한 결과, 상관관계가 +0.20이라고 나왔다. 그러나 10월에 선거일이 다가오면서 가장 주목받은 이슈 네 가지에 대한 두 아젠다 사이의 상관관계가 +0.80으로 치솟았다. 이는 선거 기간의 막바지 몇 주 동안 뉴스 매체가 대중이 궁금해하는 사안을 부지런히 파악했다는 것을 의미한다.

아르헨티나에서도 매체의 상당한 아젠다 세팅 영향력을 증명하는 추가적인 증거가 나왔다. 바로 1998년에 치러진 대통령 예비 선거 때였다. 이 선거는 주요 정치 연합의 대통령 후보를 선별하기 위해 치러졌다. 조사일에 주목받은 주요 이슈 여섯 가지의 경우, 선거철의 공공 아젠다와 전달의 신문 아젠다 사이에 +0.60이라는 상관관계가 있었다. TV 뉴스와는 상관관계가 더 높아서 +0.71로 나타났다.[22]

원인과 결과

여기에서 살펴본 증거와 전 세계적으로 실시된 여러 현장 연구 결과는 미디어 아젠다와 공공 아젠다 사이에 인과관계가 있다는 주장을 뒷받침한다. 인과관계를 밝히기 위해 처음에 필요한 조건은 추정되는 원인과 결과 사이에 의미 있는 정도의 상관관계가 있다는 것이다. 전 세계적으로 시행된 아젠다 세팅 연구 수백 개의 경우 이 조건을 충족시켰다.

인과관계를 밝히기 위해 두 번째로 필요한 조건은 시간 순서다. 원인이 결과보다 먼저 일어났어야 한다. 초기의 채플힐 연구도 그날의 이슈에 관한 대중의 관심을 측정한 여론조사 결과를 면담 전 몇 주 동안, 그리고 면담 기간의 뉴스 콘텐츠와 비교하는 데 신중한 태도를 보였다.[23] 잇따른 두 차례의 미국 대선에서도 아젠다 세팅 효과가 나타났는데, 그 당시의 증거는 패널 스터디(panel study: 동일한 피험자들에게 일정한 시간적 간격을 두고 반복적으로 조사하는 방법—옮긴이)에 바탕을 두었다. 1972년 대선 기간에 샬럿에서는 6월과 10월에 면담과 콘텐츠 분석이 두 차례 이루어졌다. 선거가 끝나자마자 면담이 한 번 더 진행되기도 했다.[24] 1976년 대선 기간에는 2월부터 12월까지 면담이 아홉 차례 실시되었고, 그해 내내 서로 다른 지역사회 세 군데에서 지역 신문과 전국에 방송되는 TV 뉴스의 콘텐츠 분석도 이루어졌다.[25] 이 두 접근법 덕택에 연구진은 미디어 아젠다와 공공 아젠다의 관계에 관한 시간 순서를 상세하게 테스트할 수 있었다.

여기에서 살펴본 선거와 관계없는 다양한 환경에서 이루어진 아젠다 세팅 효과 연구 중에는 장기적으로 진행된 것도 있었다. 연구 기간이 긴 덕택에 연구진은 미디어 아젠다와 공공 아젠다의 관계에 관한 시간 순서를 테스트할 수 있었다. 미국의 인권문제에 관한 조사는 무려 23년이 걸렸다.[26] 1980년대에는 41개월에 걸쳐서 이렇게 단일 이슈를 장기적으로 분석한 조사가 열한 건이나 있었다.[27] 1986년 독일에서는 개별적인 이슈 다섯 가지가 매주 철저하게 분석되었다.[28] 루이빌에서는 8년 동안 지역 이슈 여덟 가지가 종합적으로, 그리고 개별적으로 분석되었다.[29]

아젠다 세팅 효과에 관한 이 모든 증거는 '현실'에 기반을 둔다. 응답자를 무작위로 선별하고 실제 뉴스 매체의 콘텐츠를 분석하여 여론조사를 시행한 것이다. 이 증거는 다양한 상황에서 나타나는 아젠다 세팅 효과를 분명히 보여주며, 현실적인 여론을 묘사한다는 점에서 설득력이 있다. 하지만 여론의 현실적인 묘사는 미디어 아젠다가 공공 아젠다에 영향을 미친다는 아젠다 세팅 이론의 핵심 주장을 뒷받침하는 가장 확실한 증거는 아니다. 미디어 아젠다와 공공 아젠다를 측정할 때 통제되지 않은 여러 가지 요소가 작용하기 때문이다.

뉴스 매체가 아젠다 세팅 효과의 원인이라는 가장 명백한 증거는 실험실에서 실시된 대조 실험에서 볼 수 있다. 실험실의 장점은 이론적인 원인을 체계적으로 조작하고, 무작위로 고른 피실험자를 대상으로 다양한 요소를 조작하며, 결과를 체계적으로 비교할 수 있는 환경이라는 것이다. 실험실의 실험 결과는 미디어 아젠다가 공공 아젠다에 영향을 끼친다는 주장에 세 번째이자 마지막인 증거를 제공한다. 미디어 아젠다의 콘텐츠와 그 아젠다에 대한 대중의 반응 사이에 직접적인 기능적 관계가 있다는 것이 증명되었다.

실험실에서 특정한 공공 이슈를 강조하기 위해 편집한 TV 뉴스 프로그램을 시청한 피실험자들은 국방의 준비성, 환경 오염, 무기 규제, 시민권, 실업 문제를 비롯한 여러 이슈에 관해 중요도의 변화를 경험했다.[30] 실험을 통해 다양한 요소를 조작해본 결과, 사람들이 느끼는 조작된 이슈의 중요도 변화가 실제로 뉴스 아젠다에 노출된 것과 관련이 있다고 확인되었다. 예를 들면, 한 가지 실험에서는 국방의 준비성을 강조한 TV 뉴스 프로그램을 시청한 피실험자들과 이 이슈를 다루지 않은 뉴스 프로그램을 시청한 대조군을 비교했다. 그랬더니 대조군과 비교하여 피실험자들이 해당 이슈를 중시하는 정도가 훨씬 많이 달라졌다. 반대로, 다른 이슈 일곱 가지에 관한 뉴스 보도의 경우 시청 전후에 두 집단 모두 별다른 변화가 없었다.

미디어 아젠다와 공공 아젠다의 인과관계를 알아보려는 실험실에서의 최신 연구를 살펴보면, 개인적인 아젠다에 관한 온라인 뉴스의 아젠다 세팅 효과를 조사한 연구가 두 건 있었다. 한 실험에서는 《뉴욕 타임스》의 인쇄판 독자와 온라인판 독자가 국제 이슈를 얼마나 중시하는지 비교했다. 그랬더니 인쇄판 독자에게서 아젠다 세팅 효과가 더 강하게 나타났다. 하지만 어떤 버전의 독자든 《뉴욕 타임스》를 읽지 않은 대조군과 비교했을 때 영향을 상당히 많이 받은 것으로 밝혀졌다. 연구진은 아젠다 세팅 과정을 더 자세히 조사할 계기를 제공하면서 "현대의 인터넷 뉴스는 미묘하게, 하지만 결과적으로는 뉴스 미디어가 공공 아젠다를 설정하는 방식에 변화를 준다"라고 주장했다.[31] 또 다른 실험에서는 참가자들에게 CNN 뉴스 프로그램이나 CNN 뉴스 웹사이트를 보여주었다. 그러고 나서 그들이 뉴스에 나온 주요 기사를 얼마나 기억하는지 측정하고, 이슈의 중요성에 순위를 매기도록 했다.[32] 그 결과, TV 뉴스가 웹사이트보다 시청자에게 강한 영향을 미친다는 결론이 나왔다. 다만 웹페이지의 포맷상 미디어 아젠다의 중요성이 두드러지게 나타나지 않을 가능성도 고려해야 한다.

실험실에서 이루어지는 실험이 인위적인 상황에 불과하다는 비판을 받을 때도 있다. 하지만 이런 실험은 뉴스 매체의 아젠다 세팅 역할을 뒷받침해줄 중요한 보완적 증거를 제공한다. 아젠다 세팅 영향을 뒷받침할 완전한 증거를 확보하려면 실험의 내부적인 타당성(미디어 아젠다와 공공 아젠다가 엄격하게 통제되고 측정되는 환경)과 콘텐츠 분석 및 여론조사 연구에 관한 외부적인 타당성(조사 결과가 당장 직면한 관찰 사항을 넘어서 현실의 더 넓은 환경에서도 일반화될 수 있게 만든 연구 디자인)이 있어야 한다. 이렇게 내부적인 증거와 외부적인 증거를 종합하면 특정한 미디어 콘텐츠와 그것이 대중에게 미치는 영향 사이에 분명한 연관성이 있다는 아젠다 세팅 이론이 증명된다.

새로운 의사소통 분야

최근 몇십 년 동안 의사소통채널은 기하급수적으로 증가했다. 특히 계속 늘어나는 인터넷 사이트와 개인화된 소셜미디어로 인해 우리는 다음의 세 가지 핵심적인 질문의 대답을 찾기 위한 아젠다 세팅 연구의 새로운 시대에 진입했다.

인터넷을 통한 의사소통채널도 대중의 아젠다 세팅에 영향을 미치는가?

다양한 인터넷 채널은 채플힐에서 신문과 TV 뉴스를 조사한 이래 수십 년 동안 나타난 것과 유사한 대중에 대한 아젠다 세팅 효과를 나타낸다. 2000년 미국 대선에 출마한 후보자들의 웹사이트는 공공 아젠다에 오른 이슈의 중요성에 영향을 미쳤다.[33] 인종차별이라는 이슈의 중요성은 참가자들이 실험적인 웹사이트에 많이 노출될수록 증가했다.[34] 아울러 2010년 미국 상원의원 선거에 출마한 후보자들의 웹사이트는 인디애나폴리스 주의 유권자들이 아젠다로 꼽은 이슈 일곱 가지의 중요성에

영향을 미쳤다.[35]

온라인 뉴스 매체를 살펴보면 미국 내의 이슈는 CNN 인터넷 뉴스를 접한 시청자들이, 그리고 외국 이슈는 앞서 언급한 실험에서 《뉴욕 타임스》 온라인판을 읽은 참가자들이 중요성을 높이 평가했다.[36] 한국의 경우에는 두 인터넷 신문 《오마이뉴스》와 《프레시안》이 미군 장갑차에 깔려 사망한 두 여학생의 죽음을 집중 조명하여 해당 이슈의 중요성에 영향을 끼쳤다. 이 사건은 대대적인 반미 시위를 불러일으켰다.[37]

새로운 의사소통채널의 확산으로 인해 오래된 매체의 아젠다 세팅 영향력이 감소했는가?

최근 몇십 년 동안 의사소통 분야는 변신해왔다. 전통적인 매체의 경우 처음에는 케이블 TV가 생기더니 그 뒤를 이어서 위성 TV가 생겼고, 이제는 웹사이트와 개인화된 소셜미디어가 퍼지고 있다. 이런 상황에서 우리가 지난 반세기 동안 관찰한 미디어의 아젠다 세팅 효과가 감소하거나 사라질 것으로 예측하는 사람도 있다.[38] 이런 가능성을 제기하는 목소리가 높지만, 지금까지 압도적으로 우세한 여러 증거를 살펴보면 미디어의 아젠다 세팅 역할은 여전히 유효하다. 마크 트웨인(Mark Twain)이 AP 통신에 보낸 유명한 전보를 응용하자면 아젠다 세팅 기능의 죽음에 관한 보고는 지나치게 과장되었다.

갤럽은 1956년부터 2004년까지 설문조사를 통해 대중에게 '국가가 직면한 가장 중요한 문제'가 무엇인지 물었다. 대중의 반응을 대상으로 《뉴욕 타임스》의 아젠다 세팅 영향을 장기적으로 분석한 결과, 이런 효과의 강도에 차이가 있다는 사실이 밝혀졌다. 하지만 시간이 지남에 따

라 식별할 수 있는 특정한 트렌드는 없었다.[39]

새로운 의사소통 환경에서 세대에 따른 매체 이용 패턴이 나뉘는 것은 사실이다. 하지만 노스캐롤라이나 주와 루이지애나 주에서 주 전체를 대상으로 벌인 여론조사 결과를 보면 젊은 세대, 중년 세대, 노년 세대 사이에 아젠다 세팅에 작용하는 매체의 영향이 별로 다르게 나타나지 않았다.[40] 젊은 세대가 인터넷에 큰 관심을 보이고 전통적인 매체에는 훨씬 적은 관심을 보였지만 그것이 아젠다 세팅 영향력의 강도에는 별다른 차이를 주지 않았다. 루이지애나 주에서 인터넷 사용 빈도가 높은 유권자와 낮은 유권자의 이슈 아젠다를 주의 주요 신문에 실린 이슈 아젠다와 비교한 내용이 특히 설득력 있다. 인터넷 사용 빈도가 낮은 유권자는 신문 아젠다와의 상관관계가 +0.90이었다. 인터넷 사용 빈도가 높은 유권자는 상관관계가 +0.70으로 좀 더 낮았다.

역사적인 시각에서 새로운 의사소통채널의 영향을 살펴보면 지난 30년 동안 가장 두드러진 현상 두 가지(1980년대 초에 케이블 TV의 등장과 1990년대 말에 인터넷의 보급)가 공통적인 공공 아젠다의 존재를 약화시켰는가? 《뉴욕 타임스》의 이슈 아젠다와 1976년부터 2004년까지 선거가 있었던 해에 젊은 세대, 중년 세대, 노년 세대를 비교한 결과, 장기적인 추세에서 이런 사건과 연관된 변곡점을 발견하지 못했다.[41] 전반적인 패턴은 아젠다 세팅 영향이 수년에 걸쳐서 나타나며, 미디어 사용 패턴이 다른데도 세대 간에 큰 차이가 없었다는 것이다. 젊은 세대는 수십 년 동안 상관관계가 +0.55부터 +0.93까지 나타났으며 중앙값은 +0.77이었다. 35~54세의 경우 상관관계가 +0.66부터 +0.93까지 나타났으며 중앙값은 +0.79이었다. 마지막으로, 55세 이상의 경우 상관관계가 +0.61

부터 +0.93까지 나타났으며 중앙값은 +0.77이었다.

지난 수십 년 동안 아젠다 세팅 효과가 강하게 나타났고, 그 효과가 현대에도 계속 나타나는 것은 미디어와 대중이 전통적으로 보이는 행동 양식 때문이다. 채플힐 조사에서 나타났던 미디어 아젠다 간의 높은 동질성이 현대에도 계속 이어지고 있다. 파블로 보츠코프스키(Pablo Boczkowski)는 부에노스아이레스에서 주요 신문의 인쇄판과 온라인판의 뉴스 아젠다를 분석한 결과 높은 동질성을 발견했다. 그뿐만 아니라 1995년부터 2005년까지 이 뉴스 아젠다들이 가면 갈수록 더 비슷해진다는 사실도 알아냈다. 그는 이런 경향이 나타나는 이유가 기자들이 전통적으로 경쟁자를 모니터하던 일이 이제는 인터넷과 TV 뉴스의 범람 덕택에 더 쉬워졌기 때문이라고 생각한다.[42] 제7장에서는 뉴스 매체와 새로운 소셜미디어의 상호작용을 더 자세히 살펴보기로 한다. 아젠다 세팅 효과가 대중에게 강하게 나타나는 것은 다양한 의사소통채널을 통해 거대한 정보의 바다에 매체 수용자가 계속 노출되기 때문이다.[43] 제임스 웹스터(James Webster)와 토머스 키아제크(Thomas Ksiazek)는 2009년 3월부터 1,000개가 넘는 가구에서 수집한 TV와 인터넷 사용에 관한 닐슨(Nielsen) 자료에 네트워크 분석을 적용해보았다. 그러고는 다음과 같이 언급했다.

> 우리는 매스컴 236개를 분석한 결과 겹치는 매체 수용자가 대단히 많다는 사실을 알아냈다. 이는 매체 한두 가지만을 고집하는 고독한 수용자가 있다기보다는 대중적인 관심이 겹치는 양상으로 나타난다는 것을 의미한다.[44]

사람들은 대체로 습관처럼, 그리고 의도적으로 접하는 뉴스 채널이 있기도 하고, 일상생활 속에서 우연히 다른 뉴스 채널에 노출되기도 한다. 뉴스 채널이 다 비슷비슷한 이슈를 다루다 보니 그날의 주요 이슈에 관한 대중의 의견이 일치하는 경우가 많다.

특정한 채널 vs. 의사소통 양식(게슈탈트) 사이에 영향력의 차이가 얼마나 나는가?

대중매체의 '영향력'에 관한 사람들의 관심은 옛날부터 있었다. 이런 관심은 영향력을 발휘하는 다양한 의사소통 '매체'의 상대적인 힘에 관한 관심도 자주 동반한다. 아젠다 세팅 역시 예외는 아니다. 사람들이 아젠다 세팅의 기본적인 생각을 이해하고 나면 공공 아젠다를 설정하는 데 어떤 매체가 더 강력한지 묻기 바쁘다. 20세기 후반에는 사람들의 관심이 특히 신문과 TV의 비교에 쏠렸다. 이제는 거기에 소셜미디어까지 가세했다.

이 질문에 관한 최선의 답은 "상황에 따라 다르다"이다. 모든 채널이 서로 별다른 차이 없이 하나의 목소리를 내는지 아니면 한두 채널이 다른 채널들보다 막강한 영향력을 발휘하는지는 상황에 따라 다르다. 설령 채널 간에 영향력의 차이가 나타난다고 해도 채널의 대부분이 이런 아젠다 세팅 영향에 이바지한다. 우리는 뉴스와 정보의 거대한 바다에서 수영한다. 부분의 합보다 전체가 훨씬 큰, 의사소통채널의 게슈탈트에서 사는 것이다. 그러나 수년 동안 대중매체의 영향력에 관한 연구는 미디어를 종합적으로 살피기보다는 개별적인 매체를 강조하는 경향이 있었다. 반면에 '매체 삼투 현상(civic osmosis: 매체 수용자가 여러 매체의 콘텐츠에서서히 스며드는 현상—옮긴이)'이라는 개념은 미디어의 종합적인 역할을 강조한다. 또한, 새로운 매체의 확산 덕택에 이 의사소통 게슈탈트에 풍성하고 다양한 채널이 추가되었다. 시간이 가면 갈수록 우리는 다양한 콘텐츠가 있는 정보의 바다에서 수영한다. 따라서 이 바다의 해류를 이해할 필요가 있다. 의사소통을 돕는 해류와 바다를 오염시키는 해류를 모두 이해해야 한다. 하지만 무엇보다도 중요한 것은 바다를 전체적으로 이해하는 것이다. 시간이 가면서 바다가 어떻게 변하고 움직이는지, 그리고 공공 아젠다에 어떤 영향을 끼치는지 알아야 한다.

이 의사소통 게슈탈트에서 얻는 뉴스와 정보의 흡수에 관한 경험적 증거는 많다. 이는 이 분야의 초기까지 거슬러 올라가며 현재에도 이어진다. 관련 조사의 기준이 되는 1940년 이리 카운티 연구에서 폴 라자스펠드와 동료들은 사람들이 대중매체를 상당히 다양하게 이용한다는 사실을 알아냈다.

> 한 가지 대중매체에 많이 노출되는 사람들은 다른 형태의 대중매체에도 많이 노출되는 경향이 있다. 한 가지 대중매체에 많이 노출되는 사람 중에 다른 형태의 대중매체에 적게 노출되는 사람은 상대적으로 적다.[45]

사람들이 특정 뉴스 매체를 주요 정보원으로 꼽는다는 사실은 설문조사를 통해 알 수 있다. 사람마다 아침에 주로 읽는 신문이나 어느 정도 주기적으로 접하는 라디오나 TV 뉴스가 있다. 하지만 사람들은 더 큰 뉴스 환경에도 영향을 받는다. 1996년 스페인 총선에서는 주로 이용하는 매체의 아젠다와 사람들이 동의하는 정도와, 주요 매체의 가장 큰 경쟁 매체의 아젠다와 사람들이 동의하는 정도 간에 상당한 유사점이 있었다.[46] 예를 들면, 《디아리오 데 나바라(Diario de Navarra, 스페인의 주요 일간지)》를 주요 정보원으로 꼽은 유권자들은 아젠다 세팅 상관관계가 +0.62로 기록되었다. 이들이 지역의 경쟁 신문에 실리는 뉴스와 의견이 일치하는 수준은 +0.57로 좀 더 낮았다. 이런 식으로 열여덟 번에 걸쳐서 비교를 해본 결과, 모든 상관관계의 중앙값 차이가 0.09밖에 되지 않았다.

다시 앞서 살펴본 현세대에게 작용하는 일간지의 아젠다 세팅 효과를 비교해보자.

> …가장 어린 세대가 나이 든 세대만큼 전통적인 매체에 자주 노출되지 않는다는 증거가 있다. 그 세대는 인터넷도 훨씬 자주 이용한다. 하지만 매체의 다양성이 공통적인 공공 아젠다의 종말로 이어질 것이라는 직관적인 생각을 지지하는 사람은 많지 않다. 다른 매체를 이용했다고 해서 젊은 세대에게서 아젠다 세팅 영향이 조금이라도 다르게 나타나는 것 같지는 않았다.[47]

2006년에 치러진 스웨덴 총선 기간에 예스퍼 스트롬백(Jesper Stromback)과 스피로 키우시스는 일간 뉴스 매체 이용의 영향을 조사했다. 신문, TV, 라디오를 종합하여 총 아홉 개의 주요 언론사를 선별한 끝에 다음과 같은 결과를 얻었다.

> '정치 뉴스'에 관한 관심은 대중이 특정한 이슈의 중요성을 인식하는 데

의미 있고 상당히 강한 영향을 미친다. '정치 뉴스'에 관한 관심이 TV와 라디오에 방송되는 다양한 특정 뉴스 프로그램이나 다른 신문보다 영향력이 컸다.[48]

이런 조사 결과는 강력하고 영향력 있는 신문, 방송사, 웹사이트의 존재를 부정하지는 않는다. 하지만 더 넓은 시각으로 살펴보면, 우리의 사회 구조를 정의하는 것은 거대한 의사소통 게슈탈트의 목소리다. 의사소통의 주요 효과는 매체의 종합적인 영향과 매체 삼투 현상의 지속적인 과정에서 비롯되는 경우가 많다. 매체 삼투 현상의 중요한 측면 한 가지는 대중이 이용할 수 있는 엄청난 뉴스 채널의 개수다. 개인적인 단계에서 보면 지역사회나 국가가 직면한 가장 중요한 문제를 꼽아달라는 질문에 응답자들이 언급한 문제의 수는 지역사회에서 목소리를 내는 매체의 수와 상당한 연관이 있다.[49]

요약하기

이 장에서 살펴본 여러 연구 결과가 뉴스 매체가 대중에게 아젠다 세팅에 관한 영향력을 행사한다는 사실을 증명하는 증거의 전부는 아니다. 하지만 그런 증거의 광범위한 표본이기는 하다. 여기에 소개된 사례들은 여러 전국 이슈와 지역 이슈에 대한 매체의 아젠다 세팅 효과를 보여준다. 우리는 선거 기간과 정치적으로 더 잠잠한 기간을 비교하고, 미국, 영국, 스페인, 독일, 일본, 아르헨티나의 다양한 전국적·지역적 환경을 비롯해 1968년부터 현재까지 여러 사례를 골고루 살펴보았다.[50] 최신 연구는 엔터테인먼트 매체의 아젠다 세팅 효과도 다루었다. 연구진은 〈존 스튜어트의 데일리 쇼(The Daily Show with Jon Stewart)〉와 스티븐 콜버트(Stephen Colbert)의 예능형 뉴스 프로그램, 그리고 오프라 윈프리(Oprah Winfrey)의 주간 TV 쇼까지 다양한 프로그램을 분석했다.[51]

물론 개인의 태도와 여론을 형성하는 다른 주요 요인은 더 있다. 우리가 특정한 이슈에 관해 어떻게 느끼는지는 개인적인 경험, 전반적인 문화, 매체에 노출되는 상황에 바탕을 두었을 수도 있다.[52] 여론의 추세는 시간이 지남에 따라 새로운 세대, 외부 사건, 의사소통매체에 따라 변화한다.[53] 그렇다 하더라도 아젠다 세팅 효과에 관한 이러한 증거들은 매체 수용자가 세상을 그리는 그림에 기자들이 막강한 영향력을 행사한다는 주장을 뒷받침한다.

이 아젠다 세팅 영향력은 대체로 매일 이슈 몇 가지에 초점을 맞출 수밖에 없는 매체의 현실적인 상황이 빚어낸 부산물이다. 여러 매체가 이슈 몇 가지에 집중하는 현상은 그 순간 가장 중요한 이슈가 무엇인지에 관해 매체 수용자에게 강력한 메시지를 전달한다. 아젠다 세팅은 우리의 관심을 여론이 형성되는 초기 단계, 즉 이슈가 알려지고 대중의 관심을 처음 받는 단계로 쏠리게 한다. 이런 상황에서 기자들은 아젠다로 올릴 이슈를 신중하게 선택하는 데 강한 도덕적 책임을 느낀다.

이론적인 관점에서 보면 이 장에서 소개한 아젠다 세팅 사례들은 이슈의 중요성이 미디어 아젠다에서 공공 아젠다로 옮겨간다는 사실을 분명히 보여준다. 다음의 여러 장에서 살펴보겠지만 이슈의 중요성이 옮겨간다는 내용의 아젠다 세팅 이론은 미디어 아젠다가 공공 아젠다에 행사하는 영향력이나 공공 이슈로 구성된 아젠다에 국한되지 않는다. 현대 사회에는 아젠다로 삼을 것이 많다. 여론이 형성되는 맥락을 정의하는 다양한 아젠다를 넘어서 '중요성의 전이'라는 이 아이디어는 다양한 다른 환경에도 적용되었다. 제8장에서는 아젠다 세팅 이론을 정치적 커뮤니케이션 너머로 확장하는, 새롭고 광범위한 응용법 몇 가지를 살펴볼 예정이다. 하지만 우선 미디어 아젠다가 공공 아젠다에 행사하는 영향력의 이론적인 지도에 세부사항을 추가해보자.

Current Press

october 7, 3400 Section2

Agenda Setting

Issue: 240460

Est - 2018

제2장

왜 뉴스는 현실과 다른가

기자 중에는 매체가 대중에게 그 어떤 아젠다 세팅 영향도 끼치지 않는다고 주장하는 사람도 있다. “우리는 그저 세상에서 일어나는 일에 관한 소식을 보도할 뿐이다”라는 견해다. 아젠다 세팅이라는 아이디어를 비판적으로 보는 일부 전문가도 이와 비슷하게 주장한다. 대중이든 매체든 그저 둘러싸인 환경에 반응할 뿐이라는 것이다. 하지만 월터 리프먼은 뉴스 매체가 “바깥세상과 우리의 머릿속에 그려지는 그림” 사이에서 다리 역할을 한다고 언급하면서 ‘가짜 환경’이라는 아이디어를 소개했다. 가짜 환경은 우리의 마음속에 있는 세계관을 말하는데, 이는 현실과 비교했을 때 언제나 불완전하고 부정확한 경우가 많은 시각이다. 리프먼은 우리의 행동이 실제 환경이 아니라 이런 가짜 환경에 대한 반응이라고 주장했다. 대중매체의 아젠다 세팅 역할에 관한 수십 년간의 연구 결과를 살펴보면 리프먼처럼 환경과 가짜 환경을 구분하는 것의 중요성을 더 강조하게 된다.

그렇다고 해서 뉴스가 날조되었다는 것은 아니다. 전혀 아니다. 저널리즘은 증명할 수 있는 관찰 결과에 바탕을 둔 경험적인 활동이다. 이런 직업윤리를 준수하지 못한 것이 수년에 걸쳐 미국과 유럽 기자들의 유명한 추문으로 이어졌다. 하지만 매일 벌어지는 사건과 상황이 언론 기관의 전문적인 렌즈를 통해 굴절되면 실제 세상과 구조가 같다고 보기 어려운 '세상에 대한 그림'이 탄생한다. 있는 그대로의 환경이라기보다는 그 환경을 체계적으로 평가한 가짜 환경이 만들어지는 것이다. 여러 사건과 상황이 기자들의 관심을 얻으려고 경쟁한다. 모든 사건에 관한 정보를 수집하고 그 소식을 대중에게 전달할 능력이 없기 때문이다. 따라서 기자들은 매일 환경 표본을 추출할 때 전통적으로 쓰이는 전문적인 기준에 의지한다. 그 결과, 뉴스 매체는 더 큰 환경의 제한된 시각을 제시한다. 현대적인 건물에 좁고 길게 난 창문을 통해 바깥세상을 매우 제한적으로 보는 식이다. 창유리가 약간 불투명하고 표면이 울퉁불퉁하다면 이 비유는 더 적절해진다.

기이한 그림

맨해튼에 사는 사람들이 미국을 보는 시각을 패러디한 《뉴요커》의 유명한 표지 사진이 있다. 그림에는 굉장히 커다란 뉴욕시와 그에 못지않게 큰 캘리포니아 주가 국가의 반대편에 있다. 나머지 주는 그 사이에 비집고 들어가 있으며, 제대로 보이지도 않는다. 텍사스 주에 사는 사람이 미국을 보는 시각을 담은 비슷한 그림도 있다. 이 그림에는 텍사스가 커다랗게 그려져 있고 나머지 주 47개가 가장자리에 겨우 붙어 있다. 미국을 나타내는 이런 심리적인 지도가 우리가 학교에서 공부한 지리학자의 지도와 닮은 구석은 별로 없다. 하지만 과장되기는 했어도 이런 그림은 실용적인 미국의 심리 지도다. 우리는 여기에서 뉴욕 시민과 텍사스 주민을 풍자한 그런 유명한 그림을 닮은, 뉴스 매체가 그린 세계 '지도'의 여러 경험적 실례와 그에 따른 대중의 시각을 살펴볼 것이다.

10년간의 미국 여론

이제 우리에게 매우 익숙한 패턴을 또 소개하자면 여러 다양한 이슈에 관한 미국의 전국적인 여론은 격동의 1960년대 내내 뉴스 매체의 주요 아젠다 세팅 효과를 증명하는 증거로 작용했다.[1] 1960년대에 갤럽 조사 기관이 여론조사에서 미국인 응답자에게 국가가 직면한 '가장 중요한 문제'를 꼽아달라는 질문을 던졌을 때 베트남 전쟁, 인종 관계, 도심 폭동, 대학생 데모, 인플레이션이 공공 아젠다에서 순위가 가장 높았다. 1960년대에 공공 아젠다에 오른 주요 이슈 14개 모두의 중요도와 그 이슈들을 다룬 《타임(Time)》, 《뉴스위크(Newsweek)》, 《미국 뉴스와 월드 리포트(US News and World Report)》의 보도를 비교하면 +0.78이라는 높은 상관관계가 나타난다. 레이 펑크하우저(Ray Funkhouser)는 미디어 아젠다와 공공 아젠다 간의 높은 상관관계가 비논리적인 이유가 매체와 대중 모두 단순히 '바깥세상'에 반응하기 때문이라는 비판을 반박하려고 했다. 그래서 주로 『미국의 요약 통계(Statistical Abstracts of the United States)』를 바탕으로 역사적 아젠다를 만들었다.

예를 들면, 베트남 전쟁의 중요성은 변동이 대단히 심한, 1960년대에 그 전쟁에 투입되었던 미군의 병력으로 측정되었다. 분석에 도입된 이런 '현실 조종'은 아젠다 세팅 과정의 힘을 극적으로 강조한다. 베트남 전쟁, 대학생 데모, 도심 폭동에 관한 보도는 실제 사건들이 역사적으로 정점을 찍기 1~2년 전에 절정에 달했다. 상황이 다른 해와 전혀 다르지 않은 해에도 이슈 모두에 관한 보도가 자주 늘어났다. 문제가 개선되고 있을 때 그 문제에 관한 보도가 오히려 늘어나고, 문제가 더 심각해질 때 그 문제에 관한 보도가 줄어든 사례도 있었다. 펀크하우저는 "매체 보도의 패턴이 그 어떤 이슈의 현실과도 1:1 관계를 맺지 못한다"라고 지적했다.[2] 한마디로, 1960년대의 미디어 아젠다와 공공 아젠다가 서로 강한 연관성을 보였지만, 둘 다 그 시기의 역사적 흐름과는 거리도 있고 연관성도 적었던 것이다.

여기에 '현실'이 포함되는 것은 매체가 대중에게 행사하는 아젠다 세팅 영향력을 보여주는 의미 있는 증거로 작용한다. 뉴스 보도와 대중의 관심이 둘 다 현실에서 벌어진 사건을 단순히 반영하는 것이라는 주장을 반박하기 때문이다. 매체는 대중이 세상을 어떻게 보는지에 상당한 영향을 끼치는 가짜 환경을 만들어서 대중에게 제시한다.

위기 만들기

1973년 가을에 독일 언론에는 개인적인 경험을 뛰어넘은 더 큰 환경의 기이한 그림이 등장했다.[3] 9월 초부터 12월 말까지 매주 독일의 석유 비축량에 관한 부정적인 의견이 긍정적인 의견보다 많았다. 게다가 10월과 11월에는 그 상황을 '파동'이라고 묘사하는 일이 점점 잦아졌다. 1974년 1월과 2월이 되어서야 파동에 관한 논의가 줄어들었고, 뉴스 보도에 상황에 관한 긍정적인 평가와 부정적인 평가가 균형 있게 언급되었다.

그렇다면 그해 가을에 독일에 정말 에너지 파동이 일어났을까? 가을 초에 아랍 국가들이 유가를 올리고 미국과 네덜란드를 상대로 보이콧을 선언한 것이 이런 뉴스 보도의 불씨가 되었다. 실제로는 9월과 10월에 독일의 석유 수입량은 그 전해의 같은 기간보다 훨씬 많았고, 11월에는 수입량이 거의 비슷했다. 에너지 파동의 존재를 옹호할 만한 실질적인 근거는 부족하다. 하지만 주요 독일 신문(정치 소식을 다루는 고급 전국지 3개와 타블로이드 신문 2개)은 9월부터 2월까지 석유와 석유 제품의 비축량에 관한 기사를 1,400건 넘게 실었다. 그 정도의 기사 개수는 이 상황이 공공 아젠다에서 높은 순위를 차지하게 하기에 충분했다.

11월에 실시된 여러 여론조사에 따르면 자가용 보유자의 3분의 2 이상이 심각한 휘발유 부족 사태가 벌어질까 봐 걱정된다고 응답했다고 한다. 하지만 12월에 상황에 관한 부정적인 보도가 줄어들기 시작하자 휘발유 부족을 걱정하는 자가용 보유자도 거의 절반으로 줄었고 그 후에는 약 3분의 1로 줄어들었다.

신문에서 에너지 관련 상황을 중요하게 보도하자 독일 대중은 강력한 행동을 보이며 반응했다. 10월에 석유 제품의 판매량이 치솟은 것이다. 석유와 디젤유의 판매량이 그 전해보다 7% 증가했다. 중유 판매량은 15%, 경유 판매량은 31% 늘어났다. 10월에는 석유 수입량이 그 전해보다 많았고, 11월에는 수입량이 비슷했는데도 이례적으로 수요가 많았던 탓에 산발적으로 공급 부족 현상이 조금씩 일어났다. 그렇게 소비자가 비축해둔 양이 많아져서 석유 판매량은 그 후로 몇 달 동안 급감할 수밖에 없었다.

독일의 이 1973년 석유 '파동'은 언론의 집중 보도 때문에 수요가 급증한 탓이지 실제로 공급이 크게 부족해져서 벌어진 일은 아니었다. 이 사례에서는 신문의 아젠다 세팅 효과가 대중이 문제를 중시하고 그것에 관심을 보이는 것(연구 수백 건에서 증명된 통상적인 인지 효과)을 넘어서서 대중의 행동으로도 이어졌다. 소비자가 자신이 직면한 상황에 관한 '그림'에 개별적으로 반응한 것이다.

마약에 관한 전국적인 관심

1980년대에 미국에서도 이와 비슷한 상황이 발생했다. 《뉴욕 타임스》가 1985년 후반에 마약 문제를 '발견'하고 100건이 넘는 관련 기사 중 첫 기사를 발행한 뒤 대중이 마약 문제에 관심을 표하기 시작했다.[4] 《더 타임스》의 리드로 그 이듬해에는 《뉴스위크》에 마약에 관한 표지 기사가 실렸고, 전국 TV 방송국에 마약 문제를 다룬 특별 프로그램 두 개가 방송되었으며, 미국 전역에서 신문에 마약 기사가 쏟아져 나오기 시작했다. 이런 현상은 결국 마약 문제에 관한 대중적인 관심의 증가로 이어졌다.

《더 타임스》가 다른 뉴스 매체, 대중, 연방정부에 끼친 이런 아젠다 세팅 영향은 마약 관련 사망 사건 때문에 힘을 잃지 않았다. 1986년 중반에 올 아메리칸(All American: 스포츠에 특출한 재능이 있으면 선발되는 미국의 대학팀—옮긴이)에 선발되었던 농구 선수 렌 바이어스(Len Bias)와 프로 미식축구 선수 돈 로저스(Don Rogers)가 마약으로 목숨을 잃은 것이다. 하지만 이런 극적인 사건들은 이미 자리 잡았던 미디어 아젠다를 유지하는 역할만 했을 뿐이다. 뉴스 매체와 대중이 마약 문제를 더 중시하게 된 것은 '순수한' 아젠다 세팅의 극적인 사례다. 그 기간에 실제 마약 사용량에는 아무런 변화도 없었기 때문이다. 전국적인 아젠다에 마약이 올라간 것은 기자들이 상황을 '발견'했기 때문이지 상황의 현실에 변화가 생졌기 때문은 아니었다.

하지만 대중의 전국적인 관심사는 자주 달라진다. 《뉴욕 타임스》의 보도와 미국의 여론은 부시 행정부의 주요 미디어 캠페인에 대한 반응으로 둘 다 1989년에 정점을 찍었다. 1989년 9월에는 대중의 무려 63%가 국가가 직면한 가장 중요한 문제로 마약을 꼽았을 정도다. 1년 뒤에는 대중의 9%만이 마약을 꼽았다. 뉴스 매체, 대통령, 일반 대중으로 구성된 아젠다 세팅단 3인조는 복잡하고 끊임없이 변화하는 관계를 맺고 있다.[5] 결과적으로 이 3인조와 바깥세상과의 관계는 애매한 경우가 많으며, 이들이 공공 이슈에 주의를 기울이는 시간도 불분명하다.[6]

범죄에 대한 공포

1990년대에도 공공 이슈에 관한 아젠다 세팅 과정이 관련 현실과 전혀 상관없이 진행된 사례가 있었다. 1992년에 텍사스 조사 기관이 국가가 직면한 가장 중요한 문제가 무엇이냐고 물었을 때 〈표 2.1〉에서 볼 수 있듯이 응답자의 2%만이 '범죄'라고 답했다. 하지만 1993년 가을이 되자 응답자의 15%가 범죄를 꼽았고, 1994년 상반기에 실시된 연속 두 번의 여론조사에서는 3분의 1이 넘는 응답자가 범죄를 꼽았다. 이는 이례적일 만큼 높은 수치다. 이 질문은 1930년대에 갤럽 조사 기관이 만든 것이며, 그 후로 수도 없이 많이 쓰였다. 하지만 그 어떤 문제에도 이 정도로 높은 수치를 얻은 여론조사는 드물다. 1995년과 1996년 초에 범죄에 관한 우려가 다소 잦아들었지만, 그 기간에도 텍사스 응답자의 약 20%가 가장 중요한 문제로 여전히 범죄를 꼽았다.

아이러니하게도 범죄에 관한 대중의 관심이 이례적으로 치솟았을 때 실제 범죄율은 감소하고 있었다. 범죄율이 낮아졌는데도 대중이 관심을 많이 보인 것은 범죄에 관한 뉴스 매체의 보도 때문이었을 가능성이 크다. 〈표 2.1〉을 보면 1993년 말, 1994년, 1995년에 두 주요 텍사스 신문인《댈러스 모닝 뉴스(Dallas Morning News)》와《휴스턴 크로니클(Houston Chronicle)》이 범죄에 관해 집중적으로 보도했다는 사실이 드러난다. 범죄 기사는 응답자의 소수가 범죄 문제에 관심을 보였던 1992년 여름에 난 범죄 기사보다 매번 많았다.

〈표 2.1〉에 소개한 이런 추세를 상세하게 분석한 결과, 범죄를 다룬 뉴스 보도의 증가 양상이 여론에 반영된 사실이 밝혀졌다.[7] 2년 반 동안 사회 문제로서 범죄에 관해 대중이 관심을 보인 추세와 뉴스 보도 패턴의 상관관계가 +0.70으로 나타났다. 세상을 떠들썩하게 했던 범죄 사건 두 건이 이 기간에 발생했다는 점을 고려하더라도 높은 상관관계가 유지된다. 1994년 여름에 뉴스 매체들은 O.J. 심슨(O.J. Simpson) 살인 사건을 보도하는 기사를 쏟아내기 시작했다. 심슨은 유명한 미식축구 영웅이자 은퇴 후에는 스포츠 해설가로 활동한 인물이었다. 그는 LA 인도에서 부인과 친구를 찔러 죽인 혐의를 받았다. 1995년 봄에는 텍사스에서 활동하던 유명한 히스패닉 가수 셀레나(Salena)가 살해당했다. 이 두 살인 사건은 1994년 여름부터 이듬해 가을까지 범죄 기사의 거의 6분의 1을 장악했다. 그러다 보니 혹자는 이렇게 유명한 두 사건으로 텍사스에 사는 대중이 범죄에 보이는 관심 대부분을 설명할 수 있다고 주장할지 모른다. 둘 중 한 사건은 실제로 텍사스에서 일어나기도 했으니까 말이다. 하지만 두 살인 사건을 다룬 모든 뉴스 기사를 분석에서 제외했을 때도 미디어 아젠다와 공공 아젠다의 상관관계는 여전히 +0.73으로 높이

〈표 2.1〉 **범죄에 관한 신문 보도와 대중의 관심**

댈러스와 휴스턴의 신문에 실린 범죄 기사

기간	텍사스 여론조사*(%)	총 개수	심슨 사건과 셀레나 사건 제외
1992년 여름	2	173	173
1993년 가을	15	228	228
1994년 겨울	37	292	292
1994년 봄	36	246	246
1994년 여름	29	242	216
1994년 가을	22	220	205
1995년 겨울	24	233	207
1995년 봄	21	248	211
1995년 여름	19	212	200
1995년 가을	15	236	126

* 이 수치는 텍사스주에서 실시한 여론조사에서 '범죄'를 국가가 직면한 가장 중요한 문제로 꼽은 응답자의 퍼센티지다.

• 출처: 살마 가넴의 미출판 박사 논문 「범죄와 여론을 다룬 매체 보도: 아젠다 세팅의 두 번째 단계에 관한 탐구」, 1996년, 오스틴의 텍사스대학교.

나타났다.

시카고, 필라델피아, 샌프란시스코에서도 일간지 독자들이 신문에 난 범죄 보도에 같은 양상으로 반응했다. 각각의 도시에 있는 경쟁 신문들끼리 스타일이나 범죄에 대한 접근법이 매우 달랐다. 한쪽은 대단히 보수적이고, 다른 쪽은 더 대담했다. 세 도시 모두 범죄 기사에 지면을

많이 할애한 신문의 독자가 다른 신문의 독자보다 범죄에 대한 공포심이 컸다.[8]

신문만 이런 문제를 일으키는 것이 아니다. TV 역시 어쩌면 뉴스보다는 엔터테인먼트 프로그램을 통해 시청자의 범죄와 폭력에 대한 공포심을 조장할 수 있다. 조지 거브너(George Gerbner)와 동료들은 이런 세계관을 '비열한 세상 증후군(the mean world syndrome)'이라고 이름 붙였다. 그들은 수년 동안 TV 시청자들을 폭넓게 조사한 결과, "TV에 장기적으로 노출되면 폭력에도 자주 노출되다 보니 세상이 상대적으로 비열하고 위험하다는 이미지가 생기는 경향이 있다"라는 결론을 내렸다.[9] 이는 TV의 엔터테인먼트 프로그램이 장기적인 아젠다를 설정한다는 주장이며, 이를 입증하는 증거는 상당히 많다.

워싱턴 D.C의 지역 TV에 나오는 범죄 뉴스의 효과를 종합적으로 살펴보면[10] 미국 지역 신문의 범죄 보도에 관한 조사와 엔터테인먼트 TV를 통한 범죄와 폭력의 배양 효과를 보완할 수 있다. 아젠다 세팅 이론과 흔히 연관되는 결과(가장 중요한 문제로 '범죄'를 꼽는 현상)와 배양 분석(cultivation analysis. 범죄의 피해자가 될 위험과 밤에 혼자 걷기를 무서워하는 마음)은 모두 동시에 평가되었다. 범죄 보도가 많은 지역 TV 뉴스에 대한 노출뿐만 아니라 결과의 예측 변수로 쓰일, 현실을 나타내는 척도 세 가지도 살펴보았다. 범죄의 피해자가 된 직접적인 경험, 동네 범죄율, 범죄 피해자의 친구, 이웃, 친척이 된 경험이 그 세 가지다. 지역 TV 뉴스에 노출되는 현상은 워싱턴 수도권 지역이 직면한 중요한 문제로 '범죄'를 언급하는 것과 강한 연관성을 보였다. 하지만 현실 척도 중 한 가지, 즉 동네의 폭력적인 범죄율만이 워싱턴에서 범죄의 중요도에 영향을 미쳤다.

반대로, 지역 TV 뉴스에 노출되는 현상이 배양 분석이 예측한 결과와는 아무런 연관성도 없었다. 하지만 현실 척도의 거의 절반이 범죄에 대한 공포와 상당한 연관성을 보였다.

현대의 대중매체가 대중의 마음속에 범죄에 관한 관심을 불러일으키기 한참 전부터 20세기 초의 타블로이드 신문은 "경찰서에서 범죄 보고서를 훑어볼 수 있게 30분만 주신다면 범죄로 가득한 세상을 보여드리겠습니다"라는 격언을 실천에 옮겼다. 다시 말해, 대중의 범죄에 대한 공포와 사회 문제로서의 범죄에 관한 걱정은 범죄의 현실보다는 미디어 아젠다와 훨씬 더 긴밀하게 연관되어 있다.《뉴욕 타임스》의 사설은 "인간의 존재에 관한 간단한 진실은 공포를 완화하기보다 가중하기가 훨씬 쉽다는 것이다"라고 언급했다.[11] 이 경우에는 2001년 여름에 갑자기 쏟아져 나온 상어의 인간 공격에 관한 뉴스 보도가 조사 대상이었다.《타임》지는 표지에 극적인 사진을 싣기도 했다. 하지만 해양 과학자들은 그해 여름에 있었던 상어의 공격 건수에 특이한 점은 없었다고 재빨리 지적했다. 여러 매체가 합심해서 산발적으로 일어난 사건에 관심을 쏟았을 뿐이라는 견해였다.《더 타임스》는 1990년과 1997년 사이에 미국에서 어린이 28명이 떨어진 TV에 맞아서 목숨을 잃었는데, 그 수가 20세기를 통틀어서 백상아리에게 물려 죽은 사람의 수보다 4배나 많다고 지적했다. TV에서 영화 〈죠스(Jaws)〉를 시청하는 것이 대양에서 수영하는 것보다 훨씬 위험할 수 있다는 이야기다.

환경의 발견

1970년부터 1990년까지 환경 문제에 관한 미국의 여론을 자세하게 살펴본 결과, 공공 아젠다로서의 이런 문제의 중요도와 공기 오염 및 수질 오염에 관한 현실 척도 세 가지의 통계적인 양상 사이에 아무런 연관성도 없었다.[12] 반대로, 공공 아젠다(갤럽 여론조사 66건의 '국가가 직면한 가장 중요한 문제'에 대한 질문의 답으로 측정)와 《뉴욕 타임스》에 실린 환경 기사의 길이와 중요도 사이에는 상당한 연관성이 있었다. 현실 척도의 변수를 제거하면 대중의 관심과의 상관관계가 기사의 길이는 +0.93이었고, 《더 타임스》에서의 중요도는 +0.92로 나타났다. 1970년부터 1990년까지 환경 기사는 더 길어지고 중요도도 높아졌다. 하지만 '현실'을 반영하는 통계를 살펴보면 전체적인 환경오염은 감소세를 보였다.

놀라운 발견

지금까지 종합적으로 살펴본 여론의 참모습은, 대중매체가 묘사하는 현실과 실제 현실의 차이에 관해 우리에게 많은 것을 알려준다. 두 '현실' 간의 차이는 다양한 상황에서 볼 수 있다. 1970년부터 1990년까지 공기 오염과 수질 오염이 나아지고 있는 상황에서 대중은 환경 문제에 관한 보도가 늘어나는 추세에 반응을 보였다. 1990년대에도 실제 범죄율은 낮아지고 있었으나 범죄를 다루는 뉴스 보도는 증가하는 데 대해 이와 비슷한 반응이 있었다. 1980년대에는 마약 문제와 관련된 현실에 전혀 변화가 없었는데도 마약을 다룬 뉴스 보도의 증가에 대중이 반응했다. 상어 공격과 독일의 석유 비축량에 관한 뉴스 보도도 마찬가지였다. 1960년대에는 주요 이슈에 관한 뉴스 보도의 동향이나 대중의 관심과 이런 이슈의 현실 사이에 아무런 상관관계도 없었다.

이 모든 상황에서 대중의 반응은 앤서니 다운스(Anthony Downs)의

'이슈 관심 주기(issue attention cycle)' 이론에 나오는 '놀라운 발견(alarmed discovery)'이라는 현상을 떠올리게 한다. 이 현상은 아젠다로 새로운 이슈가 등장한 데 대한 대중적인 반응의 첫 단계에 해당한다.[13] 위에서 알아본 것과 같은 이슈들을 매체가 소개하는 일은 '놀라운 발견'이라고 할 수 있다. 그 문제에 관한 현실이 달라지지 않았는데도 뉴스에서 각각의 이슈를 강조하기 시작했기 때문이다. 사실상 이런 상황은 현실이라는 환경에서 이루어진 자연적인 실험이나 마찬가지다. 이런 실험은 뉴스 매체가 대중에게 행사하는 아젠다 세팅 영향력을 확실하게 보여준다.

정교하고 자연적인 실험을 한 가지 더 살펴보자. 이 실험은 1998년에 다섯 달에 걸쳐서 매일 추적 여론조사를 진행하여 '이슈 관심 주기'의 여러 단계를 탐구했다. 조사 결과, 《애틀랜타 저널 컨스티튜션(Atlanta Journal and Constitution)》의 1면을 장식한 기사가 대중이 공기의 질을 중요한 문제로 인식하는 데 상당한 영향을 미친 것으로 드러났다.[14] 이 경우에는 뉴스 보도가 이슈의 중요성에 영향을 미친다는 증거가 특별히 더 설득력이 있다. 눈에 '보이지 않는' 공기의 질에 관한 문제를 다루고 있기 때문이다. 눈에 보이는 스모그의 해로운 구성 요소인, 지상에 있는 오존은 눈에 보이지도 않고 냄새도 나지 않는다. 그뿐만 아니라 관련된 일일 기상 조건 측정법 네 가지(상황의 현실)는 애틀랜타 대중이 느끼는 이슈의 중요도와 연관이 없었다. 따라서 미디어 아젠다가 실제 세상의 사건과 상황을 위한 매개체보다 훨씬 큰 역할을 하고 있다는 사실을 다시 한 번 확인할 수 있다.

아젠다 세팅 효과를 바라보는 관점

전 세계적으로 아젠다 세팅 효과를 탐구한 연구원들은 이 매스컴 현상을 다양한 관점에서 바라보았다. 이런 관점을 네 가지 부분으로 나눠서 묘사하는 방법을 '아카풀코 유형 분류'라고 부른다. 국제 커뮤니케이션 협회의 회장인 에버렛 로저스의 초대로 멕시코 아카풀코에서 열린 협회 학회에서 처음 제시되었기 때문이다. 이 분류법은 이분법적 관점에서 정의될 수 있는데, 첫 번째 요소는 아젠다를 살펴보는 방법의 차이를 구분한다. 이때 관심의 초점은 아젠다를 정의하는 모든 이슈에 맞춰질 수도 있고, 아젠다에 오른 하나의 이슈에만 맞춰질 수도 있다. 두 번째 요소는 대중이 생각하는 이슈의 중요도를 측정하는 방법의 차이를 구분한다. 특정 집단이나 인구를 통째로 측정한 종합적인 데이터를 이용할 것인지, 아니면 개개인의 반응을 측정한 개별 데이터를 이용할 것인지 구분하는 것이다. 이 두 요소의 조합은 〈표 2.2〉에 나와 있는 것처럼 서로 다른 아젠다 세팅 관점 네 가지를 나타낸다.

관점 1은 아젠다 전체를 아우르며 이런 이슈의 중요도를 알아보기 위해 인구 전체의 데이터를 활용한다. 최초의 채플힐 아젠다 세팅 연구가 바로 이런 관점을 도입했었다. 미디어 아젠다와 공공 아젠다가 그해 열린 미국 대선의 주요 이슈 다섯 가지로 구성되었다는 점을 떠올려보자. 그 이슈들의 상대적인 중요도는 종합 데이터 두 가지로 결정되었다. 미디어 아젠다는 이슈의 중요도가 각 이슈를 다룬 뉴스 기사의 개수로 결정되었고, 공공 아젠다는 정부가 각 이슈에 관해 조처해야 한다고 생각한 유권자의 비율로 결정되었다. 이런 관점은 '경쟁'이라고 불린다. 아

〈표 2.2〉 **아카풀코 유형 분류: 아젠다 세팅을 바라보는 관점 네 가지**

대중적인 중요도 측정

	종합적인 데이터	**개별적인 데이터**
관심의 초점 아젠다 전체	관점 1 경쟁	관점 2 로봇
아젠다 중 특정 이슈	관점 3 자연사	관점 4 인지적 초상

젠다에서 중요한 자리를 차지하려고 경쟁하는 이슈들을 살펴보기 때문이다. 경쟁하는 이슈들이 대대적으로 연구된 아젠다 세팅의 다른 사례로는 그 후에 연이어 치러진 미국 대선 두 번, 일본, 아르헨티나, 스페인의 지역 여론, 1960년대 전체에 걸친 미국 여론의 동향 등이 있다.

관점 2는 초기의 아젠다 세팅 연구와 비슷하다. 하지만 그런 연구는 초점이 아젠다에 오른 모든 이슈에 있었던 반면 관점 2는 초점이 개개인의 아젠다에 맞춰져 있다. 관점 1이 조직 차원에서 아젠다 세팅 효과를 살펴본다면 관점 2는 개인 차원에서 살펴보는 것이다. 그러나 개인에게 여러 이슈의 중요도에 순위를 매겨달라고 요구했을 때 개개인이 제시한 이슈의 순위와 해당 이슈를 강조하는 뉴스 매체의 보도 사이에는 상관관계가 거의 없었다.[15] 이 관점은 대중의 행동을 호의적이지 않은 시각으로 보는 탓에 '로봇'이라고 불린다. 이는 사실상 대중매체 효과를 나타내는 피하주사식 이론으로 회귀하는 것이나 마찬가지다. 매체가 몇 가지 이슈의 중요성에 대한 개인의 시각에 영향을 끼칠 수는 있지만, 매체의 아젠다 전체를 개인이 눈에 띌 만큼 그대로 받아들이는 경우는 거의 없다.

관점 3은 아젠다에 오른 하나의 이슈에 초점을 맞춘다. 하지만 관점 1과 마찬가지로 이 이슈의 중요도를 평가할 때 종합적인 데이터를 이용한다. 중요도는 주로 해당 이슈를 다룬 뉴스 기사의 총 개수와 국가가 직면한 가장 중요한 문제로 그 이슈를 꼽은 대중의 비율로 측정한다. 이 관점은 '자연사'라고 불린다. 시간의 흐름에 따라 이슈 한 가지의 중요도가 달라지는 상황에서 미디어 아젠다와 공공 아젠다의 상관관계에 초점이 맞춰져 있기 때문이다. 이미 살펴본 이 관점의 예로는 23년 동안 미국의 인권 이슈를 다룬 연구, 8년 동안 루이빌의 이슈 여덟 개를 다룬 연구, 1년 동안 독일의 개별적인 이슈 열여섯 개를 집중적으로 다룬 연구가 있다.

관점 4는 개인에게 다시 초점을 맞추지만, 아젠다에 오른 이슈 한 가지의 중요성만 따진다. 이 관점은 '인지적 초상'이라고 불린다. 아젠다 세팅에 관한 실험적인 연구를 살펴보면 이 관점이 분명하게 드러난다. 개인이 이슈 한 가지를 중요하게 여기는 정도를 그 사람이 뉴스 프로그램을 시청하기 전후로 평가하는 것이다. 이때 개인이 다양한 이슈에 노출되는 정도는 통제된다.

아젠다 세팅 현상에 이렇게 다양한 관점이 존재한다는 것은 이런 매체의 효과에 관해 우리가 보유할 수 있는 지식에 대한 신뢰도를 높인다. 관점 1은 끊임없이 변하는 풍부한 뉴스 매체 콘텐츠와 여론을 특정한 시점에서 유용하고 포괄적인 방식으로 묘사한다. 이 관점의 목표는 세상을 있는 그대로 보여주는 것이다. 관점 3은 이슈 한 가지의 '자연사'에 관한 유용한 설명을 제공하지만, 이슈의 전체적인 사회적 맥락은 고려하지 않는다. 그래도 긴 시간 동안 조사한 이슈 한 가지의 변천 과정에 관한 지식은 아젠다 세팅이 작용하는 과정을 이해하는 데 대단히 유용하다. 이론적인 시각에서 보면 관점 3과 4를 통해 얻은 증거는 아젠다 세팅 이론을 자세히 설명할 때 꼭 필요하다. 이런 현상이 어떻게, 그리고 왜 일어나는지 알려줄 수 있기 때문이다. 하지만 아젠다 세팅 이론의 최종 목표는 우리를 관점 1로 돌려놓는다. 이 관점은 각 지역사회와 국가의 의사소통과 여론에 관한 포괄적인 시각을 다룬다.

콘텐츠 대(對) 노출

아젠다 세팅 연구는 한 아젠다에서 다른 아젠다로, 주로 미디어 아젠다에서 공공 아젠다로 중요성이 옮겨가는 현상에 초점을 맞춘다. 아카풀코 유형 분류는 이 현상을 측정하기 위해 쓰인 다양한 연구 디자인을 보여준다. 이런 디자인과 우리가 살펴본 사례에서는 미디어 아젠다의 콘텐츠와 공공 아젠다의 콘텐츠를 비교하는 작업을 강조한다. 대중이 뉴스 매체에 노출되는 현상은 연구진이 추측할 뿐 측정하지 않는 경우가 많다. 하지만 콘텐츠에 바탕을 둔 이런 아젠다 세팅 연구를 보충하기 위해서 대중의 관심에 바탕을 둔 연구도 진행된다. 이런 연구는 대중이 뉴스 매체에 보이는 관심의 수준과 아젠다 세팅 효과의 강도 사이의 연관성을 알아본다.[16] 대중의 관심에 바탕을 둔 이 관점을 더 자세히 살펴보기 위해서 2006년 스웨덴 총선을 조사한 연구가 있었다. 그 연구에서는 주요 뉴스 매체 아홉 개를 대상으로 뉴스를 매일 이용하는 행동의 영향을 측정했다. 그 결과 다음과 같은 결론을 얻었다. "'정치 뉴스'에 관한 관심은 대중이 특정한 이슈의 중요성을 인식하는 데 의미 있고 상당히 강한 영향을 미친다. '정치 뉴스'에 관한 관심이 TV와 라디오에 방송되는 다양한 특정 뉴스 프로그램이나 다른 신문보다 영향력이 컸다."[17]

지난 여러 세기 동안의 아젠다 세팅

'아젠다 세팅'이라는 용어가 1968년에나 만들어졌지만, 이 현상이 훨씬 일찍 발견되었다는 역사적인 증거가 있다. 이제는 미국이 된 영국의 식민지에서는 1776년에 미국 독립 선언서가 탄생하기 40년 전에 미국의 식민지 언론에서 지리적인 관심과 지명의 중요성이 극적인 변화를 겪었다.[18] 이 기간의 초기, 즉 1735년부터 1744년까지는 지명의 약 3분의 1이 영국이나 북미 등 더 커다란 영미 지역사회에 있는 장소를 일컬었다. 하지만 미국 독립 선언서가 등장하기 바로 전 10년 동안은 지명의 3분의 1이 북미만을 가리켰다. 그리고 마침내 1774년과 1775년에는 지명의 절반이 북미에 있는 장소를 일컬었다. 정치적인 의견 일치를 이룩하는 데 언론의 아젠다 세팅 역할이 유용하다는 점을 보여주기에 더 적절한 사례도 있었다. 미국 식민지를 하나의 단위로 묶는 상징이 1763년 이후에 급격하게 증가했다. 그 뒤에는 신문에 등장하는 모든 미국적인 상징의 약 4분의 1이 식민지를 하나의 공동 단위로 묶었다. 18세기 식민지 언론의 지리적인 아젠다는 새로운 국가의 문화적·정치적 정체성을 형성하는 데 도움을 주었다.

19세기 말에는 진보적인 시대의 개혁가들이 뉴스 매체의 아젠다 세팅 역할이 민주 정치의 중심에서 권력을 행사하는 것이라고 강하게 주장했다. 자치 도시의 개혁가들은 이 교훈을 1890년대에 시카고와 세인트루이스뿐만 아니라 다른 대도시에서도 배웠다.[19] 예를 들면, 시카고에서는 1890년대 말에 폭발적으로 나타난 모든 공공 이슈가 1890년대에 오랫동안 신문의 아젠다에서 중요한 자리를 차지하던 것들이었다. 전차에 대한 규제 이슈 한 가지를 언론이 오랫동안 집중적으로 보도한 결과, 그 이슈가 결국 지역 선거를 수년 동안 장악하고 말았다. 1899년에는 모든 시장 후보가 전차 규제를 선거 운동의 중심 이슈로 채택해야 한다고 느낄 정도였다.[20]

세기말에 미국의 다른 지역에서도 비슷한 사건이 일어났다. 캔자스주 편집자 윌리엄 앨런 화이트(William Allen White)가 자신이 발행하는 신문 《엠포리아 가제트(Emporia Gazette)》를 이용하여 포퓰리즘에 반하는 아젠다를 나타낸 것이다. 그 당시에 이 신문의 아젠다가 지역의 공공 아젠다에 정확히 어떤 영향을 행사했는지 확인하기는 어렵다. 하지만 장 랑제 폴케르츠(Jean Lange Folkerts)는 다음과 같은 결론을 내렸다.

> 화이트는 독자들을 위해 1895년부터 1900년까지 농부들의 경제적인 어려움을 인정하지 않는 아젠다를 설정했다. 농부들이 제시한 기관 차원의 구제책이 마음에 들지 않았고, 경영자들이 통제권을 잃고 이스턴 캐피탈(Eastern capital)도 잃을까 봐 걱정했기 때문이다.[21]

이 장의 첫 부분에서 살펴본, 뉴스 매체가 여론의 초점에 영향을 미친다는 증거에는 격동적인 1960년대 전체가 포함되었다.[22] 제1장에서는 1954년부터 1976년까지 미국의 인권문제의 진화를 알아보았다.[23] 이 두 20세기 사례가 역사의 한 조각에 불과하기는 하지만 벤치마크로서는 유용하다. 오랜 시간에 걸쳐서 뉴스 매체의 콘텐츠를 여론의 체계적인 평가와 비교한다는 장점이 있기 때문이다. 역사적인 연구 대부분, 즉 1930년대에 여론조사가 발달하기 전에 시행된, 특정 기간에 관한 연구는 전부 이런 장점이 없다. 하지만 아젠다 세팅 이론을 정의하는 당대의 증거에 의지하여 에드워드 코딜(Edward Caudill)은 다음과 같은 결론을 내렸다. "역사적인 영향을 살펴보면 언론의 아젠다가 신문이나 잡지를 읽는 독자의 직접적인 의견을 넘어서는 여론에 대한 합리적인 가이드일지도 모른다."[24] 코딜은 물론 한계와 제약은 있다고 밝혔다. 특히 매스컴이 곳곳에 존재해야 하고, 의견이 관심의 대상인 대중과 의미 있는 상관관계도 있어야 한다는 필요조건이 있다.[25]

요약하기

우리 머릿속에 있는 그림은 기원이 다양하다. 우리 주위의 세상에 관해 우리가 알고 있는 지식은 출처가 다양한데, 특히 뉴스 매체가 중요한 정보원이다. 아젠다 세팅 이론은 그날의 가장 중요한 이슈에 관한 합의를 끌어내는 뉴스 매체의 역할을 묘사하고 설명한다.

제1장에서는 미디어 아젠다의 우선순위와 뒤이어 나타나는 공공 아

젠다의 우선순위 사이에 높은 상관관계가 있다는 주장을 증명하는 상당한 양의 증거를 살펴보았다. 미디어 아젠다와 공공 아젠다 간의 인과관계에 그 어떤 의심도 없도록 아젠다 세팅은 실험실에서도 평가를 거쳤다. 이 장에서는 미디어 아젠다가 공공 아젠다를 설정한다는 주장에 쐐기를 박았다. 현실 속의 사건과 뉴스 매체와 대중이 마음속으로 그리는 사건의 모습이 상당히 다르다는 추가적인 증거를 살펴본 것이다. 1960년대의 다양한 이슈, 1970년대의 석유 비축량, 1980년대의 마약 문제, 1970년대부터 1990년대까지의 환경 문제, 1990년대의 범죄, 21세기 초의 범죄와 상어 공격에서 볼 수 있듯이 미디어 아젠다는 해당 사건의 역사적인 아젠다와는 닮은 점이 별로 없었다. 하지만 위의 모든 사례에서 공공 아젠다를 설정하는 것이 매체와 매체가 세상을 묘사하는 관점이라는 사실을 뒷받침하는 증거는 확실하다.

대중매체의 아젠다 세팅 역할에 관해 우리가 최근에 얻은 지식은 결과적으로 우리가 역사적인 과거에 대한 이해를 구성하는 데 쓰인다. 아젠다 세팅 이론이 묘사하는 여론의 현대적인 변천 과정이 과거에도 적용될 수 있다는 전제 아래, 학자들은 신문과 잡지의 콘텐츠 분석을 이용하여 과거 여론의 역사를 썼다. 역사적인 분석과 여론의 현대적인 해석이 합쳐진 덕택에 새로운 의사소통기술 및 글로벌 매체와 연관된 새 정치 관습의 빠른 진화를 이해하는 데 이론적으로 큰 도움이 될 것으로 예상한다.[26]

여기에 딸린 중요한 개념은 아카풀코 유형 분류가 제시하는 관점 네 가지 중 두 가지다. 바로 조직 차원의 '자연사'와 개인 차원의 '인지적 초상'이다. 두 관점 모두 아젠다 세팅 과정이 어떻게 작용하는지 자세히 보여준다. 이런 관점을 통해 얻은 통찰력은 더 정교하게 조정된 이론적인 그림에 통합될 수 있다. 이 그림은 끊임없이 변화하는 여러 이슈에 대한 매체와 대중의 복잡한 상호작용을 나타낸 것이다. 다양한 이슈에 초점을 맞추는 이 관점은 아카풀코 유형 분류에서 '경쟁'이라고 부른다. 아젠다 세팅 연구는 채플힐에서 이런 '현실적인' 상황과 함께 시작되었는데, 이것이 여론을 이해하려는 학자와 시민 모두를 위한 궁극적인 관점으로 남아 있다.

《뉴욕 타임스》의 칼럼니스트 윌리엄 새파이어(William Safire)는 이 새로운 세기에 탄생한 리프먼의 '가짜 환경'이라는 아이디어에 동의하면서 현실과 뉴스를 이렇게 간단명료하게 요약했다. "그리고 정치에서는 언론과 대중이 널리 인식한 것이 곧 진실이다."[27]

Current Press

october 7, 3400 Section2

Agenda Setting

Issue: 240460

Est - 2018

제3장

우리의 머릿속에 그려지는 세상

월터 리프먼은 뉴스 매체가 우리의 머릿속에 있는 그림[1]의 주요 원천이라고 주장했다. 그리고 이 주장은 아젠다 세팅이라는 강력한 지적 산물을 낳았다. 아젠다 세팅은 정치와 사회 문제에 관한 우리의 그림에 의사소통매체가 끼치는 영향을 상세하게 살펴보는 사회과학 이론이다. 여기서 가장 중요한 이론적인 아이디어는 매체가 그리는 그림에서 중시되는 요소들이 대중이 그리는 그림에서도 중시될 뿐만 아니라 특별히 중요한 사항으로 여겨진다는 것이다.

제1장과 2장에서는 공공 이슈로 구성된 아젠다에 초점이 맞춰져 있었다. 그러나 이론적으로는 아젠다가 특정 요소, 이슈, 정치 후보자, 서로 경쟁하는 기관 등으로 구성될 수 있다. 실제로는 여태까지 전 세계적으로 시행된 연구 수백 건의 대다수가 공공 이슈로 구성된 아젠다에 초점을 맞췄다. 아젠다 세팅에 관한 이런 연구의 핵심적인 결과는 뉴스에서 특정한 이슈를 강조하는 정도가 대중이 그 이슈에 부여하는 우선순위에 영향을 끼친다는 것이다. 하지만 1968년의 미국 대선 기간에 채플힐에서 실시된 최초의 아젠다 세팅 연구에서도 뉴스 보도의 약 3분의 1만이 이슈를 다룬다는 사실이 밝혀졌다. 나머지는 선거 운동에 관한 여러 사건과 선거 운동의 정치적 전략, 후보자에 관한 정보를 강조했다.[2]

아젠다 세팅 이론이 수년 동안 공공 이슈에 주로 초점을 맞춘 데는 설득력 있는 이유가 있다. 첫째로, 우리가 머릿속에 그리는 그림이 공공 이슈로 구성된 아젠다에 쉽게 들어맞는 것이 대중매체와 여론 사이에 강하고 분명한 이론적인 연관성을 제공했다. 그런 연관성은 저널리즘, 정치, 여론에 관심이 있는 사람이라면 쉽게 눈치챌 수 있었다. 둘째로, 사회과학계에 전해 내려오는 전통에 따르면 선거를 다루는 연구는 대중의 의견보다는 '이슈'의 중요성을 강조해야 했다. 마지막으로, 여론조사를 시행하는 관습은 공공 아젠다를 측정하는 데 가장 흔히 쓰이는 방법론을 제공했는데, 여론조사는 대체로 공공 이슈를 강조했다.

아젠다 세팅은 여론 연구가 전통적으로 초점을 맞추는 찬반 의견의 분포보다는 이슈의 중요도와 연관이 더 있다. 하지만 아젠다 세팅과 여론 연구의 핵심 영역은 똑같다. 둘 다 그 순간에 중요한 공공 이슈를 다룬다는 점은 마찬가지다. 월터 리프먼이 『여론』에서 뉴스 매체를 통해 바깥세상과 우리의 머릿속에 있는 그림을 연결하려던 노력은 아젠다 세팅 연구 덕택에 양적이고 실증적인 꽃을 피웠다.[3]

이 이론적인 비유의 핵심 용어인 '아젠다'는 완전히 추상적으로 해석할 경우, 이슈로 구성된 아젠다 너머로 확장될 수 있는 잠재력이 분명해진다. 대중매체의 아젠다 세팅 역할을 논의할 때 각 아젠다의 분석 단위는 대상, 즉 공공 이슈인 경우가 많다. 그러나 공공 이슈가 아젠다 세팅의 관점에서 분석할 수 있는 유일한 대상은 아니다. 미국 총선에 앞서 열리는 정당 예비 선거에서 관심의 대상은 소속 정당을 대표하여 대통령 후보자로 지명되고 싶어 하는 후보자들이다. 그런 상황에서는 아젠다란 후보자로 구성된 아젠다를 말하며, 정치 시즌에 후보자들은 뉴스 아젠다와 공공 아젠다에서의 중요도가 상당히 달라진다. 이스라엘 국회에서는 또 다른 아젠다(크네셋(Knesset: 이스라엘 국회의 명칭—옮긴이) 의원들이 정부 장관들에게 던진 질문으로 구성된 아젠다)가 신문의 아젠다 세팅 영향력을 반영한다.[4] 역사적으로 보면, 뉴스 보도에 바탕을 둔 질문의 개수는 1949년~1951년에 크네셋이 처음 개회했을 때 8%에서 출발해서 꾸준히 오름세를 보여 1969년~1973년에 일곱 번째 회기에는 55%로 나타났다. 기자들의 관심을 얻으려고 경쟁하는 대상은 많으며, 아젠다를 규정할 수 있는 매체 수용자도 다양하다.

공공 이슈, 정치 후보자 등 어떤 사안이 아젠다를 규정하든 간에 여기서 말하는 '대상'이라는 용어는 사회 심리학자들이 '태도 대상(attitude object)'이라는 용어를 사용할 때와 같은 의미로 쓰인다. 대상은 우리의 관심이 향하는 것일 수도 있고 우리가 의견을 지닌 것일 수도 있다. 아젠다 세팅에 관한 논의의 대상은 전통적으로 공공 이슈였다. 하지만 미디어와 대중의 아젠다를 규정할 수 있는 대상의 종류는 사실상 무한하다.

대상으로 구성된 아젠다를 넘어서도 고려해야 할 다른 단계의 아젠다 세팅이 있다. 아젠다에 오른 각각의 대상은 수많은 속성이 있다. 그런 특징과 성질은 각 대상에 관한 그림을 가득 채운다. 대상의 중요도가 저마다 다르듯이 각 대상의 속성 또한 중요도가 다르다. 물론 이런 속성은 범위가 상당히 다양할 수 있다. '왼손잡이'와 같이 좁은 의미의 표현부터 '문학 천재'와 같이 넓은 의미의 표현에 이르기까지 범위가 다양할 수 있는 것이다. 아젠다 세팅 이론에서 말하는 '속성'이란 대상의 특징을 나타내는 성질과 특성을 모두 아우르는 포괄적인 용어다.

관심을 줄 대상을 선택하는 일과 그 대상을 그려낼 속성을 선택하는

〈표 3.1〉 첫 번째 단계의 아젠다 세팅과 두 번째 단계의 아젠다 세팅

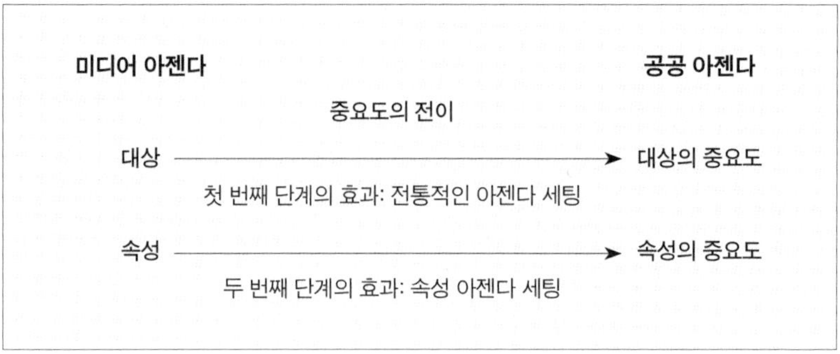

일은 강력한 아젠다 세팅 기능이다. 속성은 뉴스 아젠다와 그 아젠다를 구성하는 대상의 중요한 부분이다. 기자들과 대중이 각각의 대상에 관해 생각하거나 이야기할 때 머릿속에 떠올리는 것이 바로 속성이다.

속성으로 구성된 이런 뉴스 아젠다가 공공 아젠다에 어떻게 영향을 미치는지가 바로 아젠다 세팅의 두 번째 단계다. 첫 번째 단계에서는 대상의 중요도가 옮겨가고, 두 번째 단계에서는 속성의 중요도가 옮겨간다. 대중매체의 아젠다 세팅 역할의 이런 두 측면은 〈표 3.1〉에 정리되어 있다. 의사소통 과정의 더 큰 이론적인 맥락에서 전통적인 아젠다 세팅은 의사소통의 핵심적인 초기 단계인 '관심 얻기'에 초점을 맞췄다.[5] 공공 아젠다에 이슈나 정치 후보자 또는 다른 주제가 등장한다는 것은 그것이 대중에게 많이 노출되었고 상당한 관심을 얻었다는 뜻이다. 속성 아젠다 세팅은 의사소통의 다음 단계인 '이해'에 초점을 맞춘다. 리프먼이 '우리의 머릿속에 그려지는 그림'이라고 묘사한 단계다. 여기서 초점은 특정한 이슈, 정치 후보자, 주제의 어떤 측면이 대중에게 중요한지 밝히는 데 맞춰져 있다. 관심과 이해를 이론적으로 구분하는 것은 중요

하다. 매체가 전하는 메시지는 대체로 아젠다 세팅 과정의 첫 번째와 두 번째 단계 모두와 관계된 정보를 담고 있다. 하지만 그 영향의 본질은 구분된다. 대상의 중요도와 특정한 속성의 중요도로 나뉘는 것이다. 그뿐만 아니라 아젠다 세팅 영향력의 이 두 가지 측면은 항상 동시에 일어나지는 않는다. 2002년에 치러진 뉴욕 주지사 선거에 출마한 베테랑 정치인 H. 칼 맥콜(H. Carl McCall)의 후보 자격에 관해 《뉴욕 타임스》는 다음과 같이 논평했다.

> 하지만 맥콜 씨(67세, 민주당 후보)가 정치 무대에 30년이나 몸담았는데도 유권자들이 그분을 거의 알지 못한다. 여론조사에 따르면 유권자들은 맥콜의 이름은 알지만, 그분에 대해 아무런 이미지도 떠오르지 않는다고 한다.[6]

아젠다 세팅에 관한 이 확장된 시각으로 의사소통매체의 영향력을 논한 버나드 코헨의 유명한 격언을 다시 살펴보자. 코헨은 간결한 요약문에서 매체의 효과를 다룬 이전의 연구와 아젠다 세팅을 구분하면서 뉴스 매체가 사람들이 '어떻게' 생각해야 하는지를 알려주지는 못하더라도 '무엇을' 생각해야 하는지를 알려주는 데는 놀랍도록 성공적이라고 주장했다.[7] 그런데 아젠다 세팅의 두 번째 단계를 집중적으로 조사해보니 매체는 우리가 '무엇을' 생각해야 하는지 알려줄 뿐만 아니라 일부 대상에 관해서 '어떻게' 생각해야 하는지도 알려주는 것으로 드러났다. 그렇다면 매체가 때로는 우리에게 어떻게 생각해야 하는지도 알려주는 것인가?

정치 후보자에 관한 그림

과학은 극적인 발견에 초점을 맞추는 경우가 많지만, 사회과학은 대체로 암시되었던 것이 점차 분명해지는 진화적인 과정이라고 볼 수 있다. 이런 과정이 특히 잘 드러나는 사례는 월터 리프먼의 '우리의 머릿속에 그려지는 그림'이라는 표현이 정확하고 탄탄한 증거로 입증할 수 있는 사회과학 이론으로 서서히 승화되고 확장되는 과정이다. 1968년에 실시된 채플힐 연구부터 살펴보면, 연구의 대부분은 어떤 공공 이슈가 아젠다에 올랐는지에 초점을 맞추고 있다. 리프먼식으로 표현하자면 그 연구는 우리의 머릿속에 그려지는 그림이 무엇에 관한 것인지 알아본 것이다. 그러나 시간이 지남에 따라 학자들의 관심은 속성 아젠다 세팅으로 옮겨갔다. 속성 아젠다 세팅을 이런 그림의 실질적인 세부사항에 초점을 맞추는 추가적인 영향력이라고 본 것이다.

〈표 3.1〉과 같이 대상 아젠다와 속성 아젠다, 즉 아젠다 세팅의 첫 번째와 두 번째 단계는 선거 기간에 더 뚜렷하게 구별된다. 선거에 출마하는 후보자들로 구성된 아젠다가 제시되기 때문이다. 공직에 출마하는 후보자들은 아젠다 세팅 용어로 표현하자면 하나의 '대상'이다. 뉴스 보도와 정치 광고는 대중이 생각하는 대상의 중요도에 영향을 끼칠 수 있다. 후보자의 '이름 인식'이나 대상의 중요도를 측정하는 다른 방법을 조사해 보면 대중의 머릿속에 있는 후보자들의 상대적인 중요도가 드러난다. 선거 참모는 가면 갈수록 자신이 지지하는 후보자가 유권자들에게 더 중요한 인물로 다가갈 수 있도록 뉴스 보도와 정치 광고에 신경 써야 한다.[8] 그러나 이런 미디어 캠페인의 목적은 '대상의 중요도 끌어올리기'에 그

치지 않고 특정한 속성이 특별히 중시되는, '후보자의 이미지 구축하기'도 포함하는 경우가 많다.

정치 후보자들과 뉴스 매체에 비친 그들의 이미지에 관해 우리가 머릿속에 그린 여러 그림은 1970년대에 자리 잡았다. 그러나 20세기 말에 이론적인 논의가 다시 전개되어 그림을 새로운 시각으로 살펴보고 그림도 새로 그리기 전까지 그 그림은 동떨어진 채 아젠다 세팅에 관한 기이한 증거로 남아 있었다.[9]

총선에 출마하는 후보자들의 이미지

1976년에 치러진 미국 대선 후보자들에 관해 유권자들이 머릿속에 그린 그림을 살펴보자. 이 사례는 아젠다 세팅의 이 두 번째 단계와 아젠다 세팅 이론이 속성 아젠다에 보이는 관심을 잘 드러낸다. 공화당에는 그해 표심을 공략할, 재임 중인 대통령 제럴드 포드(Gerald Ford)가 있었다. 하지만 민주당에는 봄에 있을 예비 선거에서 대통령 후보로 지명되려고 경쟁하는 후보자가 11명이나 있었다. 유권자들이 직접 알아보기에 11명은 대단히 많은 인원이었고, 미국 유권자 대부분은 정치에 그 정도로 관심이 많지는 않았다. 그러다 보니 뉴스 보도가 유권자들의 머릿속에서 이 후보자들의 이미지를 얼마나 형성했는지에 관한 당연한 의문이 생겼다. 뉴욕 주 북부의 민주당 지지자들이 이 후보자들을 묘사하는 방식과 1월 초에 《뉴스위크》에 소개되었던 후보자 11명에 관한 속성 아젠다를 비교한 결과, 매체의 영향력을 드러내는 강력한 증거가 확보되었다.[10]

이 증거에서 특히 설득력 있는 부분은 후보자의 속성에 관한 뉴스 아젠다와 후보자의 속성에 관한 유권자 아젠다 사이의 상관관계가 높아졌다는 점이다. 둘의 상관관계가 2월 중순에는 +0.64였으나 3월 말에는 +0.83으로 증가한 것이다. 이 말은 유권자들이 미디어 아젠다를 학습했을 뿐만 아니라 예비 선거가 열리는 몇 주 동안 매체에 추가로 노출되고 나서 학습 성과가 더 높아졌다는 뜻이다.

지미 카터(Jimmy Carter)는 예비 선거에서 재임 중인 공화당 소속 대통령 제럴드 포드에 도전장을 내민 민주당 후보로 떠올랐다. 그리고 유권자들이 뉴스 매체를 통해 이 두 후보자에 관해 학습했다는 사실이 일리노이 주 유권자를 대상으로 벌인 표본 조사에서 밝혀졌다.[11] 《시카고 트리뷴(Chicago Tribune)》의 선거 보도에 등장했던 속성 아젠다와 카터와 포드에 관한 일리노이 주 유권자의 속성 아젠다 사이에 놀랍도록 높은 상관관계가 나타났다. 선거가 열린 그해를 통틀어서 미디어의 속성 아젠다와 그를 뒤따르는 대중의 속성 아젠다 사이의 교차 지연 상관관계의 중앙값은 +0.70으로 나타났다. 이런 속성 아젠다는 서로 다른 특성 14가지로 규정되었는데, 능력, 동정심, 정치적 신념 등 특성의 범위가 다양했다. 교차 지연 상관관계는 뉴스 매체가 유권자에게 행사하는 영향력과 유권자가 뉴스 매체에 행사하는 영향력을 동시에 설명할 수 있어서 영향이 미디어 아젠다에서 공공 아젠다로 가해졌다는 사실이 분명하게 드러난다.

증거를 더 많이 살펴보니 정치 체제와 대중매체의 활동이 어느 정도 개방적이고 자유로운 곳이라면 매체의 속성 아젠다 세팅 효과가 선거 기간에 세계 어디에서든 일어난다는 사실이 자명해졌다. 1996년에 열린 스페인 총선 기간에 수집한 다량의 증거를 살펴보면 다양한 문화적인 환경에서 매체가 끼치는 영향이 잘 드러난다.[12]

1996년에 스페인의 보수적인 국민당 후보자였던 호세 마리아 아스나르(Jose Maria Aznar)는 12년 동안 정권을 놓지 않고 재임 중이었던 사회노동당 소속 국무총리 펠리페 곤살레스(Felipe Gonzalez)에게 성공적으로 도전장을 던졌다. 그리고 세 번째 후보자였던 훌리오 앙기타(Julio Anguita)는 극좌파 정당 연합을 대표했다. 스페인 팜플로나 유권자를 대상으로 조사를 시행한 결과, 그들이 이 세 후보자의 이미지에 관해 주요 뉴스와 광고 매체의 영향을 상당히 많이 받았다는 증거가 나왔다.

뉴스 매체와 유권자가 후보자들을 묘사할 때 등장한 인지적 속성 다섯 가지는 1) 이슈에 따른 찬반과 정치적 이데올로기, 2) 공식적인 자격과 약력, 3) 성격, 4) 유권자들이 생각하는 자격과 평가적 판단, 5) 청렴도였다. 후보자의 청렴도는 그가 '부패했다' 또는 '부패하지 않았다'라고 명시한 진술을 바탕으로 평가했다. 이 마지막 속성이 추가된 이유는 총선의 주요 이슈 중 한 가지를 포착하기 위해서였다. 스페인 정부의 부패와 재임 중인 국무총리 곤살레스가 부패에 직접 개입했는지를 두고 논란이 있었기 때문이다.

이 조사는 미국 대선의 속성 아젠다 세팅을 다룬 이전의 여러 조사보다 속성 아젠다의 범위를 확대했다. 인지적 속성과 이런 속성의 두 번째 차원인 정서적 톤을 포함한 것이다. 뉴스 매체와 유권자들이 이 후보자들을 묘사할 때 톤이 '긍정적', '부정적', '중립적'이었는지 따져보았다. 톤은 당연히 정치 커뮤니케이션의 대단히 중요한 측면이다.

아젠다 세팅 효과의 두 번째 단계를 철저하게 조사한 연구에서는 인지적 속성을 나타내는 카테고리와 이런 묘사의 정서적 톤을 결합하여 5×3칸짜리 표(인지적 속성 카테고리 5개×톤 카테고리 3개)를 만들었다. 우선, 선거가 끝나고 나서 팜플로나 유권자를 대상으로 시행한 여론조사에서 세 후보자 각각을 위한 표가 만들어졌다. 그리고 지역 신문 2개, 전국 신문 2개, 전국적인 TV 뉴스 서비스 2개, TV에 나오는 정치 광고(미디어 7개×후보자 3명)의 콘텐츠 분석을 통해 21칸짜리 표도 추가로 만들어졌다. 정치 광고를 뉴스 매체와 함께 묶은 것이 스페인에서 진행한 이 연구의 새로운 특징이었다.

유권자가 후보자들에 관해 그리는 그림과 다양한 의사소통매체가 후보자들을 묘사한 그림 21개를 비교했더니 놀라운 결과가 나왔다. 첫째로, 비교한 스물한 쌍 모두 상관관계가 있다고 밝혀졌다. 유권자와 신문(지역 신문과 전국 신문 둘 다)을 비교한 결과가 특히 인상적이었다. 예를 들면, 유권자의 속성 아젠다와 지역 신문《디아리오 데 나바라》의 속성 아젠다 사이의 상관관계는 곤살레스의 경우 +0.87, 아스나르는 +0.82, 앙기타는 +0.60으로 나타났다. 전국 신문《엘 파이스(El Pais)》의 경우에는 후보들과의 상관관계가 각각 +0.84, +0.83, +0.86으로 나타났다.

비교한 여섯 쌍 모두 유권자들의 묘사와 두 지역 신문 사이에 상관관계의 중앙값이 +0.70이었다. 두 전국 신문과는 상관관계의 중앙값이 +0.81이었고, 두 전국적인 TV 뉴스 서비스와는 +0.52로 나타났다. 마지막으로, 각 후보자와 공영방송에 나오는 정치 광고와는 상관관계의 중앙값이 +0.44였다.

추가적인 분석을 통해 대중매체가 전달하는 메시지가 선택적 인식을 극복했다는 사실이 밝혀졌다. 선택적 인식이란 유권자가 선호하는 후보자의 긍정적인 속성과 경쟁 후보자의 부정적인 속성을 강조하는 성향을 말한다. 유권자가 신문, TV 뉴스, 정치 광고에 더 많이 노출되면 다른 후보자에 관한 긍정적인 평가와 선호하는 후보자에 관한 부정적인 평가도 늘어났다.[13] 유권자들이 매체를 통해서 실제로 학습하는 것이다. 매체의 속성 아젠다 세팅 효과에 관한 이 연구는 규모가 크고 다양한 여러 대중매체를 신생 민주주의 국가의 정치 환경에서 총선에 출마한 후보자 세 명의 여러 인지적 속성 및 정서적 속성과 조합했다는 점에서 특히 의미가 있다.

여러 아젠다 세팅 연구가 TV 뉴스를 다루지만, 뉴스의 실질적인 시각적 콘텐츠는 연구원들의 관심을 많이 받지 못했다. 한 혁신적인 연구에서 레니타 콜먼(Renita Coleman)과 스티븐 배닝(Stephen Banning)[14]은 TV 뉴스의 속성 아젠다를 조사했다. 2000년 미국 대선 기간에 조지 부시와 앨 고어가 TV 뉴스에서 시각적으로 어떻게 묘사되었는지 살펴본 것이다. 연구진이 두 후보자의 비언어적인 행동(표정, 자세, 몸짓)을 콘텐츠 분석을 통해 알아본 결과, 카메라가 부시보다 고어의 긍정적인 행동을 비추는 경우가 더 많았고, 고어보다 부시의 부정적인 행동을 비추는 경우가 더 많았다.

후보자들의 이런 이미지를 2000년의 미국 선거 연구(National Election Study) 결과와 비교해보았다. 한 질문 모음에서는 각 후보자에 관해 그가 응답자를 '화나게', '희망을 품게', '무섭게', '자랑스럽게' 만든 적이 있는지 물었다. 다른 질문 모음에서는 응답자에게 긍정적·부정적 단어와 문구 일곱 개가 부시와 고어를 어느 정도까지 묘사하는지 물었다. 이 질문에 대한 대답으로 각 후보자에 관한 긍정적·부정적인 정서적 속성 지표가 만들어졌다.

미디어 속성 아젠다와 대중의 속성 아젠다를 비교한 결과, 시각적인 메시지의 영향이 그렇게 크지는 않은 것으로 밝혀졌다. 부시의 경우 긍정적인 속성 아젠다와 부정적인 속성 아젠다 모두(각각 +0.13)에 대해 매체와 대중 사이에 의미 있는 상관관계가 있었다. 고어의 경우에는 긍정적인 속성 아젠다(+0.20)에 대해서만 매체와 대중 사이에 의미 있는 상관관계가 있었다.

> 비언어적인 신호의 효과가 보고된 일부 언어적인 신호의 효과보다 약할지도 모르지만, 무시할 수는 없는 정도다. (중략) 따라서 시각적인 효과는 정치 과정에서 인물의 인상 형성을 돕는 데 작지만 중요한 역할을 할 수 있다.[15]

지역 선거에서의 후보자들의 이미지

이번에는 우리의 시각을 아시아로, 그리고 지역 선거로 확대해 보자. 1994년에 대만 타이베이에서 실시된 시장 선거에서도 속성 아젠다 세팅 효과가 나타났다는 증거가 확보되었다.[16] 유권자가 시장 후보자들에 관해 생각하는 이미지를 대만 신문과 TV 방송국이 후보자들을 묘사한 내용과 비교해보았다. 속성 아젠다는 카테고리 12개로 구성되었으며, 다양한 개인적인 특징과 정치적인 특징이 포함되었다. 유권자들이 생각하는 후보자의 이미지와 《차이나 타임스(China Times)》와 《유나이티드 데일리 뉴스(United Daily News)》에 등장하는 속성 아젠다 사이에는 상관관계가 +0.59에서 +0.75까지 나타났다. 비교한 여섯 쌍의 중앙값은 +0.68이었다. 비교한 여섯 쌍 모두 경쟁 신문인 《리버티 타임스(Liberty Times)》와는 상관관계가 낮았고, TV 뉴스와의 상관관계도 마찬가지였다. 타이베이 TV의 경우 그 당시의 TV 방송국 세 개 모두 정부와 오랫동안 집권한 국민당(KMT)이 장악하고 있다는 사실을 유권자들이 잘 알고 있었다. 한때는 대만 해군성이 TV 방송국의 주식을 무려 40%나 소유하기도 했다. 이런 상황에서 속성 아젠다 세팅 효과가 나타나지 않은 것은 이런 효과가 나타나기 위해서는 자유롭고 개방적인 미디어 체계가 필요하다는 우리의 기존 관찰이 옳다는 것을 보여준다.

이제 스페인 정치로 다시 돌아가 보자. 연구진은 1995년에 치러진 팜플로나 지역 선거에 출마한 다섯 정당을 대표하는 후보자들의 이미지를 인지적 속성과 정서적 톤의 관점에서 조사했다.[17] 단계별(총 세 단계)로 매체에 노출된 대중이 생각하는 후보자의 이미지와 지역 TV 뉴스와 두 팜플로나 신문에 실린 기사에 등장한 후보자들의 묘사를 비교한 것이다. 앞서 살펴본 1976년에 민주당 대선 후보 도전자들의 이미지를 비교했을 때와 마찬가지로 이번에도 후보자들을 한 집단으로 묶어서 비교했다. 〈표 3.2〉에서 볼 수 있듯이 인지적 속성(이데올로기, 자격, 성격 등의 관점에서 살펴본 정치 후보자의 묘사)의 경우 미디어 아젠다와 공공 아젠다의 상관관계는 대중이 신문과 TV에 나오는 정치 정보에 많이 노출될수록 일정하게 높아졌다. 대중이 매체에 노출된 세 단계 모두에서 양상이 완벽히 일정하게 나타났다. 하지만 매체가 보도하는 정치 정보에 전혀 노출되지 않은 집단과 어느 정도 노출된 집단이 뚜렷하게 구분되었다. 〈표 3.2〉에서 볼 수 있듯이 후보자들의 정서적 묘사에서도 같은 양상이 전개된다. 신문과 TV에 나오는 정치 정보를 조금이나마 활용하는 사람들은 뉴스 매체에서 묘사한 것과 상당히 유사한 방식으로 후보자들을 묘사한다. 뉴스 매체의 정서적 묘사와 매체가 보도하는 정치 정보를 전혀 활용하지 않는 대중 간의 상관관계는 훨씬 약하다.

속성 아젠다 세팅과 정치 후보자에 관해 대중이 생각하는 이미지

〈표 3.2〉 **스페인 지역 선거에서의 속성 아젠다 세팅**

인지적 속성

각 매체에 보도된 정치 정보에 노출된 정도	신문	TV 뉴스
없음	+0.74	+0.81
어느 정도	+0.90	+0.91
전부	+0.92	+0.92

정서적 속성

각 매체에 보도된 정치 정보에 노출된 정도	신문	TV 뉴스
없음	+0.49	+0.56
어느 정도	+0.88	+0.86
전부	+0.79	+0.83

• 출처: 에스테반 로페즈 에스코바, 후안 파블로 라마스(Juan Pablo Llamas), 맥스웰 맥콤스(Maxwell McCombs)의 〈매체가 지닌 전파 효과의 사회적 차원: 아젠다 세팅과 합의〉, Comunicacion y Sociedad IX, 1996년. 91~125쪽.

를 다룬 이 연구는 공공 이슈의 중요도에 나타나는 전통적인 아젠다 세팅 효과를 다룬 연구와 상당히 유사하다. 이 연구는 주로 여론조사 결과와 뉴스 매체 및 정치 광고의 콘텐츠 분석 간의 비교를 바탕으로 삼았다. 정치 커뮤니케이션을 대표하는 그림을 제시한다는 이런 연구의 장점과 미디어 아젠다와 공공 아젠다 간의 인과관계를 명확하게 증명하는 것에 관한 한계는 제1장에서 이미 살펴보았다. 미디어 아젠다와 공공 아젠다 간의 인과관계를 입증하는 증거를 보충하기 위해서 실험실 실험이 중요하다고 언급했었다. 다행히도 속성 아젠다 세팅과 정치 후보자에 관해서 대중이 생각하는 이미지의 인과관계를 다룬 실험실 실험도 있다.

실험실에서 실시한 한 실험에서 피험자의 절반은 대단히 부패한 것으로 묘사된 허구의 정치 후보자에 관한 신문 기사를 읽었다. 나머지 절반은 그 후보자가 도덕적인 사람으로 묘사된 신문 기사를 읽었다. 그러고 나서 이렇게 상반되는 특징에 노출된 피험자들에게 후보자를 묘사하게 했더니 개방형 질문과 폐쇄형 평가 척도의 결과에서 큰 차이가 났다. 피험자들이 신문 기사에 잠깐 노출되었을 때도 "다른 주에서 친구가 놀러 왔는데, 그 친구는 이 후보자에 관해 아무것도 모른다고 가정해 보자. 이때 이 후보자를 친구에게 어떻게 묘사하겠는가?"라는 질문에 대한 두 집단의 대답이 뚜렷하게 달랐다. 후보자가 얼마나 정직하고, 진실하고, 신뢰할 만한지 평가할 때도 두 피험자 집단 간에 차이가 비슷하게 나타났다. 평가 척도와 개방형 질문 모두에서 실험실의 통제된 환경 아래 아젠다 세팅 효과의 두 번째 단계가 드러났다.[18]

매체가 후보자의 이미지에 끼치는 영향

매체가 대중이 생각하는 후보자에 관한 이미지에 끼치는 영향은 속성 아젠다 세팅이 확실하게 드러나는 사례다. 우리는 정치 후보자의 속성(정치적 이데올로기부터 성격에 이르기까지)에 관한 지식 대부분을 신문 기사와 매체에 등장하는 광고 콘텐츠에서 얻는다. 이런 속성 아젠다 세팅 효과는 다양한 지리적, 정치적 환경에서 찾아볼 수 있다. 전국 선거에 출마한 후보자들에 관한 연구는 미국과 스페인에서 증거를 수집했으며, 지역 선거에 출마한 후보자들에 관한 연구는 스페인과 대만에서 증거를 수집했다. 실제 선거에서 수집한 증거는 미국에서 실시한 실험으로 보완할 수 있었다.

이슈의 속성

아젠다 세팅 이론이 전통적으로 초점을 맞춘 것은 이슈의 중요도다. 그런데 이슈의 중요도는 아젠다 세팅의 두 번째 단계로도 확장될 수 있다. 공공 이슈는 다른 모든 대상과 마찬가지로 속성이 있다. 이슈의 특정한 측면, 즉 어떤 속성은 뉴스에서 강조되고 사람들이 이런 이슈에 관해 생각하고 대화할 때도 강조된다. 게다가 시간이 지남에 따라 특정한 이슈의 중요한 속성이 바뀌는 경우가 많다. 곧 살펴보겠지만 경제의 경우 특히 그렇다. '경제'라는 이슈의 중요한 속성이 인플레이션일 때도 있고, 실업이나 재정 적자일 때도 있다. 속성 아젠다 세팅은 뉴스 매체가 그날의 이슈에 관한 여론을 어떻게 형성하는지에 대한 우리의 이해의 폭을 넓혀준다.

지금부터 살펴볼 연구는 다양한 문화에서, 그리고 서로 다른 인식 단계(대상에 관한 관심과 대상의 속성에 관한 이해)에서 아젠다 세팅 이론의 타당성을 입증하려고 노력했다. 이 연구에서는 1993년에 열린 일본 총선 기간에 아젠다 세팅의 첫 번째와 두 번째 단계가 동시에 평가되었다.[19] 연구진은 전통적인 아젠다 세팅부터 살펴보기로 하고 집중적인 뉴스 보도가 정치 개혁의 중요도에 어떤 영향을 미쳤는지 알아보았다. 정치 개혁은 두 주요 전국 신문과 TV 방송국 세 군데가 보도한 이슈 중에서 80% 이상을 차지한 것이었다. 정치 개혁이 뉴스 아젠다를 거의 독점했기 때문에 평소처럼 미디어 아젠다에 오른 여러 이슈의 우선순위와 그 이슈들이 공공 아젠다에서 차지하는 순위를 비교하는 것은 의미가 없었다.

물론 이런 비교 뒤에 숨은 가정은 두 아젠다 간에 높은 상관관계가 나타나는 것은 매체에 노출되었기 때문이라는 것이다. 이 일본 선거에서 두 아젠다를 연결해주는 행동(매체에 노출된 것)은 분명하게 측정되었다. 연구진은 사람들이 매체에 노출된 정도와 그들의 정치적인 관심을 측정하여 조합했다. 그래서 사람들이 정치 뉴스에 관심을 기울이는 정도를 나타내는 지표를 만들었다. 그 결과, 매체가 중요하게 여기는 이슈를 대중이 중시하는 정도가 대중이 정치 뉴스에 관심을 기울이는 정도와 긍정적인 상관관계를 보인다는 사실이 입증되었다. 대중이 TV 뉴스에 관심을 기울인 경우 정치 개혁의 중요도와의 상관관계가 +0.24로 나타났고, 신문에 관심을 기울인 경우 상관관계가 +0.27로 나타났다.

아젠다 세팅의 두 번째 단계에서 TV 뉴스와 신문 모두 '체제와 관련된 개혁의 측면'을 '윤리와 관련된 개혁의 측면'보다 두 배나 자주 언급했다. 그 사실은 뉴스 매체의 속성 아젠다 세팅 역할에 관해 다음과 같은 예측을 낳았다. 우선, 대중이 생각하는 '체제와 관련된 개혁의 측면'의 중요도는 정치 뉴스에 관심을 기울인 정도와 긍정적인 상관관계를 나타낼 것이다. 이것이 바로 뉴스에서 강조한 해당 이슈의 측면, 즉 그 이슈의 속성이었다. 반대로, 대중이 생각하는 '윤리와 관련된 개혁의 측면'의 중요도와 정치 뉴스에 관심을 기울인 정도 사이에 의미 있는 관계가 있을 것으로 기대할 이유는 적었다. 뉴스에서 정치 개혁에 관한 이 속성은 관심을 거의 받지 못했기 때문이다.

두 가설 모두 사실로 입증되었다. '윤리와 관련된 정치 개혁의 측면'의 경우 상관관계가 0에 가까웠다(TV와는 +0.05, 신문과는 +0.09). '체제와 관련된 정치 개혁의 측면'의 경우 상관관계가 TV 뉴스와는 +0.20, 신문과는 +0.26으로 나타났다. 이 모든 상관관계가 아젠다 세팅 효과의 첫 번째와 두 번째 단계에서, 그리고 신문과 TV 뉴스에서 사실상 똑같이 나타난다는 점을 눈여겨보자.

선거 환경 외에도 경제와 같이 복잡한 이슈에 관한 뉴스 보도와 사람들의 생각에는 다양한 측면이나 속성이 포함될 수 있다. 경제라는 보편적인 주제와 연관된 속성 모음 한 가지는 그 순간의 구체적인 문제, 그 문제의 추정 원인, 이 문제를 위해 제시된 해결책이다. 이것보다 범위가 더 좁은 속성 모음은 이런 경제 문제를 위해 제시된 해결책에 관한 찬성과 반대 의견으로 구성된다. 이 두 속성 모음에 관해 미니애폴리스의 일반 대중은 신문에 관심을 기울인 경우 아젠다 세팅 효과를 경험했지만,

TV 뉴스에 관심을 기울인 경우에는 그러지 못했다.[20] 경제라는 보편적인 주제와 관련된 구체적인 문제, 원인, 제시된 해결책에 대해 신문 아젠다와 공공 아젠다 간의 상관관계는 유달리 높았다(+0.81). 경제 해결책에 관한 찬반 의견에 대한 상관관계는 조금 낮은 정도였다(+0.68). 뉴스에서 경제의 구체적인 측면에 초점을 맞춘 것이 대중이 경제에 관해 어떻게 생각하는지에 영향을 끼쳤다.

환경 문제의 속성

환경은 경제만큼이나 범위가 넓고 복잡한 또 한 가지의 현대적인 이슈다. 공공 이슈로서 환경은 국제적인 문제부터 대단히 지역적인 문제에 이르기까지, 그리고 제법 추상적인 문제부터 매우 구체적인 문제까지 그 범위가 넓다. 두 주요 일본 일간지가 보도한 뉴스의 영향력은 세계적인 환경 문제를 걱정하는 도쿄 시민들에게서 분명하게 나타났다.[21] 1992년 6월에 유엔 환경 개발 회의(UNCED)가 열리기 전 4개월 동안《아사히》와《요미우리》 신문은 세계 환경의 여덟 가지 측면에 관한 보도를 꾸준히 늘렸다. 이 측면은 산성비와 야생동물 보호부터 인구 폭발과 지구 온난화에 이르기까지 범위가 넓었다.

도쿄 시민들의 경우 이런 뉴스 보도가 아젠다 세팅 효과를 강력하게 발휘했다. 2월에 벌써 신문의 속성 아젠다와 그를 뒤따르는 대중의 속성 아젠다 간의 상관관계가 +0.68로 나타났다. 4월 초에는 상관관계가 +0.78로 최고치를 찍었고 5월 중순까지 그 수준을 유지했다. 콘퍼런스가 시작되기 직전의 몇 주와 콘퍼런스가 진행된 몇 주 동안 신문 아젠다와의 상관관계가 더 낮은 것은 대중이 학습하는 데 시간이 걸렸기 때문이다. 이런 시차는 아젠다 세팅과 관련된 학습 과정의 일부다. 일본에서 나타난 시차는 미국에서 '세계 환경'이라는 이슈의 측면에 관한 연구에서도 비슷하게 나타났다.[22] 아젠다 세팅 효과의 시차에 관한 추가적인 세부사항은 제5장에서 살펴볼 것이다.

매체가 이슈의 속성에 미치는 영향

우리가 공공 이슈에 관해 생각하고 말하는 방식이 뉴스 매체가 이슈를 제시한 방식의 영향을 받는다는 증거가 계속 쌓이고 있다. 매체에서 중시하는 이슈의 속성이 대중에게도 중요해지는 것이다. 이것은 대중이 중시하는 이슈로 구성된 아젠다를 형성하는 뉴스 매체의 능력에 관한 아젠다 세팅의 본래 개념이 의미 있게 확장된 사례다. 이슈를 규정하고 때로는 특정한 시각이나 선호하는 해결책 쪽으로 여론을 기울게 하는 것이 속성 아젠다다. 이슈를 위한 속성 아젠다를 설정한다는 것은 정치적인 권력의 전형이다. 어떤 이슈에 관해서든 정치적 논의의 관점을 조정하는 것이야말로 여론에 최고로 영향을 끼치는 일이다.

설득력 있는 주장

조지 오웰(George Orwell)의 『동물농장』에 나오는 동물들처럼 어떤 속성은 다른 속성보다 더 평등하다. 매체의 메시지에 정기적으로 포함될 확률이 더 높은 속성도 있고, 사람들의 관심을 더 끌고 더 오래 기억될 확률이 더 높은 속성도 있다.[23] 또한 메시지를 해석하는 과정에서 어떤 속성이 그 상황에 더 적절하다고 여겨질 수도 있다. 대상의 어떤 특징이 대중에게서 반향을 일으켜서 해당 이슈, 인물, 주제의 중요도에 특별히 설득력을 부여할 수도 있다.

대상의 특정한 속성이 대상의 중요도에 설득력을 부여한다는 발상은 아젠다 세팅의 이론적인 지도에 새로운 연결고리를 추가한다. 이 장의 앞부분에서 살펴본 〈표 3.1〉에서는 아젠다 세팅의 첫 번째와 두 번째 단계를 다루었는데, 미디어 아젠다와 공공 아젠다가 가로 화살표 두 개로 연결되어 있었다. 미디어 아젠다에 오른 대상의 중요도는 공공 아젠

〈표 3.3〉 설득력 있는 주장: 미디어 아젠다와 공공 아젠다 사이에 중요도가 옮겨가는 또 다른 경로

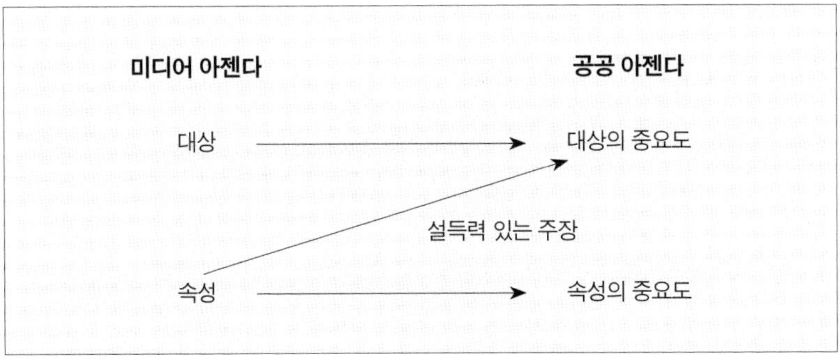

다에 오른 대상의 중요도에 영향을 미친다. 그리고 미디어 아젠다에 오른 속성의 중요도는 공공 아젠다에 오른 속성의 중요도에 영향을 미친다. 〈표 3.3〉은 이 다이어그램에 화살표를 하나 추가한다. 미디어 아젠다에 오른 속성의 중요도와 공공 아젠다에 오른 대상의 중요도를 연결하는 대각선 화살표가 생긴 것이다. 다시 말해, 미디어 아젠다에서 대상의 특정한 속성을 강조하면 대중이 그 대상을 중시하는 정도에 직접 영향을 미칠 수도 있다는 뜻이다. 대상을 묘사하는 방법에 따라서 대중이 그 대상을 중시하는 정도에 차이가 있을 수 있다. 지금까지는 대중이 생각하는 대상의 중요도는 그 대상이 미디어 아젠다에 얼마나 자주 올랐는지에 따라 주로 결정되었다. 미디어 아젠다에 오른 대상에 관한 언급은 매체가 대상에 부여한 속성의 종류에 따라 계층화되지는 않았다.

이제는 〈표 3.3〉에 나타나는 대각선 화살표, 즉 '설득력 있는 주장'이라는 관계가 아젠다 세팅 과정의 중요한 측면이라는 증거가 확보되었다.[24] 제2장에서는 1990년대 초에 텍사스에서 일어난 상황을 살펴보았다. 범죄 소식이 뉴스에 집중적으로 보도되어 놀랍도록 많은 사람이 '국가가 직면한 가장 중요한 문제'로 '범죄'를 꼽은 상황이었다. 〈표 2.1〉에서는 뉴스 보도와 대중의 관심에서 나타나는 유사한 양상을 자세히 살펴보았다. 아이러니하게도 범죄에 관한 대중의 관심이 이례적으로 높았을 때 텍사스의 실제 범죄율은 수년 동안 내림세였다. 그렇다면 범죄가 뉴스 보도에서 강조되면 대중이 특별히 불안하게 반응하는 뜨거운 쟁점인가? 아니면 뉴스 보도가 사회적인 이슈로서 범죄의 중요도를 높이는 데 특별히 설득력을 부여했는가? 전통적인 아젠다 세팅 효과 말고 이 상황에 영향을 미친 요소가 더 있었는가?

뉴스에서 범죄가 제시된 다양한 방식을 조사해 보니 대중의 관심과 특히 강한 연관성을 보이는 시각이 두 가지 있는 것으로 드러났다. 연관성의 강도는 범죄 보도가 대중에게 미치는 총체적인 영향력을 뛰어넘을 만큼 강했다.[25] 이 두 개의 시각은 평범한 사람과 뉴스 보도에서 묘사하는 범죄 행위 사이에 심리적인 거리가 가까운 범죄의 측면이었다. 텍사스 주민들은 먼 곳에서 일어난 범죄나 뉴스에 단골손님으로 등장하는 전형적인 범죄 행위에 관해서는 불안해하지 않았다. 하지만 주행 중인 차량에서 총격이 가해지는 범죄나 대낮에 벌어지는 강도 사건, 텍사스에서 일어난 사건에는 염려하는 기색을 보였다. 특히 국가가 직면한 가장 중요한 문제로서 텍사스 주민들이 생각하는 '범죄'의 중요도는 보통 사람이 직접적인 위험을 느끼는 범죄(+0.78)나 텍사스에서 실제로 일어난 범죄(+0.73)에 관해 신문 기사가 보도한 빈도와 높은 상관관계를 보였다. 각각의 속성은 범죄의 중요도와 이 시기에 쏟아진 전체적인 범죄 보도(+0.70)를 설명해주었다. 이런 속성이 '범죄'의 중요도를 높이는 설득력 있는 주장으로 작용한 것이다.

뉴스 보도에 등장하는 구체적인 속성이 대중이 생각하는 대상의 중요도에 영향을 끼친다는 '설득력 있는 주장'의 영향력에 관한 증거는 더 있다. 1990년대에 미국 대중이 생각하는 '연방 재정 적자'의 중요도를 분석한 연구에서는 아젠다 세팅 효과가 상당히 크게 작용하는 것으로 드러났다.[26] 전국적으로 발행되는 일간지 19개의 보도의 빈도가 1994년부터 1996년까지 18개월 동안 이 이슈의 중요도 변화 중 85%를 설명할 수 있었다. 구체적인 측면 네 가지를 추가로 분석하자, 그중 두 가지(정치 지도자들의 공격적이지 않은 논의, 적자에 관한 정치적 갈등)가 재정 적자에 관한 대중의 관심을 높이는 데 설득력을 부여한 것으로 밝혀졌다. 분석에 이 속성 한 쌍을 추가했더니 미국 대중이 생각하는 '연방 재정 적자'의 중요도 변화 중 92%나 설명할 수 있었다. 이런 설득력 있는 주장, 즉 '연방 재정 적자'의 두 측면의 중요도는 이 이슈의 전체적인 중요도를 크게 끌어올리지는 못했다. 그러나 이 연구는 아젠다 세팅의 첫 번째와 두 번째 단계의 효과를 동시에 관찰할 드문 기회였다. 매체에서 전달하는 메시지와 대중이 나누는 대화에서 아젠다 세팅 과정의 이 두 가지 요소는 같이 묶여 있으며 실제로는 서로 떼려야 뗄 수 없는 경우가 많다.

1990년에 치러진 독일 총선에서는 설득력 있는 주장이 매우 다른 결과를 낳은 일이 있었다. 집중적인 뉴스 보도에도 불구하고 구동독에 관한 문제의 중요도가 눈에 띄게 낮아진 것이다.[27] 이런 현상은 판매 부수가 높은 타블로이드 신문《빌트(Bild)》의 구독자에게서 특히 뚜렷하게 나타났다.《빌트》가 독일의 통합을 대단히 낙관적으로 보도했기 때문이다. 이 경우에는 설득력 있는 주장이 독일의 통합에 관한 뉴스 보도의 긍정적인 톤이었다. 이 속성이 공공 아젠다에서 이슈의 중요도를 떨어뜨린 것이다.

이론적으로는 초점 사건(focusing event: 갑자기 발생하여 많은 사람의 주의를 일시에 끌어모으는 사건—옮긴이)[28]이 설득력 있는 주장의 극적인 버전으로 여겨질 수 있다. 공공 아젠다와 정책 아젠다에 극적인 영향을 끼치는, 공공 이슈의 한 측면이나 속성으로 간주할 수 있는 것이다. 예를 들면, 2011년에 일본에서 발생한 지진과 쓰나미로 인한 원전 사고는 독일이 원자로 17개 중 8개를 즉각 폐쇄하기로 한 결정에 하나의 요인으로 작용했다. (원자로 8개는 독일이 사용하는 전기의 4분의 1을 생산한다.) 체코에서 실시된 한 연구에서는 초점 사건의 이런 역할을 조사했다. 공산당이 집권하던 시절에 압류되었던 교회 재산의 반환이라는 이슈를 활용한 연구였다.[29] 초점 사건은 구체적인 재산인 성 비투스 대성당(St. Vitus Cathedral)에 관한 재판이었으며, 이 사건은 뉴스에 수도 없이 보도되었다. 분석의 편의를 위해 미디어 아젠다는 세 부분, 즉 반환 이슈만 다룬 보도, 성당에 관한 재판만 다룬 보도, 반환 이슈와 재판을 둘 다 다룬 보도로 나뉘었다. 그랬더니 대중이 생각하는 반환 이슈의 중요도에 작용하는 아젠다 세팅 효과가 반환 이슈만 다룬 보도보다는 반환 이슈와 재판을 둘 다 다룬 보도의 경우에 훨씬 크게 나타났다. 성당에 관한 재판만 다룬 보도의 경우에는 대중이 생각하는 반환 이슈의 중요도에 영향을 미치지 못했다.

이제 이슈의 중요도에서 후보자의 중요도로 넘어가 보자. 한 연구 결과, 1980년부터 1996년까지 민주당과 공화당을 대표한 미국 대선 후보자들의 두 가지 속성, 즉 도덕적인 자질과 리더십이 대중이 생각하는 이 후보자들의 중요도에 설득력을 부여했다는 사실이 밝혀졌다.[30] 이런 속성의 중요도는《뉴욕 타임스》,《워싱턴 포스트》,《뉴스위크》,《미국 뉴스와 월드 리포트》 등 뉴스 매체 네 가지를 통해 분석되었다. 도덕적인 자질의 경우 속성의 중요도와 대중이 생각하는 그 정당의 대통령 후보자의 중요도 사이의 여덟 개의 상관관계 중 여섯 개가 의미 있는 것으로 드러났다(+0.66에서 +0.98까지). 리더십의 경우 여덟 개의 상관관계 중 네 개가 의미 있는 것으로 드러났다(+0.80에서 +0.87까지).

언론계의 이런 세계관이 대중이 그리는 세상에 관한 그림에 상당한 영향을 미친다는 사실을 여러 사례에서 확인할 수 있다. 하지만 항상 그런 것은 아니다! 미국 매체와 대중이 사회 문제를 어떻게 보는지를 중점적으로 조사한 연구를 살펴보자. 연구 결과, 주요 측면 다섯 가지(갈등, 경제 상태, 독자의 흥미를 불러일으키는 사건, 무력함, 도덕성)가 밝혀졌지만, 그 측면의 중요도에 관해 매체와 대중이 동의하는 정도는 고작 +0.20으로 나타났다.[31] 그러나 더 깊이 조사해 보니 이 상황에서 매체의 아젠다 세팅 효과가 실제로는 +0.20이라는 수치보다는 크게 작용했다. 매체가 두 번째로 꼽았지만 대중은 마지막으로 꼽은 '갈등'을 아젠다에서 제외했더니 나머지 측면 네 가지에 관해 매체와 대중이 동의하는 정도가 +0.80으로 올라갔다.[32] 뉴스 매체는 대중이 사회 문제에 관한 정보를 얻는 주요 원천이다. 그렇다고 해서 대중이 뉴스 매체로부터 프로그램되길 수동적으로 기다리는 로봇은 아니다.

뉴스 보도에서 다양한 속성에 초점을 맞춘 결과로 대중이 느끼는 영향력은 매체를 비판하는 새로운 접근법의 바탕이 되었다. 그동안 매체에 대한 전통적인 비판은 뉴스 기사의 콘텐츠가 정확하고 균형적인지 평가하는 데 중점을 두었다. 한편, 이 새로운 접근법은 속성 아젠다 세팅에 이론적인 바탕을 두고 있다. 매체가 이슈를 강조하는 양상과 이슈를 소개하는 톤을 분석하고, 이 속성 아젠다가 대중의 생각과 행동에 어떤 영향을 미치는지에 초점을 맞추는 것이다.

아젠다 세팅의 세 번째 단계

이론적으로, 그리고 분석적으로 보면 아젠다 세팅의 첫 번째와 두 번째 단계는 대상과 대상의 속성을 개별적이고 분해된 요소로 다룬다.

채플힐 연구 시절부터 내려온 연구 디자인에서는 각각의 요소(대상과 속성)가 발생 빈도에 따라 순위가 매겨진다. 아젠다 세팅의 첫 번째 단계에서는 대상의 순위를 비교하고, 두 번째 단계에서는 속성의 순위를 비교한다. 물론 실제로는 매체가 전달하는 메시지나 대중의 생각과 대화 속에서 대상과 속성은 하나로 묶인다.

'설득력 있는 주장'이라는 개념은 매체가 미디어 아젠다의 요소로 구성된 '관계'를 공공 아젠다로 옮길 능력이 있다는 것을 처음 이론적으로 입증했다. 이 개념에 따르면, 뉴스 매체가 대상과 속성을 하나로 묶어서 그 두 가지 모두가 대중에게 중요해지게 만들 수 있다. 다만, 하나로 묶을 수 있는 조합이 대상과 속성만 있는 것은 아니다.

손(Son)과 위버는 매체의 대상 아젠다와 속성 아젠다를 확대하여 뉴스 매체가 후보자들과 그들의 정서적 속성을 대중에게 제시하는 맥락에서 뉴스에 관한 측면도 고려했다.[33] 두 연구원은 2000년에 치러진 미국 대선을 조사했다. 그들은 후보자의 중요도를 다룬 어떤 뉴스 출처와 후보자의 정서적 속성의 중요도를 다룬 어떤 뉴스 출처가 각 후보자에 관한 여론의 변화(즉각적이든 누적적이든)를 예측했는지 살펴보았다. 그랬더니 아젠다 세팅의 첫 번째와 두 번째 단계에서는 전국적인 여론조사 결과에 나타나는 후보자의 순위에 뉴스 출처가 미친 영향이 즉각적이기보다는 주로 누적적인 것으로 드러났다. 그리고 뉴스 출처마다 그 영향력도 대단히 달랐다. 후보자의 중요도 같은 경우 리포터의 분석과 여론조사가 여론조사의 순위에 강한 누적 효과를 보였다. 후보자의 속성의 중요도 같은 경우에는 후보자가 직접 한 발언과 경쟁 정당의 당원들이 한 발언이 여론조사의 순위에 강한 누적 효과를 보였다. 다른 뉴스 출처는 영향력이 거의 없거나 아예 없었다.

이렇게 확장된 시각은 대상과 속성의 중요도를 측정하는 전통적인 방식을 뉴스에 관한 요소와 통합하는 방법을 제시한다. 여기서 말하는 뉴스에 관한 요소란 뉴스의 출처나 신문 기사를 특징짓는 문체 등을 뜻한다. 리프먼이 말한 '우리의 머릿속에 그려지는 그림'의 관점에서 살펴보면, 1) 설득력 있는 주장이라는 개념과 2) 신문 기사에 나오는 속성을 대상의 중요도와 속성의 중요도를 측정하는 전통적인 방식과 통합하면 다음과 같은 의문이 제기된다. "매체가 통합된 그림의 중요도를 어느 정도까지 옮길 수 있는가?"

일부 심리학자와 철학자는 사람들이 머릿속에 떠올리는 표상이 그림, 도표, 지도의 형태로 나타난다고 주장한다. 다시 말해, 매체 수용자는 대상과 속성을 이런 요소 간의 상호관계에 따라 네트워크와 같은 그림으로 그려낸다. 이런 관점에서 보면 뉴스 매체는 여러 요소 간 관계의 중요도가 대중에게 옮겨가게 할 수 있다. 이때의 요소란 미디어 아젠다나 공공 아젠다에 오른 대상이나 속성이 될 수도 있고, 대상과 속성의 조합(매체에서 전달하는 메시지의 속성을 포함하여 대상과 속성이 완전히 통합된 형태)이 될 수도 있다. 미디어 아젠다와 공공 아젠다에 오른 요소들의 이런 관계가 아젠다 세팅의 세 번째 단계다.[34]

연구진이 뉴스 매체가 요소 간 관계의 중요성을 대중에게 어느 정도까지 옮겨가게 할 수 있는지 처음 조사했을 때는 매체에 등장하는 '속성 간 관계의 중요도'가 대중에게 옮겨가는 과정에 초점을 맞췄다.[35] 전통적인 속성 아젠다 세팅과의 비교를 위해서 이 선행 연구에서는 김과 맥콤스가 처음 수집했던 데이터 세트의 네트워크 분석을 진행했다.[36] 김과 맥콤스는 텍사스 주지사 후보자와 미국 상원의원 후보자들을 연구하는 동안 속성 아젠다 세팅 효과가 강하게 나타나는 것을 발견했다. 각 후보자를 개별적으로 분석했을 때나 네 후보자를 묶어서 분석했을 때나 결과는 마찬가지였다. 데이터를 다시 분석했더니 본래의 연구에서 나타났던 속성 아젠다 세팅 효과와 일치하는, 네트워크의 강한 아젠다 세팅 효과가 나타난다는 사실을 발견했다. 예를 들어, 미디어의 속성 아젠다와 김과 맥콤스의 연구에 나왔던 공중 속성 아젠다 사이의 전체적인 상관관계(+0.65)는 미디어 아젠다와 공중 네트워크 아젠다 사이의 상관관계(+0.67)와 일치한다. 게다가 〈표 3.4〉는 네트워크 분석을 통해 드러나는 상호관계의 세부사항이 속성 아젠다 세팅에 관한 더 풍성한 그림을 제시한다는 사실을 잘 보여준다.

대상의 중요도가 전이되는 과정을 조사한 또 다른 연구에서는 '우수 저널리즘을 위한 프로젝트(Project for Excellence in Journalism)'의 방대한 전국적인 표본을 활용하여 미국 뉴스 매체의 이슈 아젠다 네트워크와 공중 이슈 아젠다 네트워크(2009년, 2010년, 2011년에 전국적인 여론조사를 통해 달마다 측정[37])를 비교했다. 그 결과, 3년 동안의 상관관계는 각각 +0.85, +0.66, +0.54로 나타났다. 방금 논의한 속성 아젠다의 분석과 비슷하게, 네트워크 분석을 통해 얻는 통계적인 결과와 전통적인 상호관계 분석을 통해 얻는 결과는 상당히 유사하다.

아젠다에 오른 요소들을 하나로 묶는 이 새롭고 폭넓은 시각은 개념적으로나 방법론적으로 뚜렷하게 구별되며, 아젠다 세팅의 세 번째 단계에 해당한다. 여기에서는 아젠다 세팅의 첫 번째와 두 번째 단계에서 살펴본 별개의 요소들의 중요도뿐만 아니라 대상이나 속성으로 구성된 전체적인 네트워크의 중요도가 옮겨가는 것에 초점이 맞춰진다. 이런 아젠다 세팅 효과는 우리의 머릿속에 그려지는 그림을 더 정확하게 나타내는 지도다.

속성 아젠다 세팅과 프레이밍

아젠다 세팅 이론은 사회과학계의 다양한 발상을 보완해주며 40년 이상 꾸준히 진화해왔다. 학자들이 의사소통매체가 대중에게 행사하는 영향력에 관해 갈수록 정교한 지적 지도를 만들면서 아젠다 세팅 이론은 다른 의사소통 개념이나 이론 몇 가지를 편입하거나 수렴했다.

편입한 개념에는 지위 수여, 정형화, 이미지 만들기, 게이트키핑(gatekeeping: 기자나 편집자가 뉴스 결정권을 쥐고 뉴스를 취사선택하는 행위—옮긴이) 등이 있다. 지위 수여는 매체의 집중적인 관심을 받는 인물의 중요도가 높아지는 상황을 말한다.[38] 이는 대상이 인물인 아젠다 세팅의 첫 번째 단계에 해당하는 사례다. 정형화와 이미지 만들기는 속성의 중요도와 관련이 있으며 아젠다 세팅의 두 번째 단계에 해당한다.[39] 게이트키핑은 한 언론 기관에서 다른 언론 기관으로 뉴스가 흐르는 현상을 설명하며, 1980년대 초에 아젠다 세팅 이론과 연관이 있었다. 당시의 학자들이 "누가 미디어 아젠다를 설정하는가?"라는 질문을 던지면서 지적인 지도 만들기의 새로운 측면을 탐구하기 시작한 것이다.[40] 제7장에서 자세히 살펴보겠지만 이 질문에 대한 대답을 통해 여러 관계와 영향이 거대한 거미줄처럼 엮여 있다는 사실이 밝혀졌다.

〈표 3.4〉 **미디어 속성 아젠다와 공중 속성 아젠다의 네트워크**

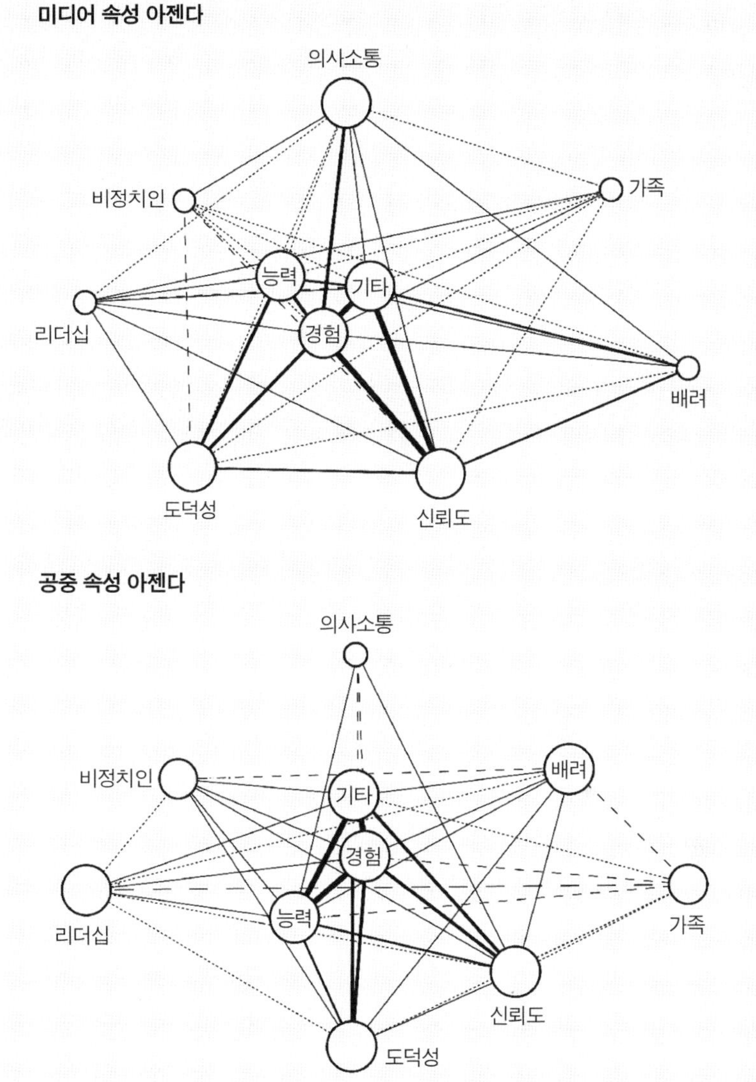

• 출처: 레이 궈와 맥스웰 맥콤스, 〈네트워크 아젠다 세팅: 매체 효과의 세 번째 단계〉, 국제 커뮤니케이션 협회(ICA)에 제시한 논문, 2011년

배양 분석과 침묵의 나선(spiral of silence) 이론은 아젠다 세팅을 이론적으로 보완해준다. 배양 분석은 매스컴의 인지적인 효과를 장기적인 시각으로 바라보며, 매체(특히 TV 예능 프로그램)가 발생시킨 다양한 관점의 중요도를 조사한다.[41] 이런 시각 중에서 가장 잘 알려진 것 한 가지는 바로 '비열한 세상 증후군'이다. 이 시각은 TV에 등장하는 수많은 범죄 프로그램에서 기인한, 세상에 관한 비관적인 그림이다.[42] 아젠다 세팅 이론과 침묵의 나선 이론은[43] 대중매체 수용자들이 보이는 매우 다른 유형의 행동을 조사한다. 두 이론은 각각 세상에 대한 인지적인 표상과 공공 이슈에 관한 대화에 참여하고자 하는 마음을 다룬다. 그러나 두 이론에는 개인의 사회적인 환경에 관한 감독에 공통으로 작용하는 심리적인 기반이 있다.[44] 이 감독의 결과 중 한 가지는 이슈로 구성된 공공 아젠다며, 다른 결과는 그날의 이슈에 관해 다른 사람들과 대화를 자주 나누게 되는 것이다.

아젠다 세팅과 다양한 다른 의사소통 개념의 관계는 '원 스타(One Star)'나 '스타 얼라이언스(Star Alliance)'와 유사하다. 이 둘은 포괄적인 서비스를 제공하기 위해 독립적인 항공사가 모여서 만든 항공 연맹이다. 이 이론적인 개념의 통합체가 진화한다는 것은 의사소통 영역이 성숙해진다는 증거다.

아젠다 세팅의 두 번째 단계인 속성 아젠다 세팅에 관한 설명은 이 이론을 '프레이밍(framing)'이라는 또 하나의 현대적인 주요 개념과 연결해준다. 속성 아젠다 세팅과 프레이밍은 매체가 전달하는 메시지에 관심의 대상(이슈, 정치적 인물, 다른 주제)이 제시된 방법에 초점을 맞춘다. 속성 아젠다 세팅과 프레이밍 둘 다 이런 대상의 특정한 측면과 세부사항이 강조되는 것이 우리의 생각과 행동에 어느 정도나 영향을 미치는지 탐구한다. 하지만 둘의 수렴에 관해서 더 자세하게 살펴보기는 어렵다. 프레이밍의 정의 간에 상당한 차이가 있기 때문이다. 그 결과, 속성과 프레임이 때로는 유사한 개념이 된다. 또한, 속성과 프레임이 중복되거나 서로 연관된 개념일 때도 있고, 완전히 다른 개념일 때도 있다.

그렇다면 두 개념이 유사하게 쓰이는 경우부터 살펴보자. 연구진은 1996년에 미국 대선 후보로 지명되려는 공화당 후보자 네 명의 선거 운동에 관해 컴퓨터를 이용한 콘텐츠 분석을 진행했다. 그 결과, 정당의 대언론 공식 발표와《뉴욕 타임스》,《워싱턴 포스트》,《로스앤젤레스 타임스》에 실린 선거 운동에 관한 기사에서 속성 28가지가 밝혀졌다.[45] 아젠다 세팅의 관점에서 보자면 연구의 초점은 대언론 공식 발표와 뉴스 보도에 등장한 속성 아젠다에 맞춰져 있었다. 하지만 논문의 제목을 보면 연구의 초점이 '후보자의 프레이밍'에 맞춰졌다고 쓰여 있다. 아젠다 세팅을 중점적으로 다루는 연구 디자인과 달리, 이 논문에서는 후보자에 관해 선거 운동에서 내세우는 묘사와 후보자에 관한 기자들의 묘사를 비교하지 않았다. 아젠다 세팅 이론은 연구진이 이 두 가지를 묘사하는 추가적인 조사를 벌이기를 권한다. 그래야 후보자들의 대언론 공식 발표가 뉴스의 아젠다에 미치는 속성 아젠다 세팅 효과를 알아볼 수 있기 때문이다. 텍사스대학교에서 열린 아젠다 세팅 이론에 관한 세미나에서 계산해본 결과, 이 프레이밍 연구에서 얻은 증거에서도 속성 아젠다 세팅 효과가 나타났다. 후보자 세 명에 대한 상관관계는 각각 +0.74, +0.75, +0.78이었고, 선두주자이자 결과적으로 정당을 대표하는 후보자가 된 로버트 돌(Robert Dole)의 경우 상관관계는 약간 낮지만 여전히 의미 있는 +0.62로 나타났다.

프레임과 속성이 중복되는 부분, 즉 둘의 이론적인 연관성을 창의적인 시각으로 살펴본 연구가 있다. 바로 일본 경제의 어려움에 관한 여론을 조사한 연구다.[46] 이 연구는 프레임이 순위가 낮은 속성들을 하나로 묶는 역할을 한다는 발상에 바탕을 두었으며, '문제 상황'이라는 개념도 이용했다. 문제 상황은 구체적인 사회 문제와 사회적 관심사를 더 넓은 인지적 카테고리로 전환하는 시각이다.[47] 《마이니치 신문》을 대상으로 52주 동안 콘텐츠 분석을 진행한 결과, 연구진은 뉴스 보도에 등장하는 일본의 경제적인 어려움에 관한 측면이나 속성 12가지를 밝혀냈다. 연구진은 일본의 경제적인 어려움에 관한 속성을 문제 상황이라는 맥락에 집어넣어 대중을 상대로 설문 조사도 시행했다. 응답자들에게 이 측면 12가지가 각각 얼마나 문제가 된다고 생각하는지 물은 것이다. 이런 측면들의 요소 분석을 마친 결과, 이론적으로 문제 상황이라고 앞서 밝혀진 거시적인 프레임 네 개(기관의 가치 붕괴, 개인의 가치 상실, 모호하고 혼란스러운 상황, 사회적 갈등)가 측면 12가지를 모두 포괄한다는 사실이 밝혀졌다.

일본 경제에 관해 보도한 《마이니치 신문》의 속성 아젠다 세팅 효과는 순위가 낮은 속성의 단계(이슈의 측면 12가지)와 프레임의 거시적인 단계(문제 상황 네 가지)에서 평가되었다. 두 단계 모두에서 신문의 아젠다와 공공 아젠다 사이의 상관관계는 대중이 뉴스에 많이 노출될수록 높아졌다. 순위가 낮은 속성의 경우 뉴스에 노출된 정도가 낮음, 중간, 높음에 따라 상관관계가 각각 +0.54, +0.55, +0.64로 나타났다. 프레임의 경우에는 뉴스에 노출된 세 단계에 대한 상관관계가 각각 +1.00, +0.80, +1.00으로 나타났다. 두 쌍의 상관관계의 수치가 이렇게 차이가 나는 것은 카테고리의 개수 차이(12 대 4) 때문임이 분명하지만 그래도 아젠다 세팅 효과가 미시적인 속성과 거시적인 속성에 모두 작용한다고 볼 수 있다.

프레임에 대한 또 한 가지 접근법은 자주 인용되는 로버트 엔트먼(Robert Entman)의 정의 중 뒷부분을 강조하는 수사적인 시각에 초점을 맞춘다.

> '프레임하다'라는 말은 우리가 인지하는 현실의 특정한 측면을 선별하여 의사소통의 맥락에서 그 중요도를 끌어올리는 것이다. 프레이밍의 목표는 특정한 문제의 정의, 인과관계의 해석, 도덕적인 평가, 해당 주제에 관해 추천하는 해결책을 홍보하는 것

대니얼 카너먼(Daniel Kahneman)과 아모스 트버스키(Amos Tversky)의 실험은 서로 다른 시각(같은 상황을 두 가지 다른 방식으로 제시)이 대단히 다른 반응으로 이어지는 상황을 전형적으로 보여준다. 이 실험에서는 서로 다른 메시지가 생명을 살리는 것과 죽음에 이르게 하는 것의 측면에서 번갈아 가며 전달되었다.[49] 이와 비슷한 사례는 우리에게 친숙한 '물 잔이 반이나 찬' 상황과 '물 잔이 반이나 빈' 상황이다. 물론 속성을 따져 보면 두 표현 다 물 잔 안에 있는 똑같은 내용물을 묘사하는 것이다.

마지막으로, 프레이밍과 속성 아젠다 세팅을 기저에 깔린 심리적 과정의 측면에서 이론적으로 구분하려는 노력은 실증적인 차원에서는 지지를 별로 받지 못했다. 이런 이론적인 시각은[50] 지식 활성화의 두 가지 측면인 접근성과 적용 가능성에 초점을 맞췄다.[51] 이 시각은 아젠다 세팅

은 접근성에 바탕을 두고 프레이밍은 적용 가능성에 바탕을 둔다고 주장한다. 그러나 일련의 실험에서 접근성이 아젠다 세팅 과정의 한 가지 요소라고 볼 수 있는 증거는 발견되지 않았다.[52] 도시 개발이라는 이슈에 관한 한 현장 연구는 전통적인 아젠다 세팅 디자인인 콘텐츠 분석과 여론조사를 이용하여 특히 이슈의 속성 여섯 가지의 접근성에 초점을 맞췄다. 이슈의 속성이 지닌 접근성은 대중이 신문에 많이 노출될수록 급격하게 증가했다. 하지만 그 결과로 만들어진 공중 속성 아젠다는 뉴스 보도에서 제시했던 속성 아젠다와 비슷한 점이 없었다.

> 그러나 매체와 매체의 수용자 사이에 속성의 중요도에 대한 분명한 상관관계는 없었다. 노출 빈도가 높은 응답자와 노출 빈도가 중간인 응답자의 경우 판매세 수입의 증가, 홍수의 위험성 증가, 교통량 증가를 매체에서 강조했는데도 이런 속성들이 다른 속성보다 중요도(접근성)가 더 높지는 않았다.[53]

요약하기

대중매체가 사회 문제로 가득한 세상을 소개하면서 중요하게 다루는 요소들이 우리가 그 세상을 개별적으로 그리는 그림에서도 중요한 요소가 된다. 아젠다 세팅 이론의 이 대표적인 주장은 본래 그날의 이슈에 쏟아지는 관심, 즉 미디어 아젠다에서 강조한 이슈와 공공 아젠다에서 중요해진 이슈 사이의 비교를 통해 조사되었다. 그랬더니 매체와 대중이 생각하는 이슈의 중요도 순위를 매번 비교했을 때 높은 상관관계가 나타났다. 리프먼의 표현을 빌자면 '이 그림이 무엇에 관한 것이었는지'에 대해 높은 상관관계가 나타난 것이다. 이것이 바로 아젠다 세팅의 첫 번째 단계다.

이런 그림의 실질적인 세부사항에서도 높은 상관관계가 나타난다. 정치 후보자와 공공 이슈에 관한 대중매체의 묘사와 같은 대상에 관한 대중의 묘사를 비교하면 이런 그림의 내용에서 높은 상관관계가 나타나는 것을 볼 수 있다. 대중매체에서 중시하는 속성이 대중의 머릿속에서도 중요해지는 것이다. 이것이 바로 아젠다 세팅의 두 번째 단계다. 매체가 보도하는 사회 문제에 관한 콘텐츠의 구체적인 측면이 여론의 형성과 분명하게 연결되어 있다. 이 장에서는 아젠다 세팅의 세 번째 단계도 소개했다. 이 단계에서는 관심의 초점이 대상이나 속성 간의 관계로 구성된 네트워크에 있다. 이런 시각에서 살펴보면 뉴스 매체는 여러 요소 간 관계의 중요도를 대중에게 옮겨가게 한다. 아젠다 세팅의 세 단계 모두 여론 형성에 관여하는 매체의 주요 역할을 반영한다. 매체의 아젠다 세팅 효과는 의사소통 과정의 초기 단계, 즉 매체 수용자가 처음에 관심을 보이는 단계와 매체가 전달하는 메시지에 담긴 내용을 이해하는 단계를 모두 아우른다.[54]

대중이 이런 문제에 관해 어떻게 생각하는지(대체로 인지적 요소와 정서적 요소를 포괄)는 대중이 무엇을 생각하는지, 그리고 대중의 태도 및 견해와 밀접한 관련이 있다. 『미국 정치의 아젠다와 불안정(Agendas and Instability in American Politics)』에서 프랑크 바움가트너(Frank Baumgartner)와 브라이언 존스(Bryan Jones)는 여론과 공공 정책의 큰 변화에 앞서서 대중이 생각하는 이런 이슈의 특정 측면의 중요도가 크게 달라지는 경우가 많다는 사실을 발견했다. 그들의 사례 연구는 원자력, 담배, 살충제, 자동차 안전과 같은 문제를 다루었다.[55]

속성 아젠다 세팅의 이런 결과가 대중매체가 대중의 태도와 의견에 미치는 영향으로 우리를 돌아오게 한다는 점이 아이러니하다. 이 영역이 바로 1940년대와 1950년대에 매스컴 이론이 시작된 곳이자 학자들이 한 세대 동안 의미 있는 영향력이 거의 없다고 보고한 후 거의 버려진 영역이다.[56] 아젠다 세팅 이론은 그런 좁은 판단에 대한 반응으로 탄생했다. 제6장에서는 최근의 이론적인 발전을 살펴보면서 그 판단을 재조명할 것이다.

Current Press

october 7, 3400 Section2

Agenda Setting

Issue: 240460

Est - 2018

제4장

아젠다 세팅은 왜 일어나는가

고등학교 물리 시간에 '자연은 진공을 혐오한다'라는 과학 원리를 들어본 기억이 있을 것이다. 사람의 심리에도 이와 유사한 원리를 적용할 수 있다. 우리는 누구나 주변 환경을 이해하고자 하는 욕구를 타고 난다.[1] 그래서 새로운 환경, 즉 인지적 진공 상태에 놓일 때마다 그 환경을 조사하고 머릿속에 지도를 그리기 전까지는 불편한 느낌을 떨쳐내기 어렵다.

대학에 갓 입학했던 신입생 시절을 떠올려보자. 새로운 지적인 여행을 떠나기 위해 새롭고 익숙하지 않은 캠퍼스에 첫발을 내디뎠을 것이다. 아니면 새로운 도시로 이사를 간 경험이나 새로운 도시를 방문한 경험, 특히 외국에 갔던 경험을 생각해보자. 그런 상황에서 새로 온 사람은 방향을 정해서 나아가고 싶은 욕구를 느낀다. 그것이 바로 대학에서 신입생 오리엔테이션을 대대적으로 진행하는 이유다. 출판사 역시 같은 이유로 지도, 호텔과 레스토랑 목록, 다양한 정보가 담긴 안내서를 관광객에게 팔아서 수익을 올린다.

시민들 역시 이런 정향 욕구(need for orientation)를 느끼는 상황이 많다. 예비 선거에서 정당을 대표하여 공직에 출마할 후보자를 선택할 때 후보자가 많게는 12명씩 되는 일도 있다. 예비 선거인 만큼 유권자들이 자주 이용하는 방향 설정 신호인 '후보자의 소속 정당'을 따지는 것은 무의미하다. 모든 후보자가 같은 정당에 소속되어 있기 때문이다. 상황이 이렇다 보니 여러 유권자가 강렬한 정향 욕구를 느낀다. 후보자의 소속 정당이 별로 도움이 되지 않는 다른 국민 투표에서도, 사실상 같은 상황이 벌어진다. 후보자들의 인지도가 낮은 경우가 많고 소속 정당도 없는, 지위가 낮은 공직을 선출하기 위한 선거도 마찬가지다. 이런 상황에서 유권자는 뉴스 매체를 찾는 경우가 많다. 뉴스 보도를 통해 직면한 상황과 관련된 정보를 얻거나 신문의 사설을 참고하는 것이다.[2] 물론 유권자마다 이런 정향 욕구를 느끼는 정도가 다르다. 투표하기 전에 배경 정보를 많이 얻고 싶은 시민도 있고, 간단한 정향 신호만 있어도 충분한 시민도 있다. 정향 욕구는 심리학적인 개념이며, 개인마다 정향 신호와 배경 정보를 원하는 정도가 다르다는 사실을 보여준다.

선거 기간에 흔히 나타나는 이런 행동 양식은 심리학자 에드워드 톨먼(Edward Tolman)의 인지 지도 이론으로도 설명할 수 있다.[3] 앞서 우리는 리프먼의 '가짜 환경'이라는 개념에서 비슷한 발상을 살펴보았다. 우리가 세상을 있는 그대로 보는 것이 아니라 세상이 우리의 머릿속에 그려지는 대로 본다는 발상 말이다. 두 이론의 공통점은 우리가 외부 환경에 관한 지도를 만든다는 점이다. 설령 그 지도가 주로 개략적으로 그려진 매우 간단한 것이더라도 말이다. 이런 지도를 만드는 것의 목적이 분명함을 강조하면서 로버트 레인(Robert Lane)은 『정치적인 삶: 사람들이 왜, 그리고 어떻게 정치에 개입하게 되는가(Political Life: Why and How People Get Involved in Politics)』에서 '정치 환경에서 의미를 찾으려는 (우리의) 노력'을 살펴본다.[4] 레인은 이런 노력이 인간의 타고난 본성, 유년기의 사회화 과정, 정규 교육에서 비롯된다고 설명한다. 정향 욕구라는 심리학적인 개념은 데이비드 위버가 1972년에 샬럿에서 실시한 아젠다 세팅 연구에서 처음 소개했다. 이 개념은 의미를 찾는 사람들의 노력뿐만 아니라 미디어 아젠다에서 공공 아젠다로 중요도가 옮겨가는 현상도 심리학적으로 설명한다.

관련성과 불확실성

개념상으로 따지자면, 개인의 정향 욕구는 '관련성'과 '불확실성'이라는 우선순위가 낮은 두 가지 개념으로 규정되며, 이 둘은 차례로 작용한다. 관련성은 정향 욕구를 규정하는 첫 번째 조건이다. 사람들은 대부분 수많은 상황에서 심리적인 불편이나 정향 욕구를 전혀 느끼지 않는다. 특히 사회 문제에 관해서는 더 그렇다. 그런 상황이 우리와 관련되어 있다고 인식하지 않기 때문이다. 아르메니아나 뉴질랜드의 국내 정치는 유럽이나 북미에 사는 시민 대부분의 흥미를 돋우지 못한다. 사실 자국에 관한 여러 이슈도 크게 다르지 않으며, 대중이 특별히 관심 있게 생각하지 않는 이슈가 훨씬 많다. 이런 상황, 즉 개인과 이슈의 관련성이 적거나 전혀 없을 때는 정향 욕구 역시 약하게 나타난다.

어떤 이유로든 개인이 특정한 이슈와의 관련성을 높게 인식하는 경우 (여기에서는 편의를 위해 관련성을 '높음'과 '낮음'으로 구분한다) 그 이슈에 관해 개인이 느끼는 불확실성도 함께 고려해야 한다. 〈표 4.1〉에서 볼 수 있듯이 불확실성은 정향 욕구의 두 번째 규정 조건이며 첫 번째 조건인 관련성을 먼저 알아본 후에 따지게 된다. 사실 개인이 특정한 주제에 관해 원하는 정보를 이미 다 갖추고 있는 경우도 많다. 그러다 보니 불확실한 정도가 낮다. 장기간에 걸쳐 여론이 대단히 안정적인 공공 이슈의 경우가 그렇다. 이런 상황에서는 사람들이 뉴스 매체를 무시하지는 않는다. 하지만 상황이 크게 달라지는지 확인하려는 목적으로만 뉴스를 모니

〈표 4.1〉 **정향 욕구와 아젠다 세팅 효과**

		관련성		
		낮음	높음	
			불확실성	
			낮음	높음
정향 욕구:		낮음	보통	높음
아젠다 세팅 효과	미국* 신문			
	6월	+0.15	+0.35	+0.41
	10월	+0.29	+0.59	+0.68
	일본** 신문	+0.39	+0.62	+0.86

* 출처: 데이비드 위버, '정치적 이슈와 유권자의 정향 욕구', 『미국의 정치적인 이슈의 발생(The Emergence of American Political Issues)』, 도널드 쇼와 맥스웰 맥콤스 판(세인트폴, MN: West, 1977년), 107~119쪽.

** 출처: 토시오 다케시타, '일본의 지역 선거에서 나타난 언론의 아젠다 세팅 효과', 『방송에 관한 연구(Studies of Broadcasting)』, 29 (1993년), 193~216쪽.

터한다.[5] 이처럼 관련성은 높으나 불확실성이 낮으면 정향 욕구는 보통인 정도에서 그친다.

관련성과 불확실성이 둘 다 높을 때도 있다. 정당의 예비 선거 같은 경우다. 유권자들에게 익숙하지 않은 후보자가 많고, 후보자가 각각 어느 정당에 소속되어 있는지 따지면 쉬운데 그것이 무의미하기 때문이다. 공공 아젠다에 사실상 새로 오르는 이슈들도 이런 경우다. 최근에 있었던 미국 의료 보험 개혁을 둘러싼 대대적인 논쟁이 그렇다. 이 이슈는 복잡하고 초래할 수 있는 영향도 광범위해서 여러 미국인이 관련성과 불확실성 모두 높은 것으로 인식했다. 이론적으로 보자면, 그런 시민들은 강한 정향 욕구를 느꼈다.

반대로, 20세기 말에 터졌던 빌 클린턴 대통령과 모니카 르윈스키(Monica Lewinsky)의 성 추문에 관해서는 정향 욕구를 느낀 미국인이 거의 없었다. 미국인 대부분이 대통령의 행실이 비난받을 만하다고 생각했지만, 다수가 그런 행동이 대통령이라는 직책과 아무런 상관이 없다고 여겼다. 뉴스 매체가 그 추문에 계속 집착했는데도 여론조사 결과는 항상 클린턴이 대통령으로서 일을 잘한다는 것이었다. 이처럼 대중이 정향 욕구를 거의 느끼지 않아서 미디어 아젠다에 신경 쓸 필요가 없을 때도 있다.[6]

아젠다 세팅 효과의 발생

사회 문제에 관한 개인의 정향 욕구가 클수록 대중매체의 아젠다에 주의할 확률도 높아진다.[7] 1972년에 치러진 미국 대선에서 노스캐롤라이나 주의 샬럿에 있는 유권자들을 예로 들어보자. 정향 욕구가 강했던 유권자의 79.8%는 정치 정보를 얻으려고 신문, TV, 뉴스 잡지를 자주 이용한 것으로 드러났다. 그와 달리, 정향 욕구가 보통이었던 유권자는 62.5%가, 정향 욕구가 낮았던 유권자는 47.4%만이 정치 정보를 얻으려고 대중매체를 자주 이용한 것으로 밝혀졌다.

이 개념은 잘 알려진, 교육과 대중매체의 아젠다에 노출된 정도의 관계도 설명해준다.[8] 2000년에 치러진 미국 대선 예비 선거에서 텍사스 주 유권자들이 보인 행동을 살펴보자. 조사 결과, 유권자의 학력이 '케이블 TV에서 방송하는 후보자 토론회 시청'과 '정향 욕구의 존재'와 강한 관련성이 있는 것으로 밝혀졌다. 이때 정향 욕구의 존재는 선거 아젠다에 오른 이슈 중에서 유권자가 개인적으로 자신과 관련이 있다고 느끼는 것이 있는지에 따라 판별했다. 이런 관계를 상세하게 분석해보니 정향 욕구가 교육(사회 문제에 대한 개인의 인지적 방향성을 예측할 수 있는 개괄적인 배경 요소)과 후보자 토론회 시청(정보를 얻기 위한 대단히 구체적인 행동)의 관련성을 설명해주는 중개(仲介) 변수라는 사실이 드러났다. 유권자가 고학력일수록, 특히 대졸 이상일수록 정향 욕구를 더 강하게 느꼈다. 결과적으로, 정향 욕구는 토론회 시청과 관련이 있었다.

선거 기간에는 유권자들이 뉴스 매체와 정치 광고를 통해 후보자들과 여러 이슈에 관한 그들의 입장에 관해 많이 알게 된다. 이때 유권자들이 느끼는 정향 욕구의 정도에 따라 미디어 아젠다를 받아들이는 정도도 달라진다. 〈표 4.1〉에서 정향 욕구에 관한 표의 아래쪽을 살펴보자. 거기에는 1972년에 열린 미국 대선 기간에 샬럿의 유권자 사이에서 일어난 아젠다 세팅의 정도가 요약되어 있다.[9] 선거 운동의 기틀이 잡히던 여름과 가을 선거 운동 기간에는 아젠다 세팅 효과가 정향 욕구의 강도에 따라 일정하게 증가했다. 6월부터 10월까지 아젠다 세팅 효과가 높아진 것을 보면 선거가 시민들을 위한 열린 교실이라는 비유가 적당하다고 여겨진다. 학생들이 제대로 배우고 있었던 것이다.

제1장에서 살펴본 일본의 시장 선거에서도 아젠다 세팅 효과가 똑같은 양상으로 나타났다.[10] 일본 유권자들을 정향 욕구의 정도에 따라 계층화하면 〈표 4.1〉에서 보듯이 아젠다 세팅 효과의 강도가 정향 욕구의 정도에 따라 일정하게 증가한다. 그런데 이 유권자들과의 '전체적인' 상관관계가 의미는 있지만 상당히 낮은 +0.39밖에 되지 않았다는 사실을 떠올려보자. 이 수치는 〈표 4.1〉의 유권자 다수와 비교하면 상관관계가 대단히 낮다.

〈표 4.1〉을 살펴보면 미디어 아젠다와 정향 욕구가 '보통'인 유권자의 상관관계가 +0.62로 나타난다. 정향 욕구가 '큰' 유권자와는 상관관계가 무려 +0.86이나 되었다. 해당 선거를 더 연구해본 결과, 왜 전체적인 상관관계가 +0.39밖에 되지 않았는지 이해할 수 있었다. 면담에 응한 유권자 중 다수(57%)가 정향 욕구를 별로 느끼지 않았기 때문이다. 유권자의 21%만이 강한 정향 욕구를 느꼈다. 따라서 정향 욕구라는 개념으로 미디어 아젠다와 공공 아젠다의 전체적인 상관관계가 낮았던 이유를 정확하게 설명할 수 있다. 유권자 중 다수가 약한 정향 욕구를 느낀 탓에 미디어 아젠다에 신경 쓰거나 그 아젠다를 그대로 받아들일 이유가 적었던 것이다.

정향 욕구라는 개념은 채플힐 연구에서 미디어 아젠다와 공공 아젠다가 거의 완벽하게 일치하는 현상도 설명할 수 있다.[11] 거기서 얻은 전체적인 상관관계는 +0.97이었으며, 그런 높은 수치 덕택에 연구원들이 아젠다 세팅 현상을 계속 탐구할 용기를 얻을 수 있었다. 정향 욕구라는 개념이 아젠다 세팅 이론의 일부로 설명된 것은 몇 년 후의 일이었다. 하지만 돌아보면 본래의 채플힐 연구에서 아젠다 세팅 효과가 정향 욕구가 강한 사람들만을 바탕으로 일어났다는 사실이 자명하다. 채플힐에서 면담한 사람들이 등록된 유권자 중에서 무작위로 선별되었다는 점을 떠올려보자. 따라서 대선과 대선의 이슈 아젠다는 이 유권자들과 당연히 관련이 있었다. 그들은 등록된 유권자였는데, 아직 특정한 대선 후보자를 지지하지는 않는 상황이었다. 연구에서 사용한 표본은 이런 부동층으로만 구성되었다. 이론적으로 보자면, 이 모든 유권자가 느끼는 불확실성이 높았다. 관련성과 불확실성이 둘 다 높다는 것은 정향 욕구도 강하다는 것을 뜻한다. 미디어 아젠다와 공공 아젠다의 상관관계가 가장 높게 나타날 것으로 예측되는 이론적인 조건이 충족되는 것이다. 채플힐에서의 상관관계는 +0.97로 대단히 높게 나왔다. 하지만 채플힐 유권자들처럼 정향 욕구가 강한 이 일본 유권자들과의 상관관계(+0.86)에 비하면 천문학적으로 높은 것은 아니다.

정향 욕구라는 개념의 타당성을 입증해줄 추가적인 증거는 〈표 4.2〉에서 볼 수 있다. 이 박스는 정향 욕구가 강할수록 유권자들이 특정한 이슈에 관한 대통령 후보자의 입장을 아는 것을 더 중요하게 생각한다는 점을 보여준다.[12] 다시 말해, 지적인 호기심이라는 보편적인 개념으로 특정한 정보에 유권자들이 관심을 보이는 정도가 다른 이유를 설명할 수 있다. 유권자들이 여러 이슈에 관한 제럴드 포드(재선을 노리는 재임 중인 대통령)의 입장보다 지미 카터(상대적으로 덜 알려진 도전자)의 입장에 꾸준히

〈표 4.2〉 **정향 욕구와 정치 정보에 관한 관심의 평균치**

정향 욕구	낮음	보통	높음
이슈에 관한 포드의 입장	4.8*	5.5	5.7
이슈에 관한 카터의 입장	5.0	5.6	6.3

* 최고 점수: 7

• 출처: 데이비드 위버와 맥스웰 맥콤스, 〈유권자들의 정향 욕구와 후보자의 선택: 대중매체와 선거에서의 의사 결정〉, 미국 여론조사협회(AAPOR)에 제출한 논문, 버지니아주 로어노크, 1978년

더 관심을 보인 사실이 정향 욕구라는 발상의 타당성에 힘을 실어준다.

미국 중서부의 지역적인 환경 이슈로는 사람들이 머릿속에 그리는 그림과 커다란 인공 호수 건설의 여섯 가지 측면에 관한 지역 신문의 보도 간에 강한 상관관계(+0.60)가 나타난 사례가 있다.[13] 앞서 살펴본 아젠다 세팅의 첫 번째 단계에서 나타나는 대상의 중요도에 관한 양상과 마찬가지로, 신문의 속성 아젠다와 사람들이 머릿속에 그리는 그림 간의 상관관계도 정향 욕구가 커지면 함께 증가했다. 정향 욕구가 적은 사람들의 경우 그들의 속성 아젠다와 신문의 속성 아젠다 간의 상관관계가 +0.26밖에 되지 않았다. 반대로, 정향 욕구가 큰 사람들의 경우에는 상관관계가 +0.77로 나타났다. 이번에도 정향 욕구가 커질수록 미디어 아젠다를 더 많이 받아들인다는 사실이 증명되었다.

관련성

관련성은 정향 욕구를 규정하는 핵심적인 개념이다. 개인과 특정한 주제나 이슈와의 관련성은 여러 근원에서 비롯되며, 최근에 그런 다양한 근원을 상당히 상세하게 연구한 학자가 많다. 지구 온난화부터 개인적인 건강에 이르기까지 다양한 이슈 여덟 개에 관한 창의적인 연구를 진행한 연구원들이 있다. 그들은 이런 공공 이슈의 관련성을 측정하기 위해서 상반되는 두 가지 속성 중 한 가지를 고르는 의미 분별 척도(semantic differential scale) 13개를 이용했다.[14] 이런 데이터를 분석해보니 다음의 세 가지 차원이 기저에 깔린 것으로 밝혀졌다.

- 사회적 관련성—관련 없음/관련 있음, 중요하지 않음/중요함과 같은 척도로 측정
- 개인적 관련성—예: 나에게 문제가 됨/나에게 문제가 되지 않음, 나에게 중요하지 않음/나에게 중요함
- 감정적 관련성—예: 지루함/재미있음, 흥미진진함/흥미진진하지 않음

스페인 사회학자 페르민 보우사(Fermin Bouza)도 개인적인 관련성과 사회적인 관련성을 이와 비슷하게 이론적으로 구분했다.

> 개인은 자신이 공적인 관심사나 모두의 관심사라고 여기는 것으로부터 어느 정도 분리된 개인적인 관심사라는 중요한 영역을 고수한다. (중략) 개인적인 관심사의 영역과 공적인 관심사의 영역을 분명하게 구분하는

것은 필자가 정치 커뮤니케이션의 '영향이 미치는 영역'이라고 규정하는 영역을 존재하게 한다. 그 영역이 개인이 국가와 자신의 의견이 분명하게 일치한다고 느끼는 곳이기 때문이다.[15]

텍사스 주 전체를 대상으로 벌인 한 여론조사 결과는 사회적 관련성, 개인적 관련성, 감정적 관련성을 이렇게 이론적으로 구분해서 깔끔하게 정리할 수 있다. 그 조사에서는 갤럽이 널리 이용한 "오늘 이 국가가 직면한 가장 중요한 문제는 무엇인가?"라는 질문에 대한 대답으로 응답자들이 특정한 이슈를 꼽은 이유를 살펴보았다.[16] 연구진은 응답자들이 꼽은 특정 이슈의 반향을 조사하려고 개발한 추적 질문을 분석했다. 그랬더니 이런 이론적인 구분과 딱 들어맞는, 이슈의 관련성이 비롯되는 근원 다섯 가지를 찾아낼 수 있었다.

사회적 관련성—시민의 의무와 동료들의 영향

개인적 관련성—사리사욕과 여가 활동

감정적 관련성—감정적 자극

세바스티안 발렌수엘라는 이슈의 개인적인 관련성을 다른 방식으로 접근했다. 그는 로널드 잉글하트(Ronald Inglehart)가 말하는 물질주의적인 가치와 탈물질주의적인 가치[17]가 아젠다 세팅 효과와 강한 연관성을 보인다는 사실을 발견했다.[18]

발렌수엘라는 캐나다 주요 일간지의 콘텐츠 분석과 2006년에 치러진 캐나다 총선의 여론조사 데이터를 이용하여 종합적으로든 개별적으로든 아젠다 세팅 효과가 탈물질적인 가치를 추구하는 사람보다 물질적인 가치를 추구하는 사람에게 더 강하게 나타난다는 점을 밝혀냈다. 예를 들면, 종합적인 단계에서 미디어 아젠다와 공공 아젠다의 상관관계가 물질주의자는 +0.55, 탈물질주의자는 +0.35로 나타났다. 이런 결과는 경제와 범죄 같은 물질주의적인 이슈와 환경과 정치 개혁 같은 탈물질주의적인 이슈를 다룬 매체의 주요 보도와도 일치한다.

조앤 밀러(Joanne Miller)는 감정적인 관련성의 역할을 더 깊이 연구하면서 뉴스에 대한 감정적인 반응이 아젠다 세팅 효과를 불러온다는 사실을 발견했다. 특히 범죄를 다룬 뉴스에 노출된 참가자들이 슬픔이나 공포를 느끼는 경우가 눈에 띄었다.[19] 슬픔과 공포가 미디어 아젠다와 공공 아젠다의 관계를 성립시키기는 했지만, 다른 감정적인 반응이 일어날 때는 사람들이 '범죄'를 국가가 직면한 중요한 문제로 여길 확률이 높아지지 않았다. 밀러의 연구에서는 참가자들이 범죄 기사를 읽으면서 슬픔과 공포뿐만 아니라 분노, 자부심, 희망, 행복을 느끼는 정도도 측정했다. 그런데 슬픔과 공포만이 아젠다 세팅 효과를 불러일으켰다. 위의 감정적인 반응 여섯 가지를 조합한 그 어떤 감정적인 자극에 관한 일반적인 척도나 유인성(valence: 개인이 특정한 결과에 느끼는 선호도의 정도—옮긴이)에 관한 일반적인 척도도 범죄 뉴스에 노출된 경험과 범죄를 국가가 직면한 중요한 이슈로 꼽는 것의 관계를 설명하지 못했다. 그러나 소극적인 유인성(negative valence: 대상으로부터 심리적으로 멀어지려는 성질—옮긴이)은 사람들이 범죄를 꼽을 확률을 높였다.

관련성이라는 개념을 더 상세하게 설명해주는 이런 현상은 아젠다 세팅 연구의 주요 트렌드 중 하나다. 여러 학자들은 아젠다 세팅 이론의 기본적인 개념을 더 자세하게 설명하기 위해 관심을 내부로 돌리는 중이다.

요르크 마테스(Jorg Matthes)가 정향 욕구를 측정하려고 개발한 새로운 척도도 이런 추세에 부합하는 또 하나의 사례다.[20] 아젠다 세팅의 첫 번째 단계에 해당하는 이 척도는 대상 자체에 대한 정향 욕구를 측정한다. 예를 들면, "이 이슈를 꾸준히 살피는 것이 나에게는 대단히 중요하다"와 같은 명제에 응답자가 '예' 또는 '아니오'라고 답하는 식이다. 한편, 아젠다 세팅의 두 번째 단계를 측정하는 척도도 있다. 대상의 인지적 속성("나는 이 이슈의 구체적인 세부사항에 관한 정보를 많이 얻고 싶다")과 논평이나 사설에 드러나는 기자들의 평가에 반영되는 정서적 속성("나는 이 문제를 다룬 논평에 큰 의미를 부여한다")을 둘 다 측정하는 것이다. 이렇게 척도 세 가지를 합치면 개개인을 위한 정향 욕구 점수를 계산할 수 있다.

마테스는 독일에서 '실업'이라는 이슈를 조사한 연구도 진행했다. 연구 결과, 이런 복합적인 척도로 측정한 정향 욕구의 강도가 기초적인 첫 번째 단계의 아젠다 세팅 효과를 예측할 수 있다는 사실을 알아냈다. 그러나 이렇게 측정한 정향 욕구의 강도가 아젠다 세팅의 두 번째 단계(구체적으로 말하자면 '실업'의 인지적 속성)에서도 매체의 효과를 예측하지는 못했다.[21]

정향 욕구를 측정하는 전통적인 척도가 아젠다 세팅 효과를 예측하는 정확성과 이 새로운 척도가 예측하는 정확성을 비교한 통제 실험도 진행되었다. 연구 결과, 전통적인 척도의 예측 정확도가 더 높다는 사실이 밝혀졌다. 그러나 전통적인 척도와 새로운 척도의 첫 번째 차원, 즉 아젠다 세팅의 첫 번째 단계와 직접 관련이 있는 차원을 비교해보니 이

두 가지 척도가 대단히 유사하다는 사실이 밝혀졌다.[22]

공공 이슈에 관한 개인적인 경험

뉴스 매체가 공공 이슈에 관한 우리의 유일한 길잡이는 아니다. 개인적인 경험(우리의 가족, 친구, 동료들과의 대화도 포함) 역시 우리에게 여러 이슈에 관한 정보를 제공해준다. 물론 사람에 따라, 그리고 이슈에 따라서 뉴스 매체와 개인적인 경험 중에서 더 우세한 정보원이 달라진다. 인플레이션과 같은 경제적인 이슈는 개인적인 경험이 우세한 경우가 대부분이다. 물가가 많이 오르면 평소에 구매하던 물건의 값을 통해서 인플레이션에 관해 알게 되기 때문이다. 뉴스 매체가 이 문제에 관해서 알려줄 필요도 없고 인플레이션의 중요도에 관한 불확실성을 없애줄 필요도 없다. 반대로, 국가 무역 적자와 같은 경제적인 이슈는 뉴스 매체가 우리의 유일한 길잡이 역할을 하는 경우가 많다. 이외에도 개인의 경험이 극히 제한적이거나 전혀 없는 공공 이슈도 많은데, 특히 외교 문제가 그렇다. 이론적으로 설명하자면, 우리의 일상생활에 파고들어서 우리가 직접 경험하게 되는 이슈는 두드러지는 이슈에 해당한다. 반대로, 두드러지지 않는 이슈도 있다. 그런 이슈는 우리가 뉴스에서만 접할 뿐 일상생활에서 직접 경험하지는 않는다.[23]

이번에는 뉴스 매체가 캐나다의 공공 이슈 세 가지의 중요도에 미치는 아젠다 세팅 영향력을 조사한 연구를 살펴보자. 이 연구에서는 두드러지는 이슈와 두드러지지 않는 이슈를 구분함으로써 특정 이슈에 대한 매체의 아젠다 세팅 효과를 추측할 수 있다고 주장했다.[24] 〈표 4.3〉을 보면 16개월 동안 인플레이션에 관한 뉴스 보도의 양상과 캐나다 대중이 생각하는 인플레이션의 중요도 간의 상관관계가 대단히 낮은 것(+0.28)을 알 수 있다. 그러나 추상적이고 두드러지지 않는 이슈인 국민의 단결 같은 경우, 상관관계가 놀랍도록 높게(+0.96) 나타났다. 곧 세 번째 이슈인 실업에 관해서 알아보겠지만, 이 이슈는 직관적으로 생각했을 때는 두드러지는 이슈처럼 보인다. 그런데 실증적인 결과(+0.67)를 따져보면 두드러지지 않는 이슈에 더 적합한 결과가 나타났다. 일단 미국에서 추가로 수집한 증거를 살펴보자. 이 증거는 학자들이 두드러지는 이슈와 두드러지지 않는 이슈를 구분하는 것의 타당성에 힘을 실어준다.

이런 결과(여론과 뉴스 보도의 상관관계가 두드러지지 않는 이슈에 대해서는

〈표 4.3〉 **두드러지는 이슈와 두드러지지 않는 이슈에 대한 아젠다 세팅 효과 ('자연사'의 관점)**

두드러지는		두드러지지 않는
캐나다* 인플레이션 +0.28	실업 +0.67	국민의 단결 +0.96
미국** 범죄 +0.19	실업 +0.60	대기 오염 +0.79
생활비 +0.20		약물 남용 +0.80
		에너지 +0.71

* 출처: 제임스 윈터(James Winter), 차임 에얄(Chaim Eyal), 앤 로저스(Ann Rogers), 〈이슈에 따른 아젠다 세팅: 전체가 부분의 합보다 적다〉, 《캐나다 커뮤니케이션 저널(Canadian Journal of Communication)》, 8, 2(1982년), 1~10쪽.

** 출처: 해럴드 주커(Harold Zucker), 〈뉴스 매체가 행사하는 영향력의 변동이 심한 성질〉, 《커뮤니케이션 연감 2》, 브렌트 루벤(Brent Ruben) 판(뉴저지 주, 뉴브런즈윅: 트랜잭션 북스, 1978년), 225~240쪽.

높고 두드러지는 이슈에 대해서는 낮음)는 10년 내내 미국의 여론에서 같은 양상으로 나타났다.[25] 〈표 4.3〉을 보면 대기 오염, 약물 남용, 에너지와 같이 두드러지지 않는 이슈에 대해서 상관관계가 높게 나타났다. 하지만 범죄와 생활비 같이 두드러지는 이슈에 대해서는 상관관계가 매우 낮았다. 이번에는 미국의 지역적인 수준에서 일어나는 일을 살펴보자. 루이빌에서 나타난 아젠다 세팅의 양식은 제1장에 요약되어 있는데, 두드러지는 이슈에 대해서 매체의 영향력이 없음을 보여준다. 루이빌에서 미디어 아젠다에 오른 이슈의 순위와 공공 아젠다에 오른 이슈의 순위를 상세히 비교한 결과, 전체적인 상관관계가 +0.65로 나타났다. 연구진은 다음과 같은 결론을 내렸다. "두 아젠다 간의 큰 차이는 도로 보수, 의료 보험, 법정, 배수 시설, 대중교통과 같이 사람들이 개인적으로 경험했을 만한 이슈와 관련되어 있다."[26]

두드러지는 이슈와 두드러지지 않는 이슈 간의 차이에 관한 이런 증거는 개별적인 이슈의 분석에 바탕을 둔다. 아카풀코 유형 분류에 따르면, 이런 증거는 '자연사'의 관점을 채택한 것이다. 이슈 아젠다를 통째로 다루었던 '경쟁'의 관점을 채택한 연구와 같은 결과가 나타난다는 증거도 있다. 〈표 4.4〉를 보면 미디어 아젠다와 공공 아젠다가 두 세트, 즉 '두드러지지 않는 이슈로 구성된 아젠다'와 '두드러지는 이슈로 구성된 아젠다'로 나뉜다.[27] 두드러지지 않는 이슈로 구성된 아젠다는 항목 일곱 가지, 즉 정부의 신뢰도, 정부 지출, 외교 문제, 환경과 에너지, 범죄, 인종 관계, 사회 문제로 나뉜다. 두드러지는 이슈로 구성된 아젠다는 항목 네 가지로 나뉘는데, 모두 경제에 관한 것이다. 바로 실업, 조세, 인플레이션, 경제의 전반적인 상태다. 〈표 4.4〉를 보면, 두드러지지 않는 이슈를 평가한 모든 척도가 아젠다 세팅 효과가 크게 작용했음을 보여준다. 상관관계의 중앙값은 +0.67과 +0.74 사이에 떨어진다. 반대로, 두드러지는 이슈에 대해서는 미디어 아젠다와 공공 아젠다 사이에 상관관계가 거의 나타나지 않았다. 상관관계의 중앙값은 +0.20과 +0.32 사이에 떨어진다.

두드러지는 이슈와 두드러지지 않는 이슈에 관한 매체 보도에 대중의 반응이 이렇게나 차이가 나는 것은 정향 욕구로 설명할 수 있다. 두드

〈표 4.4〉 **두드러지는 이슈와 두드러지지 않는 이슈에 대한 아젠다 세팅 효과 ('경쟁'의 관점)**

	두드러지는 이슈로 구성된 아젠다	두드러지지 않는 이슈로 구성된 아젠다
뉴햄프셔		
신문	+0.32	+0.67
TV 뉴스	+0.33	+0.74
인디애나		
신문	+0.06	+0.60
TV 뉴스	+0.06	+0.59
일리노이		
신문	+0.20	+0.95
TV 뉴스	+0.32	+0.95

• 출처: 데이비드 위버, 도리스 그레이버(Doris Graber), 맥스웰 맥콤스, 차임 에얄, 『대선에서의 미디어 아젠다 세팅: 이슈, 이미지, 관심(Media Agenda Setting in a Presidential Election: Issues, Images, and Interest)』, 코네티컷 주 웨스트포트: 그린우드, 1981년.

러지는 이슈는 사람들의 일상생활에 침투하다 보니 개인적인 경험만으로도 개인이 방향을 정하는 데 충분한 경우가 많다. 따라서 매체의 도움이 필요 없는 만큼 미디어 아젠다와 공공 아젠다의 상관관계가 낮을 것으로 예측할 수 있다. 한편, 두드러지지 않는 이슈의 경우에는 개인적인 경험만으로 충분하지 않다. 따라서 이론적인 가정은 개인이 방향을 정하는 데 미디어 아젠다가 가장 큰 도움이 되리라는 것이다. 매체가 사람들이 불확실성을 줄이기 위해서 찾는 주요 정보원일 것이라는 추측이다.

개인차, 매체의 이용, 아젠다 세팅

아젠다 세팅 이론에 '두드러지는 이슈'와 '두드러지지 않는 이슈'라는 개념이 편입되었을 때 이 구분법은 처음에 단순한 이분법으로 취급되었다. 이슈는 두드러지거나 두드러지지 않거나 둘 중 한 가지에 해당한다고 여겨진 것이다. 〈표 4.4〉에 나오는 사례는 모두 여기에 해당한다. 하지만 〈표 4.3〉만 보더라도 이 개념을 더 섬세하게 다뤄야 할 필요성을 느낄 수 있다. 따라서 두드러지는 성질과 두드러지지 않는 성질이 연속체의 양 끝에 있다고 생각해야 한다.[28] 대중이 어떤 이슈에 반응하는 상황이든 대중의 개인적인 경험에 따라서 개인차가 나타날 것이다.

나중에 살펴보기로 미뤄뒀었던 실업의 경우가 이 개념을 이분법이 아닌 연속체로 다루는 것의 중요성을 잘 보여준다. 실직했거나 실직한 사람을 안다면 '실업'이라는 이슈가 두드러지는 이슈로 여겨질 것이다. 하지만 종신 재직권이 있는 대학교수, 부유한 전문직 종사자 등의 경우에는 실업이 추상적이고 두드러지지 않는 이슈로 여겨질 것이다. 〈표 4.3〉에서 대중이 겪은 실업에 관한 경험의 범위가 넓다는 점은 '실업'이 표에서 차지하는 위치에 반영되어 있다. '실업'은 연속체임을 보여주기 위해 두드러지는 이슈와 두드러지지 않는 이슈를 연결하는 선 아래 중간에 있다. 실업에 관한 두 상관관계의 수치(+0.67과 +0.60)는 캐나다와 미국에서 각각 다른 시기에 측정했는데도 상당히 비슷하게 나타났다. 따라서 모두에게 그렇게 느껴지지는 않았겠지만, 그 시기에 북미에 사는 시민 다수에게 실업이라는 이슈는 근본적으로 두드러지지 않는 이슈였다.[29]

지금부터 소개할 패널 연구에서는 이슈에 관한 개인적인 경험으로 인한 개인차를 자세히 살펴볼 것이다. 연구진은 미국 유권자들에게 "워싱턴에 있는 정부가 해결해야 할 가장 중요한 문제는 무엇인가?"라는 질문을 던졌다.[30] 이 분석은 주요 이슈 세 가지에 중점을 두었다. 실업의 경우 이 이슈가 두드러지는지 두드러지지 않는지는 여론조사에 응한 응답자들의 개인적 또는 가정의 고용 상황에 따라 달라졌다. 인플레이션의 경우에는 각 응답자의 가정 경제 상태가 차이를 불러왔다. 마지막으로 범죄의 경우에는 밤에 동네에서 걷는 것이 얼마나 안전하다고 인식하는지에 따라 응답이 달라졌다.

증거를 살펴보면, 이런 이슈를 두드러지는 이슈라고 인식한 사람들은 정향 욕구가 이슈에 관한 개인적인 경험으로 충족되어 매체가 중요한 정보원으로 작용하지 않았다. 미디어를 자주 이용하는 사람이라도 가끔 이용하는 사람보다 이 이슈 세 가지 중 하나를 가장 중요한 문제로 꼽을 확률이 더 높지 않았다. 또한, 신문과 TV 뉴스에 더 많이 노출되더라도 이 집단이 생각하는 이런 이슈의 중요도가 올라가지는 않았다.

그러나 이런 이슈를 두드러지지 않는 이슈라고 인식한 사람들은 정향 욕구가 대중매체의 이용 덕택에 충족되었기 때문에 매체에 많이 노출될수록 매체의 영향도 많이 받았다. 이런 이슈를 두드러지지 않는 이슈라고 인식한 유권자들의 경우 매체를 자주 이용하는 사람이 가끔 이용하는 사람보다 이런 이슈의 중요도를 더 높이 평가했다.

개인적인 경험과 비교하면, 대중매체가 공공 이슈의 중요도에 미치는 영향이 항상 그렇게 뚜렷한 것은 아니다. 이번에는 다른 연구를 살펴보자. 연구진은 뉴욕 주에 있는 시러큐스 주민들의 범죄에 관한 여론과 텍사스 주민들이 이슈 13가지로 구성된 미디어 아젠다에 동의하는 정도를 조사했다.[31] 연구 결과, 두 사례 모두 매체 이용의 빈도와 공공 이슈에 관한 개인적인 경험이 합쳐져서 영향력을 발휘한 것으로 나타났다. 기본적인 아젠다 세팅 이론의 가설대로 지역 범죄에 관한 뉴스에 많이 노출된 시러큐스 주민들이 '지역 범죄'라는 이슈를 더 중시했다. 텍사스의 경우 매체 이용의 빈도가 응답자가 미디어 아젠다와 동의하는 정도를 예측하는 데 가장 높은 정확도를 보였다. 그러나 개인적인 경험 역시 시러큐스 주민들이 느끼는 '범죄'의 중요도와 텍사스 주민들이 미디어 아젠다에 전반적으로 동의하는 정도를 예측하는 의미 있는 척도였다. 두 지리적인 환경(미국 북동부에 있는 중간 규모의 도시와 남서부에 있는 커다란 주)에서 매체의 이용과 개인적인 경험이 결합하여 강한 아젠다 세팅 효과를 발휘했다. 예를 들면, 시러큐스에서는 지역 이슈로서 '범죄'의 중요도가 TV나 신문에 보도되는 지역 범죄 뉴스에 많이 노출된 사람과 범죄에 관한 개인적인 경험이 있는 사람에게서 가장 높게 나타났다.

텍사스의 경우 뉴스 매체를 많이 이용하고 공공 이슈에 관한 개인적인 경험이 많을수록 공공 아젠다가 미디어 아젠다를 많이 반영했다.

매체 이용 및 개인적인 경험과 아젠다 세팅 효과 간의 이런 긍정적이고 결합적인 관계가 〈표 4.3〉과 〈표 4.4〉에 제시된 증거와 모순된다고 생각할지도 모르겠다. 하지만 더 근본적인 관점에서 보면, 이 결과는 개인적인 방향성에 대해 서로 충돌하는 신호(매체 대 개인적인 경험)에 관한 가정과 모순된다. 개인적인 방향성은 두드러지는 이슈와 두드러지지 않은 이슈를 다룬 모든 초기 연구에 내재한다. 결과적으로, 이런 가정에 관한 부정적인 증거는 더 상세한 이론적인 지도의 설명을 촉구한다. 특정 이슈에 관한 개인적인 경험이 방향을 정하는 길잡이로서 항상 만족스럽지는 않을 가능성을 생각해보자. 매체 이용과 이슈에 관한 개인적인 경험의 차이만큼이나 정향 욕구를 충족하는 정보의 양도 개인차가 많이 난다. 어떤 사람들은 이슈에 관한 개인적인 경험이 정향 욕구를 충족하지 못해서 대중매체를 찾는다. 정보를 더 많이 얻고 그 문제가 사회적으로 중요하다는 사실을 검증받기 위해서다.[32] 이런 사람들은 이슈에 민감해진 만큼 미디어 아젠다를 특별히 잘 받아들이게 될지도 모른다.

이슈 민감화에 대한 개개인의 이런 차이와 관련하여, 이 장의 앞부분에서 살펴본 레인의 연구 결과를 떠올려보자. 그는 정규 교육이 '정치 환경에서 의미를 찾으려는 노력'에 영향을 미친다고 주장했다. 그런 관점에서 살펴보면, 놀라운 행동을 보인 텍사스 주민들의 학력은 미국의 평균보다 훨씬 높았다. 앞으로 학자들이 정향 욕구의 넓이와 깊이를 분명하게 측정하면 개인적인 경험과 매체 이용이 아젠다 세팅 과정에서 하는 역할이 명확하게 밝혀질 것이다.

텍사스의 사례[33]에는 개인적인 대화도 도입되었는데, 이는 지금까지 우리가 상세하게 살펴보지 않은 의사소통채널이다. 텍사스 주민들의 경우 공공 이슈에 관해 대화한 빈도와 매체 이용 및 공공 이슈에 관한 개인적인 경험 간에 상관관계가 있었다. 공공 이슈에 관한 대화는 이런 다른 행동에 수반되기는 했지만, 사람들이 미디어 아젠다에 동의하는 정도를 결정하는 데 긍정적으로든 부정적으로든 독립적인 역할을 하지는 않았다. 이와 비슷한 결과를 보고한 연구가 있다. 이 연구는 대인 의사소통에 더 의지하는 사람과 뉴스 매체에 더 의지하는 사람의 아젠다가 같은지 조사했다. 그 결과, 이 두 집단의 아젠다에서 차이점은 발견할 수 없었다.[34]

공공 이슈에 관해 이야기하는 것이 뚜렷한 역할을 하지 못한다는 사실은 아젠다 세팅 과정에서 대화가 하는 역할을 조사한 여러 연구 결과와 어느 정도 일치한다.[35] 대화는 미디어 아젠다의 영향을 강화할 때도 있다.[36] 연구원들이 1996년 가을 미국 대선 기간에 온라인 게시판에 오른 이슈 네 가지(이민, 의료 보험, 조세, 낙태)를 조사한 결과, 낙태를 제외한 나머지 이슈의 경우 전통적인 뉴스 매체가 논의를 위한 아젠다를 설정한다는 증거를 발견했다.[37] 낙태는 1~7일 후에야 아젠다 세팅 효과가 나타났다. 하지만 대화가 정향 욕구와 충돌하여 매체의 영향력을 오히려 감소시킬 때도 있다.[38]

개인이 느끼는 정향 욕구의 정도를 상세하게 측정하는 일은 대화로 인해 대중매체의 아젠다 세팅 효과가 강해지거나 약해지는 환경을 밝혀낼 수 있는 잠재력이 있다. 소셜미디어의 확산으로 이것은 특별히 중요한 연구 주제로 떠올랐다. 어떤 사람들은 대화하고 나면 대중매체에서 정보를 더 얻으려는 욕구가 강해져서 미디어 아젠다의 상당 부분을 받아들이게 된다.[39] 반대로, 가족이나 친구들과의 대화를 통해 개인적인 아젠다를 형성한 사람이라면 방향을 정하는 데 추가적인 도움이 거의 필요하지 않다고 생각할 수도 있다. 이런 사람은 미디어 아젠다에 신경 쓸 이유가 별로 없다.[40]

요약하기

정향 욕구는 '자연은 진공을 혐오한다'라는 과학 원리의 인지적 버전이다.[41] 사회 문제의 경우 개인의 정향 욕구가 크면 클수록 개인이 정치와 정부에 관한 정보가 풍성한 뉴스 매체의 아젠다에 관심을 기울일 확률도 높아진다.[42] 이 개념은 미디어 아젠다에서 공공 아젠다로 옮겨갈 확률이 높은 이슈, 즉 관련성이 높고 두드러지지 않는 이슈가 무엇인지 밝혀내기도 한다. 만일 두드러지지 않는 이슈가 대중에게 반향을 일으키면 정향 욕구는 보통이거나 강할 것이다. 반대로, 두드러지는 이슈에 대해서는 정향 욕구가 개인적인 경험 덕택에 충족될지도 모른다. 그러나 개인적인 경험이 오히려 정보를 더 많이 얻으려는 욕구로 이어질 때도 있다. 그러면 사람들은 방향을 정하는 데 추가적인 도움을 받으려고 대중매체를 찾을 것이다.

정향 욕구는 아젠다 세팅 효과가 왜 일어나는지에 관한 상세한 심리적인 설명을 제시한다. 또한, 아젠다 세팅 효과를 강화하거나 약화하는 데 필요한 조건 중에서 가장 중요한 것으로 꼽히기도 한다. 이런 조건

(contingent condition)은 1970년대 초에 아젠다 세팅의 두 번째 측면으로 도입되었다. 첫 번째 측면은 당연히 채플힐 연구가 개시한 미디어 아젠다와 공공 아젠다의 기본적인 관계였다. 아젠다 세팅 연구의 이런 측면은 연구 하나가 끝나고 새로운 다른 연구가 시작되는 것으로 특징지어지지 않는다. 각각의 연구는 모두 이어져 있으며, 시간상 서로 평행선을 달리는 것뿐이다. 아젠다 세팅 연구의 이런 초기 양상은 새로운 환경, 특히 인터넷 시대가 열리고 소셜미디어 채널이 꾸준히 늘어나는 오늘날까지도 이어지고 있다.

Current Press

october 7, 3400 Section2

Agenda Setting

Issue: 240460

Est - 2018

제5장

아젠다 세팅은 어떻게 작동하는가

의사소통매체의 아젠다 세팅 효과는 광범위하게 나타난다. 학자들은 미국의 여러 작은 마을과 큰 도시에서 아젠다 세팅 효과가 나타나는 것을 목격했다. 이런 효과는 미국 외에 일본의 도쿄나 스페인의 팜플로나에서도 목격할 수 있고, 아르헨티나와 독일처럼 여러 가지로 다른 국가에서도 나타났다. 전체적으로 봤을 때, 아젠다 세팅에 관한 경험적인 연구는 이제 400건도 넘는다. 여러 연구가 최초의 채플힐 연구를 따라서 정치 선거 기간에 실시되었다. 다른 연구는 선거가 없는 기간의 여론을 모니터했다. 학자들은 45년이 넘는 시간 동안 다양한 공공 이슈를 연구 대상으로 삼았다. 경제, 인권, 마약, 환경, 범죄, 다양한 외교 정책 문제뿐만 아니라 다른 공공 이슈 수십 가지가 연구 대상이 되었다. 오늘날 학자들이 연구하는 주제는 공공 이슈를 한참 뛰어넘어 유명 인사와 다양한 다른 대상들, 그런 대상들의 속성까지 폭넓게 아우른다. 아젠다 세팅은 매스컴의 효과 중 한 가지이며, 그 효과가 강력하고 여러 지역에서 골고루 나타난다. 아젠다 세팅 효과는 대중매체의 구체적인 콘텐츠에서 비롯된다.

여러 학자가 생각하기에 아젠다 세팅 효과의 가장 놀라운 측면 중 한 가지는 이런 효과가 나타나는 지리적 · 문화적인 환경이 대단히 다양하다는 점이다. 미국의 문화와 정치는 팜플로나나 스페인 북부에 있는 나바라 주의 문화적 · 정치적 환경과 차이가 크다. 하지만 거기에서도 아젠다 세팅 효과가 수도 없이 나타났다. 초점을 서양 국가에서 아젠다 세팅 효과가 나타나는 동아시아의 신생 민주주의 국가로 옮기면 문화적 · 정치적 차이가 더 크게 느껴진다.

몇 년 전에 타이베이에서 열린 한 세미나에서 학자들은 본래 미국에서 발견했던 매체의 효과가 국제적으로 나타나는 현상을 논의했다. 그리고 정치 체제와 미디어 체계가 어느 정도 개방적인 곳이라면 어디서든 아젠다 세팅 효과(미디어 아젠다에서 공공 아젠다로 중요도가 성공적으로 옮겨감)가 나타난다는 결론을 내렸다. 오늘날 이 세상에 완벽하게 개방적인 정치 체제를 갖춘 국가는 없다. 인구 중 모든 성인에게 1인 1표의 원칙을 완전하게 적용할 수 있는 국가는 없는 것이다. 하지만 앞서 살펴본 미국, 스페인, 대만의 경우 정치 체계가 어느 정도 개방적이다. 선거가 실제로 중요한 역할을 하며 정치사의 흐름을 결정하기 때문이다. 게다가 성인의 대다수에게 이런 선거에 참여할 자격도 주어진다. 이런 국가들은 미디어 체계(적어도 상당 부분)도 개방적이다. 정부와 주요 정당의 손아귀로부터 자유로운, 뉴스와 정치적 표현의 독립적인 원천이기 때문이다. 개방성에 관한 이 두 조건이 모두 충족되는 곳에서는 대중이 뉴스 매체가 제안하는 이슈 아젠다의 상당 부분을 받아들인다.[1]

1994년에 열린 대만의 타이베이 시장 선거[2]에 관한 연구는 아젠다 세팅 현상이 널리 일어나려면 개방성이 필요하다는 주장의 타당성을 강조한다. 시장 선거가 열리던 당시에 타이베이에는 TV 방송국이 세 개 있었는데, 모두 어떤 식으로든 정부와 오래 집권한 국민당의 통제 아래 있었다. 그러다 보니 TV 뉴스에 대해서는 아젠다 세팅 효과가 전혀 나타나지 않았다. 미국 정치학자 키(V.O. Key)의 말을 인용하자면, 상황은 다르지만 "유권자는 바보가 아니다!" 반대로, 타이베이의 두 유력 일간지에 대해서는 강력한 아젠다 세팅 효과가 나타났다. 이 신문들은 신문이 대체로 그러듯이 특정한 정치적 관점을 선호한다. 하지만 TV 방송국과는 달리, 대만 정부나 국민당의 직접적인 통제로부터 완전히 독립적으로 운영되는 기업이다. 이 타이베이 사례는 다른 모든 정치적·문화적인 요소가 같은 경우 미디어 체계가 개방적일 때와 폐쇄적일 때 나타나는 매체의 영향력을 비교하기에 유용하다.

이슈 아젠다의 진화

여론은 전 세계적으로 개방적인 정치 체제와 미디어 체계가 있는 곳에서 진화를 거듭한다. 시간이 지남에 따라 의사소통매체와 대중의 관심이 달라지면 개별적인 이슈의 중요도도 오르락내리락한다. 제4장에서는 이 과정에 작용하는 심리의 두 핵심적인 측면, 즉 정향 욕구와 두드러지는/두드러지지 않는 이슈를 살펴보았다. 미디어 아젠다에 관한 관심의 개인차를 설명하는 '정향 욕구'와 매체와 무관한 개인적인 경험을 편입하는 '두드러지는 이슈와 두드러지지 않는 이슈'는 공공 아젠다의 형성에 이바지한다. 이 장에서는 이슈가 미디어 아젠다에 오르고 공공 아젠다로 옮겨감에 따라 여론이 형성되는 과정의 추가적인 측면을 살펴볼 것이다. 공공 아젠다의 수용력과 아젠다에 오르기 위한 이슈들의 경쟁뿐만 아니라 공공 아젠다의 진화와 관련된 기간(time-span)에 관해서도 알아볼 예정이다.

아젠다에 오르기 위한 이슈들의 치열한 경쟁은 이 과정의 가장 중요한 측면이다. 어느 순간에든 대중의 관심을 사로잡기 위해 경쟁하는 이슈가 수십 가지나 된다. 하지만 그 어떤 사회와 기관도 한 번에 이슈 몇 가지 이상에 관심을 주지 못한다. '관심'은 뉴스 매체와 다양한 공공 기관에서, 그리고 대중에게도 대단히 희소한 자원이다. 아젠다 세팅에 관해서 학자들이 초기에 발견한 것 중 하나는 공공 아젠다의 제한된 규모였다. 공공 아젠다에 오르는 이슈가 어느 순간에든 전형적으로 5~7개를 넘지 않는다는 명제가 경험적인 일반화를 거쳐 수년 동안 사실로 받아들여졌다. 이 명제는 심리학자 조지 밀러(George Miller)가 '마법의 숫자 7±2'라고 부른 것의 한 사례로 여겨지기도 했다. 이 표현은 다양한 감각 과정의 한계를 보여주며 경험적인 증거를 포괄적으로 일반화했다.[3]

그런데 여러 해에 걸쳐서 쌓인 증거를 보니 공공 아젠다의 규모는 그것보다도 더 작았다. 갤럽이 "오늘날 이 국가가 직면한 가장 중요한 문제는 무엇인가?"라는 질문을 전국에서 표본으로 선정된 미국인에게 던지면 단 몇 가지 문제만이 대중의 지지를 어느 정도 확보한다. 갤럽이 1997년부터 2000년까지 이 질문을 10번 던진 결과, 최대 다섯 가지 이슈가 10% 이상의 지지도를 받은 공공 아젠다는 절반뿐이었다. 즉, 10%가 대중이 의미 있는 관심을 보일 수 있는 최소치로 밝혀졌다.[4] 그리고 이슈 5개는 밀러가 주장한 개수 중 가장 적은 수치인데 갤럽의 여론조사 10건을 조사한 결과, 공공 아젠다에 오른 이슈의 수는 모두 2~6개였다.

시간이 지남에 따라 공공 아젠다의 다양성에 변동이 생겼다. 대중의 지지를 어느 정도 받는 이슈의 개수와 지지도 둘 다 변화를 경험했다. 공공 아젠다에 오른 이슈 간에 지지도가 비슷할 때도 있고, 중요한 이슈 한두 개와 자잘한 이슈 여러 개가 있을 때도 있다. 공공 아젠다의 다양성은 1956년부터 1980년대 초까지 감소했다. 하지만 1984년부터 2004년까지는 공공 아젠다에 오르는 이슈가 갈수록 다양해졌다. 같은 기간에 《뉴욕 타임스》의 보도 내용은 다양성이 점점 줄어들었다.[5]

공공 아젠다의 규모가 이렇게 제한적인 이유는 대중이 보유한 자원, 즉 시간과 심리적인 수용량이 한정되어 있기 때문이다. 미디어 아젠다의 규모는 대체로 공공 아젠다보다도 더 제한적이다. 신문에 기사를 실을 공간이 한정되어 있고, 방송국에서도 뉴스를 보도할 수 있는 시간에 제약이 있다. 인터넷 웹사이트의 경우에도 공간이 무한정 있는 것처럼 보이지만, 대중의 주의 지속 시간과 대중이 뉴스에 할애할 수 있는 시간이 한정되어 있어서 제약이 크다.

어느 순간에든 공공 이슈로 구성된 아젠다에 가해지는 이런 다양한 제약 때문에 아젠다 세팅 과정은 제로 섬(zero-sum) 게임이 되어버린다. 이슈 하나가 아젠다에 오르면 다른 이슈는 내려가야 하는 것이다. 이는 미디어와 대중의 관심을 얻으려고 이슈들이 벌이는 치열한 경쟁을 강조하는 관점이다.[6]

역사적으로 보면, 아젠다의 이런 한정된 수용력과 이슈 간의 치열한 경쟁 때문에 몇 가지 이슈만이 미국의 여론을 오랫동안 사로잡았다. 제2차 세계대전 직후 몇 년 동안 외교 문제와 경제가 주목을 받았고, 외교 문제가 거의 매번 주인공 역할을 했다. 다른 이슈들도 때때로 중요도가 높아졌지만, 외교 문제와 경제가 미국의 공공 아젠다를 장악했다.[7]

제2차 세계대전 이후의 이런 양상을 조사한 학자들은 1954년부터 1994년까지 갤럽에서 벌인 여론조사 140건을 살펴보았다. 응답자들에게 '가장 중요한 문제'가 무엇인지 물은 결과, 미국 대중의 정규 교육 수준이 크게 높아졌는데도 미국 공공 아젠다의 수용력에는 변화가 없다는 사실을 발견했다. 그 기간에 고등학교 교육을 받은 인구의 비율이 34%에서 78%로 증가했고, 대학 학위를 받은 인구의 비율도 6%에서 21%로 증가했다. 비록 이 기간에 공공 아젠다의 수용력이 달라지지는 않았지만, 교육 수준의 증가가 미국 여론이 보이는 이런 양상의 다른 측면에 영향을 끼쳤다는 증거가 있다. 바로 공공 아젠다에 오르는 이슈의 다양성이 커진 것이다.[8]

『추론하는 유권자(The Reasoning Voter)』에서 새뮤얼 펍킨(Samuel Popkin)은 이렇게 관찰했다.

> 교육은 유권자에게 '깊이 있는' 지식이 아닌 '다양한' 지식을 제공하여 정치에 영향을 미친다. 시민들이 정치적으로 관련이 있다고 여기는 이슈의 개수를 늘리고, 그들이 자신의 인생과 국내 사건 및 국제적인 사건 사이에 만드는 연결고리의 개수를 늘리는 것이다.[9]

펍킨의 연구 결과는 교육을 많이 받은 사람이라도 공공 이슈에 관한 깊이 있는 지식을 보유한 경우가 적다는, 널리 증명된 사실과 일치한다. 교육 수준이 높은 사람들이 신문을 더 자주 읽고 뉴스에 관해 가족, 친구, 동료들과 대화를 더 많이 나누는 것은 사실이다. 펍킨은 이런 활동으로 인해 교육을 받은 사람들이 "일상적인 경험과 동떨어진 국내 사건과

국제 사건을 비롯하여 다양한 주제에 관해 제한된 정보를 보유하게 될 것이다"라고 정리했다.[10]

교육이 공공 아젠다의 범위를 넓혀주는 효과는 공공 아젠다에 오르는 이슈가 점점 다양해지는 현상을 보면 알 수 있다.[11] 앞서 살펴본 것처럼 제2차 세계대전 기간에, 그리고 전쟁이 끝나고 나서 1960년에 이르기까지 하나의 카테고리, 즉 국제 문제가 미국의 공공 아젠다를 장악했다. 하지만 1960년대와 1970년대에는 다양한 이슈가 주목을 받았다. 국제적인 이슈(주로 베트남 전쟁과 냉전)도 아젠다에 여전히 있었지만, 경제적인 이슈나 인권도 큰 비중을 차지했다. 1980년대와 1990년대에도 공공 아젠다의 범위는 꾸준히 넓어지고 이슈도 다양해졌다. 그 당시에 대중의 지지도를 10% 이상 받은 주요 이슈 네 가지는 일자리, 개인적인 경제 이슈, 법질서, 국제 문제였다. 경제와 국내 이슈의 다른 측면 네 가지도 5~10%의 지지도를 기록했다.

그런데 공공 아젠다에 오르는 이슈는 갈수록 다양해지는데 공공 아젠다의 수용력은 왜 그대로인가? 몇몇 이슈가 공공 아젠다에 예전보다 빠른 속도로 올라가고 거기서 빠른 속도로 내려가기 때문이다. 다시 말해, 아젠다 세팅 과정의 이런 측면들이 상충하지 않는 이유는 '아젠다의 범위를 넓히는 교육의 영향'과 '아젠다의 한정된 수용력'이 충돌하여 공공 아젠다의 변동성이 더 커졌기 때문이다. 20세기 중반에는 국제 문제가 공공 아젠다를 장악했다. 하지만 1960년대에 아젠다에 오르는 이슈가 많아지기 시작했다. 주요 이슈가 자잘한 이슈들과 잠깐이나마 주목을 함께 받는 양상이 지금까지도 이어지고 있다. 〈표 5.1〉에서 보듯이 오랫동안 대중의 관심을 사로잡은 공공 문제는 공공 아젠다에서 여전히 주

인공 역할을 한다. 무대에 오르는 기간도 길어서 2년을 넘기는 경우가 많다. 하지만 이제는 주인공도 가끔 조연들과 스포트라이트를 나눠서 받는다. 환경, 교육, 의료 등의 이런 자잘한 이슈는 주인공만큼 자주 등장하지는 않는다. 주인공처럼 무대 위에서 머무는 시간이 길지도 않다. 하지만 공공 아젠다의 한정된 수용력에도 불구하고 아젠다에 꾸준히 오르며, 이는 그날의 이슈에 관한 대중의 시야를 넓혀준 교육의 효과다.

정규 교육이 아젠다 세팅 과정에서 하는 역할을 더 자세히 조사한 학자들도 있다. 그들은 여론조사에 수시로 등장하는 인구 통계적 특성 다섯 가지(나이, 교육, 수입, 성별, 인종)를 비교했다. 지역 신문에서 보도가 유달리 많이 되거나 적게 된 이슈들을 선별하여 그 이슈들의 중요도를 평가한 것이다. 플로리다에서 태평양 북서부까지 미국의 세 주를 대각선으로 가로질러서 미국인 천여 명이 조사에 참여했다.[12] 조사 결과, 인구 통계적 특징 중 한 가지만이 이런 이슈의 중요성에 관한 패턴과 관계가 있었다. 정규 교육을 더 많이 받은 시민들이 미디어 아젠다를 가장 많이 수용했다.

교육적인 경험이 영향력이 가장 크다는 사실은 정치와 사회 문제의 영역에서 눈에 띈다.

> 우리가 정치에 관한 사실을 담은 정보의 양이나 평가의 개념적인 정교함과 같은 인지적인 문제를 다루든, 정치에 보이는 관심의 정도와 정치 문제에 감정적으로 관여하는 것과 같은 동기의 문제를 다루든, 아니면 정당 일부터 투표권 행사까지 정치 활동에 참여하는 것과 같은 실제 행동에 관한 문제를 다루든 교육은 어디서나 보편적인 해결책이다.[13]

〈표 5.1〉 **주요 이슈가 공공 아젠다에 머무는 시간**

	주기의 평균 기간 (단위: 달)*	주기의 개수 (1954년~1994년)*
개인적인 경제 이슈	47.4	7
정치와 정부	40.8	8
아시아	27.8	4
일반적인 외교 정책 이슈	25.2	13
정부 지출	21.8	5
러시아와 동유럽	19.3	4
일자리	15.1	14
일반적인 경제 이슈	14.0	5
법질서	10.3	12
기술	8.7	3

* 주기란 "오늘날 국가가 직면한 가장 중요한 문제는 무엇인가?"라는 질문에 이 이슈가 처음 대답으로 10% 이상 나올 때부터 10% 미만으로 나올 때까지의 기간

• 출처: 맥스웰 맥콤스와 지엔 화 주(Jian-Hua Zhu), 〈아젠다 세팅의 수용력, 다양성, 변동성: 1954년부터 1994년까지의 트렌드〉, 《퍼블릭 오피니언 쿼털리》, 59호(1995년), 495~525쪽. 시간이 지나면서 언급된, 이 카테고리 10개에 해당하는 구체적인 이슈에 관한 세부사항은 논문의 부록 A에 나와 있다.

교육은 개인이 뉴스 매체에 관심을 더 보이게 하고 뉴스에 등장하는 다양한 이슈에 민감해지게 한다. 다른 한편으로는, 교육 수준이 높다고 해서 뉴스가 강조하는 보도 패턴에 개인이 방어적인 반응을 더 크게 보이지는 않는다. 교육을 많이 받은 사람이 덜 받은 사람보다 미디어 아젠다를 비판하거나 심리적인 장벽을 더 세우는 성향도 발견되지 않았다.[14]

그러나 아젠다 세팅 과정에서 교육과 개인차가 하는 역할을 과장해서는 안 된다. 매체가 전달하는 메시지와 비교해서 교육의 역할을 더 자세히 살펴보자. 1977년부터 1986년까지 미국의 공공 아젠다에 오른 이슈 네 가지(인플레이션, 실업, 국제 문제, 정부 지출)의 중요도와 같은 시기에 이런 이슈를 다룬 전국 TV의 보도 패턴을 비교해보자.[15] 각 이슈의 중요도 변화는 교육과 가족의 수입에 따라 규정한 인구 하위 집단마다 개별적으로 평가되었다. 연구진은 교육을 더 많이 받은 사람들에게서 이 네 이슈 모두의 중요도가 더 높이 나타날 것으로 예측했다. 가족의 수입 역시 이슈에 대한 민감도를 측정하는 데 쓰였다. 가족의 수입이 많은 사람에게 인플레이션과 실업은 관련성이 낮은 이슈지만 국제 문제와 정부 지출은 관련성이 높은 이슈일 것으로 예측했기 때문이다.

1977년부터 1986년까지 이런 이슈의 중요도는 큰 변화를 겪었다. 각각의 이슈는 급격하게 오르내리는 양상을 보였는데, 미디어 아젠다와 수입 및 교육에 관한 하위 집단에서 똑같이 나타났다. 반대로, 인구 통계적 하위 집단 간의 차이는 크지 않았다.

미디어 아젠다에 오른 각 이슈의 중요성과 그 이슈가 공공 아젠다에서 차지하는 중요성을 따져보면, 세 이슈(인플레이션, 실업, 국제 문제)의 경우 모든 인구 통계적 하위 집단에서 TV 뉴스 보도의 횟수에 따라 비슷한 패턴이 나타났다. 하위 집단 간에 차이는 뚜렷하지만, 통계적인 관점에서는 교육과 가족의 수입에 따른 개인차가 중요도의 변화 중 2%만 설명할 수 있었다. 한편, 해마다 달라지는 뉴스 보도는 중요도의 변화 중 37%나 설명할 수 있었다. "다시 말해, 매체의 아젠다 세팅 효과는 개인 간에 중요도의 차이를 끌어내지는 않지만, 시간이 지나면서 모든 개인이 생각하는 중요도를 오르락내리락하게 하는 것은 분명하다."[16]

마지막으로, 네 번째 이슈인 정부 지출의 경우 아젠다 세팅 효과가 나타나지 않았는데, 여기서 짚고 넘어가야 할 중요한 사항이 있다. 정부 지출은 TV 뉴스로부터 관심을 별로 받지 못했는데도 1984년부터 1986년까지 대부분의 민간 부문에서 중요도가 급격하게 증가했고 계속 높은 수준을 유지했다. 대중이 이 이슈를 중시한 이유 중 한 가지는 공공 아젠다의 제한된 수용량과 몇몇 이슈의 반복적인 등장과 관련되어 있을지도 모른다. 1984년부터 1986년까지 경제의 다른 측면인 실업과 인플레이션은 미디어 아젠다와 공공 아젠다에서 중요도가 낮았다. 20세기 후반에 실업이 공공 아젠다에 오랫동안 머무른 이슈 중 한 가지였다는 사실을 기억하자. 인플레이션도 그 당시에 공공 아젠다에 모습을 자주 드러냈었다. 정부 지출은 여론이라는 무대에 가끔 등장하는 자잘한 이슈 중 하나다. 그런데 정부 지출이 1984년부터 1986년까지 주인공 역할을 할 수 있었던 이유는 실업과 인플레이션 둘 다 이 시기에 무대에 거의 서지 못했기 때문일 것이다. 이는 공공 아젠다의 규모가 얼마나 제한적인지 다시 한번 보여준다.

중요도의 전이 설명하기

현대의 아젠다 세팅 연구에는 서로 대항하는 추세가 두 가지 있다. 하나는 아젠다 세팅을 새로운 영역으로 확장하는 원심성 추세다. 제3장에서 살펴본 아젠다 세팅의 세 번째 단계부터 제8장에서 살펴볼 다양한 이질적인 환경에 이르기까지 그 범위는 넓다. 다른 추세는 학자들이 핵심적인 개념을 더 자세히 조사하려고 돌아오는 구심성 추세다. 토시오 다케시타는 미디어 아젠다에서 공공 아젠다로 중요도가 옮겨가는 핵심적인 개념에 초점을 맞췄다. 그리고 이 전이 과정을 위한 서로 다른 이론적인 경로 두 가지를 밝혀냈다. 바로 고의적인 인지적 개입과 우연한 개입이다.[17]

독일에서 진행된 실험 두 건에서는 일정 기간 뉴스 웹사이트에서 읽고 싶은 내용을 자유롭게 선택한 참가자들을 대상으로 이런 경로를 조사했다.[18] 참가자들이 실험의 핵심적인 이슈들에 관한 뉴스 기사에 시간을 얼마나 할애했는지는 개인의 로그 파일을 이용하여 알아보았다. 연구진은 참가자들이 웹사이트를 방문하기 전에 개개인이 해당 이슈에 개입한 정도도 측정했다. 로그 파일을 살펴보니 개입한 정도가 높은 참가자들이 뉴스 기사도 더 많이 읽었다.

실험 결과, 인지적인 노력(기사를 적게 읽음)이 적으면 매체의 신호(웹사이트에 나타나는 빈도와 머리기사 대 짧은 기사)가 참가자들이 이슈의 중요도를 판단하는 데 상당한 영향력을 행사했다. 반대로, 이슈에 개입한 정도가 높고 인지적인 노력(기사를 많이 읽음)도 많이 한 경우 매체의 신호가 참가자들이 이슈의 중요도를 판단하는 데 영향을 미치지 않았다.

놀랍게도 연구진은 다음과 같은 결론을 내렸다. "매체가 이슈를 충분히 강하게 강조하면 처음에 그 이슈를 별로 중시하지 않았고 그 이슈와 관련된 보도에도 관심을 별로 보이지 않았던, 개입 정도가 낮은 사람들이 개입 정도가 높고 그 이슈에 관한 보도도 많이 접한 사람만큼이나 그 이슈를 중요하게 평가했다."[19]

미국에서 진행된 실험 두 건에서는 매체의 아젠다 세팅 효과를 낳는 이런 두 정보 처리 경로(아젠다 단서 받기(agenda-cueing)와 아젠다 판단하기(agenda-reasoning))를 더 자세히 조사했다. 이 실험에서는 아젠다 세팅 효과의 강도를 조절하는 조건인 게이트키핑 신뢰도도 고려했다. 매체에 대한 일반적인 신뢰와 달리, 게이트키핑에 대한 신뢰는 뉴스 보도가 기자들이 문제의 우선순위를 정하여 체계적인 노력을 기울인 결과라고 믿는 것을 말한다.[20]

매체 수용자가 미디어 아젠다로부터 단서를 받으려는 상황에서 게이트키핑에 대한 신뢰도가 높으면 미디어 아젠다의 영향력이 커졌다. 다시 말해, 게이트키핑에 대한 신뢰도가 높은 사람은 그날의 가장 중요한 문제가 무엇인지 판단할 때 뉴스 보도의 '패턴'을 참고하는 것이 적절하다고 생각한다. 가장 중요한 문제를 직접 판단하지 않으려고 매체를 인지적인 지름길로 이용하는 것이다. 그러나 아젠다를 판단하려는 상황에서 게이트키핑에 대한 신뢰도가 낮은 사람(뉴스에 등장하는 이슈 보도의 패턴이 이슈의 중요도를 신중하게 저울질한 결과라고 생각하지 않는 사람)은 이슈의 중요도를 평가할 때 뉴스의 '구체적인 콘텐츠'에 의지한다.

독일의 연구와 미국의 연구는 아젠다 세팅 효과를 설명하면서 서로 이론적으로 보완해준다. 독일의 연구는 매체 콘텐츠의 온라인 처리 과정을 조사했고, 미국의 연구는 기억에 기반을 둔 처리 과정을 조사했다.

코소보의 한 현장 조사는 이런 이론적인 경로를 더 자세히 살펴보려고 정향 욕구의 초기 정의로 돌아갔다. 관련성과 불확실성이라는 정향 욕구의 두 요소로 만들어진 2×2칸짜리 유형 분류로 돌아간 것이다.[21] 정향 욕구가 보통 수준인 것을 측정하려고 유형 분류에서 두 높음-낮음

칸을 합쳤던 방법과 달리, 이런 새로운 접근법은 이 두 칸을 이론적으로 구분했다. 관련성이 높고 불확실성이 낮은 사람은 '정향 욕구 보통-능동적'이다. 이런 사람들은 기존의 경향을 강화하려고 편파적인 뉴스 매체를 찾을 것이다. 반대로, 관련성이 낮고 불확실성이 높은 사람은 '정향 욕구 보통-수동적'이다. 이런 사람들은 불확실성을 줄이려고 더 균형 잡힌 뉴스 매체를 찾을 것이다.[22]

예상대로 '정향 욕구 보통-능동적'인 시민들은 '정향 욕구 보통-수동적'인 시민들보다 편파적인 TV, 라디오, 신문을 훨씬 많이 이용했다. 이 결과는 선택적 인식의 증거라고 해석할 수 있다. 그러나 같은 시민들이 '정향 욕구 보통-수동적' 시민들보다 독립적인 TV, 라디오, 신문도 더 많이 이용했다. 결과적으로, 코소보의 정치 기관 7개의 속성 네 가지(부패함/정당함, 부정직함/정직함, 비효율적임/효율적임, 이기적임/배려심 있음)에 대해'정향 욕구 보통-능동적'시민들에게서 속성 아젠다 세팅 효과도 가장 강력하게 나타났다. 이런 효과의 강도는 정향 욕구가 낮고, 높고, 보통-능동적인 집단에서 발견한 효과보다 훨씬 강했다.[23]

새로운 의사소통 환경에서 채널이 급증한 만큼 선택적 노출에 관한 관심이 커졌다. 나탈리 스트라우드(Natalie Stroud)의 연구는 선택적 노출에 관해 자세하게 살펴봤으며 경험적인 근거에 바탕을 두었다. 스트라우드는 미국 대중의 약 3분의 1에서 편파적인 행동 패턴을 발견했다. 이런 행동은 자신과 관점이 같은 정치 정보원에 노출되었기 때문이며, 이 사람들은 관점이 다른 정보원은 전혀 이용하지 않았다.[24] 물론 추가적인 시민들이 자신과 관점이 같은 정보원 쪽으로 심하게 기울 수도 있다. 코소보의 연구 결과에서도 볼 수 있듯이 뚜렷한 아젠다 세팅 경로가 몇 가지 있을지도 모른다. 편파적인 정치에 깊이 개입하지 않은 시민의 경우 우리가 채플힐에 관해 연구하던 시절부터 수십 년 동안 조사한 넓은 의미의 아젠다 세팅 과정이 통하는 것일 수 있다. 하지만 편파적인 성향이 강한 시민의 경우 맞춤형 경로를 통해 대단히 강력한 아젠다 세팅 과정이 작용할 가능성이 크다.

뚜렷하게 구분되는 이론적인 경로가 아젠다 세팅 효과로 이어진다는 주장은 여러 국가에서 진행한 연구를 통해서도 뒷받침된다. 독일에서는 참가자들이 노출 패턴을 결정하는 관심에 바탕을 둔 실험이 진행되었다. 미국에서는 콘텐츠에 바탕을 둔 실험이 진행되었다. 연구진은 참가자들이 아젠다 단서 받기와 아젠다 판단하기를 끌어내는 뉴스에 노출되는 빈도를 조작했다. 코소보에서는 콘텐츠 분석과 여론조사 연구에 기반을 둔 현장 조사가 이루어졌다. 이 모든 환경에서 두 가지 경로 모두 강력한 아젠다 세팅 효과로 이어졌다.

효과가 나타나는 데 걸리는 시간

오래된 피하주사식 이론은 매체의 효과가 사실상 즉각적으로 일어난다고 주장했다. 그 관점에서는 마치 의사가 환자에게 주사를 놓는 것처럼 매체가 전달하고자 하는 메시지를 수용자에게 주입하여 비교적 빠른 효과를 끌어냈다. 하지만 1940년대와 1950년대에 수집한 경험적인 증거 때문에 그 관점을 지지하는 사람들은 없어졌다. 매체의 영향이 최소한으로 작용한다는 정설(Law of Minimal Consequences)이 피하주사식 이론을 묻은 것이다. 그에 대한 반응으로, 윌버 슈람과 같은 학자들은 매스컴의 진정으로 강력한 효과는 아주 장기간에 걸쳐서 나타날 것이라고 주장했다. 오랜 시간에 걸쳐 물이 한 방울씩 떨어져서 동굴에 멋진 종유석과 석순이 생기는 것과 마찬가지다.

그렇다면 매체가 이슈에 관심을 보이고 그 이슈가 공공 아젠다에 올라서 중요도가 높아지기까지 시간이 얼마나 걸리는가? 정말 심리적으로 영겁에 가까운 시간을 기다려야 하는가? 아니면 관심의 초점과 대중이 인식하는 중요도와 같이 의사소통 과정의 앞 단계에서 벌어지는 태도와 의견의 변화가 상대적으로 단기간에 매체의 효과를 끌어내는 것인가?

미국에서 23년 동안 인권에 관한 여론이 오르락내리락한 현상이 매체가 그 이전 달에 이 이슈에 관심을 보인 패턴을 반영했다는 사실을 떠올려보자.[25] 아젠다 세팅 효과가 즉각적으로 일어난 것은 아니지만 상대적으로 단기간에 일어난 것이다. 물론 이 그림이 아젠다 세팅 과정을 얼마나 일반화한 것이냐 하는 문제가 있다. 우리는 아젠다 세팅 효과의 강도가 이슈에 따라서 달라질 수 있다는 사실을 안다. 그러나 아젠다 세팅 효과가 나타나는 시간을 조사한 다른 두 연구에서도 미디어 아젠다에서 공공 아젠다로 이슈의 중요도가 옮겨가는 데 걸리는 시간은 4~8주라는 결론이 나왔다. 1960년대와 1970년대에 미국 대중이 중시한 주요 이슈 세 가지(대기 오염, 약물 남용, 에너지)의 추세를 각각 장기적으로 분석한 결과, 공공 아젠다와 한 달 전 전국 TV 뉴스의 아젠다 사이의 상관관계 중앙값은 +0.66으로 나타났다.[26] 세 가지 시점을 조사한 패널 연구에서는 '환경'의 중요성에 대해 공공 아젠다와 두 달 전 세 지역 신문의 아젠다 사이의 상관관계 중앙값이 +0.77로 나타났다.[27] 공공 아젠다가 전형적으로 한두 달 전의 미디어 아젠다를 반영한다는 우리의 주장은 이 세 연구를 통해 또 한 번 입증되었다. 신문, TV 뉴스, 다양한 이슈가 포함된 세 연구에서 나타나는 상관관계 간의 수렴 강도와 수준이 우리의 주장을 뒷받침해준다.

뉴스에 개인적으로 깊이 개입하는 경우 아젠다 세팅 효과가 나타나는 데 걸리는 시간이 더 짧아질 수도 있다.[28] 학자들은 1996년에 치러진 미국 대선 기간에 사람들이 공공 이슈 네 가지를 논의하려고 인터넷을 이용한 현황을 모니터했다. 연구진은 9월부터 11월에 열린 선거가 끝나고 일주일이 지났을 때까지 이민, 의료, 조세, 낙태에 관해 사람들이 논의한 빈도를 《뉴욕 타임스》, 《로이터(Reuters)》, 《AP 통신(Associated Press)》, CNN, 《타임》지에 이런 이슈들이 보도된 패턴과 비교했다. 이민에 관한 논의는 사람들이 뉴스 보도에 즉각적으로 반응한 결과였다. 의료와 조세는 반응 시간이 더 오래 걸렸지만, 일주일 안에 효과가 자명해졌다. 네 이슈 중에서 낙태만이 뉴스 보도 패턴과 연관되어 있지 않았다. 이 이슈가 큰 논란이 되고 근본적으로 감정적인 문제라 이런 결과가 나왔을 가능성이 크다. 매체 보도의 패턴이 중요도에 영향을 미친 나머지 세 이슈의 경우 전통적인 뉴스 매체보다 아젠다 세팅 효과가 나타나는 데 걸리는 시간이 훨씬 짧았다. 놀라운 결과는 아니다. 인터넷이 이슈에 관심이 많은 사람들이 행동으로 반응할 수 있는, 공공 아젠다의 일부이기 때문이다.

아젠다 세팅 효과가 나타나는 데 걸리는 시간에 관한 이 모든 증거는 일정 기간 공공 아젠다에 오르는 개별적인 이슈의 중요성을 추적하는 분석에 바탕을 둔다. 이런 분석은 아카풀코 유형 분류에서 '자연사'라는 관점에 해당한다. 물론 우리가 고려해야 할 다른 관점들도 있다. 특히 '경쟁'의 관점은 아젠다에 오르려고 경쟁하는 모든 이슈를 다룬다. 이슈가 지닌 자연사의 토대를 이루는 과정을 이해하려고 그 이슈 한 가지를 검토하는 것은 분석적인 관점에서는 유용하다. 하지만 '경쟁'의 관점은 다양한 이슈가 항상 변하는 현실을 묘사한다. 그렇다면 이 관점에서 보면 무엇이 매체와 공공 아젠다를 시간상으로 연결하는가?

〈표 5.2〉에 요약된 포괄적인 증거는 공공 이슈 11개로 구성된 아젠다와 다양한 뉴스 매체(지역 TV 뉴스와 지역 신문부터 전국 TV 뉴스와 뉴스 주간지에 이르기까지)에 바탕을 둔다.[29]

뉴스 보도가 몇 주 치나 누적되어야 공공 아젠다에 영향을 가장 크게 행사할 수 있는지에 대해서 뉴스 매체 간에 차이는 있다. 하지만 그 차이는 상대적으로 적으며 개별적인 이슈를 조사했을 때도 나타났던 범위와 사실상 일치한다. 미디어 아젠다와 공공 아젠다 간에 최적의 조합을 낳는 기간은 1~8주며, 기간의 중앙값은 3주다. 모든 경우에서 아젠다 세팅 효과는 상당히 뚜렷하게 나타났다. 우리가 정한 기준이 이슈의 자연사에서 전형적으로 발견되는 4~8주라면 '경쟁'의 관점에 바탕을 둔 〈표 5.2〉에 나오는 기간은 그 범위 안에서 짧은 축에 속한다.

그러나 이슈 간의 경쟁을 매우 다른 두 환경에서 살펴본 연구에서는 아젠다 세팅 효과가 나타나는 데 8주 이상 걸린다는 결론이 나왔다. 8주는 우리가 기준으로 삼은 4~8주의 범위 안에서 긴 축에 속한다. 첫 번째 환경은 중요도가 대단히 높았던 워터게이트 사건을 비롯하여 미국 대선 기간에 주목받은 이슈들로 구성된 아젠다였다. 두 번째 환경은 이집트와 이스라엘의 전쟁을 비롯하여 선거가 없었던 기간에 대학생들이 중시하

〈표 5.2〉 **아젠다 세팅 효과가 나타나는 데 걸리는 시간과 없어지는 데 걸리는 시간**

뉴스 매체	시차(주 단위)*	최대 상관관계	효과의 감퇴(주 단위)**
전국 TV 뉴스	1	+0.92	8
지역 TV 뉴스	2	+0.91	12
지방 신문	3	+0.88	26
지역 신문	4	+0.60	26
뉴스 잡지	8	+0.58	26

* 미디어 아젠다와 공공 아젠다 사이의 상관관계를 최대로 끌어내는 누적 주 수

** 미디어 아젠다와 공공 아젠다 사이에 의미 있는 상관관계가 없어지기 전까지 걸리는 주 수

• 출처: 웨인 원타와 후(Y. Hu), 〈아젠다 세팅 과정에서의 시차: 뉴스 매체 5개 검토〉, 《국제 여론 연구 저널(International Journal of Public Opinion Research)》 6호(1994년), 225~240쪽. 국제 여론 연구 협회(World Association for Public Opinion Research)와 옥스퍼드대학교 출판사의 허가를 받아 내용을 재현함.

는 이슈들로 구성된 아젠다였다.[30]

그런데도 미디어 아젠다와 공공 아젠다에 오른 모든 이슈와 관련된 복잡성을 고려하면 의미 있는 아젠다 세팅 효과가 나타나는 데 걸리는 시간은 여전히 짧은 편이다. 대중의 상당수가 몇 주 안 되는 기간에 뉴스 매체에 등장한 주제의 중요도를 받아들인다.

오래전에 폴 라자스펠드는 매스컴을 비공식적인 교실이라고 불렀다. 매스컴을 학생들이 꾸준히 들어오고 나가며, 실제 교실과 유사하게 교실에 앉아 있을 때도 선생님 말씀에 완전히 집중하지 않는 학생도 있는 공간으로 본 것이다. 사람들은 실제로 대중매체로부터 배운다. 여러 가지 사실을 배워서 다양한 대상에 관한 이미지와 태도에 편입한다. 사

람들은 그 순간에 가장 중요한 이슈들에 관해서도 배운다. 사회가 직면한 핵심 이슈로 구성된 대중매체의 아젠다를 자신의 아젠다에 편입하는 것이다.

대중매체는 주요 의사소통 전략이 '반복'인 선생님이다. 최근 몇십 년 동안 새로운 의사소통채널이 급증하면서 뉴스가 예전보다도 더 많이 반복되는 실정이다. 우리의 대중매체 선생님은 같은 주제를 여러 번 반복하신다. 때로는 크게 강조하시고, 때로는 언급만 하고 넘어가신다. 시민 학생들이 국가가 직면한 가장 중요한 이슈에 관한 질문에 답할 때 1~8주 동안 쌓인 이런 수업의 결과가 대체로 반영된다. 물론 대부분의 경우, 수업이 갑자기 8주 전에 시작된 것은 아니다. 하지만 최근 몇 주 동안의 보도 패턴이 대중에게 가장 큰 영향력을 행사하는 것은 사실이다.

학습 과정의 이면에 관해서도 경험적인 증거가 있다. 어떤 학습 패턴에서든 볼 수 있는 '정보의 감퇴'와 '망각'이다. 여기서는 학습의 이런 측면에 관해서 정보의 습득만큼 자세히 살펴보지는 않을 것이다. 하지만 〈표 5.2〉에 보면 대중이 최신 공공 이슈를 습득할 때와 달리 학습 효과가 감퇴하는 시기의 범위를 좁힐 수가 없다.[31] 아젠다 세팅 효과의 감퇴는 8~26주에 걸쳐서 일어난다. 〈표 5.2〉에 설명되어 있듯이 학습 효과가 감퇴하는 시점은 미디어 아젠다와 공공 아젠다 사이에 의미 있는 상관관계가 없어지는 시점을 말한다.

공공 아젠다에 이슈가 머무는 시간에 관한 이런 결론(이슈가 대중의 관심을 받는 것과 관련된 학습 과정과 이슈가 대중의 관심 밖으로 사라지면서 나타나는 학습 효과의 감퇴)은 기본적으로 경험적인 증거를 일반화한 것이다. 우리가 이런 타임 프레임에 관해서 아는 이유는 다양한 사회과학자가 이 영역을 탐구하여 얻은 데이터가 상당히 일관성 있기 때문이다. 특히 공공 아젠다에 이슈가 오르는 것에 관한 데이터가 대단히 일관적이다. 하지만 경험적인 일반화는 분명한 이론적인 맥락에 기반을 둔 경험적인 연구 결과만큼 탄탄하지 못하다.

이런 시각에서 보자면, 아젠다 세팅 이론의 현 상태는 매체의 효과를 다룬 더 방대한 자료와 크게 다르지 않다. 의사소통 이론에 관한 포괄적이고 널리 쓰이는 두 텍스트의 색인을 살펴보면 학자들이 다양한 매체의 효과와 관련된 타임 프레임에는 관심이 적은 것을 알 수 있다.[32] 이는 이론적인 결점인 동시에 발전할 기회이기도 하다.

초기에 시간과 관련된 개념을 논하면서 아젠다 세팅 효과를 위한 이론적인 틀을 만드는 작업이 시작되었다.[33] 이런 개념에는 이슈가 미디어 아젠다에 등장하는 시점과 공공 아젠다에 등장하는 시점 사이의 시차가 포함되어 있다. 그뿐만 아니라 매체가 최적의 효과를 발휘할 수 있는 기간, 즉 두 아젠다의 연관성을 최대한으로 끌어올릴 수 있는 기간도 포함되어 있다. 아울러, 아젠다 세팅 과정이 제로섬 게임이라는 발상에 기초한 더 큰 이론적인 틀도 있다.[34] 그러나 관련 연구가 여전히 많이 진행되어야 한다.

중요도를 측정하는 다양한 방법

방법론적으로 보자면, 갈수록 다양해지는 연구 디자인뿐만 아니라 대상과 속성의 중요도를 측정하는 여러 방법 덕택에 아젠다 세팅 이론을 뒷받침하는 증거는 많다. 이런 방법들은 채플힐 연구에 쓰인 방법을 한참 넘어선다.

> 방법론적인 기술은 수년 동안 급속도로 발전했다. 처음에는 순위 상관(rank-order correlation)을 이용하는 과정과 관련이 있었지만, 이제는 가장 정교한 구조 방정식 모형, 횡단면 자료, 여러 시점을 조사하는 패널 연구를 포함하는 것으로 확장되었다. 학자들은 아젠다 세팅을 연구하려고 여론을 종합적으로 측정하는 시계열(time-series) 분석, 자연적인 실험 설계, 심층적인 사례 연구도 시행했다. 아젠다 세팅 연구를 둘러싼 활발한 활동을 생각하면, 우리는 아젠다 세팅이 이 분야에서 가장 적극적으로 연구되고 있는 주제 중 하나라고 결론 내릴 수 있다.[35]

공공 아젠다에 나타나는 아젠다 세팅 효과를 확인하려고 학자들이 이용하는 다양한 측정법에도 방법론적인 강점이 있다. 갤럽이 1930년대부터 애용한 "오늘날 이 국가가 직면한 가장 중요한 문제가 무엇이라고 생각하는가?"라는 질문에 대한 대답으로 아젠다 세팅 효과를 측정하는 경우가 많다.[36] 이것은 이슈의 중요도를 측정하는 매우 탄탄한 방법이다. 주 전체에 걸쳐서 실시한 여론조사에서는 표본을 여러 하위 집단으로 나눠서 여러 버전의 공공 아젠다를 비교했다. 첫 번째 아젠다는 사회적인 기준들을, 두 번째 아젠다는 개인적인 기준들을 이용했고, 세 번째 아젠다는 전통적인 용어인 '문제' 대 '이슈'를 이용한 버전이었다. 연구 결과 기준들과 단어의 선택에 따라 달라지는, 위 질문의 지표들이 서로 교환될 수 있다는 사실이 밝혀졌다.[37]

갤럽의 저 유명한 질문(과 비슷하고 이슈의 중요도를 평가하는 다른 개방형 질문들)은 여전히 널리 쓰인다. 하지만 공공 아젠다에 오른 대상과 속성의 중요도를 측정하는 창의적인 대안도 많다. 《뉴욕 타임스》의 인쇄판과 온라인판을 비교한 실험도 있었는데, 그 실험에서는 이슈를 측정하는 다른 방법을 추가하여 전통적인 '가장 중요한 문제'에 관한 질문의 아쉬운 점을 보충했다. 연구진은 사람들이 신문에 보도된 뉴스 기사를 얼마나 인식하고 기억하는지 살펴보고, 이런 다양한 뉴스 기사의 중요도에 순위를 매겼다.[38] 또 다른 실험에서는 '인종차별'의 중요도를 다섯 단계로 이루어진 척도 세 개를 이용하여 측정했다. 그 척도는 바로 이슈의 중요성, 친구들과 논의한 정도, 정부의 더 적극적인 조치에 대한 요구였다.[39] 제4장에서 살펴본 일련의 실험도 떠올려보자. 그 실험에서는 이슈의 중요도를 측정하고 기저에 깔린 중요도의 세 가지 차원을 밝혀내기 위해서 상반되는 두 속성 중 한 가지를 고르는 의미 분별 척도 13개를 이용했다.[40]

지역 범죄에 관한 뉴욕 주 시러큐스의 여론을 분석한 연구에서는 이 이슈의 중요도를 확인하려고 전통적인 평가 척도와 행동 측정법을 이용했다.

> 시러큐스 지역에서 범죄라는 이슈에 관해서 생각해보자. 1부터 10까지 점수를 매길 때 1은 개인적으로 우리에게 전혀 중요하지 않은 수준이고, 10은 개인적으로 우리에게 가장 중요한 수준이라고 가정하자. 이때 이 이슈는 몇 점이라고 평가할 것인가? 자신이 범죄의 피해자가 될까 봐 얼마나 걱정하는가? 걱정이 전혀 안 된다고, 조금 된다고, 많이 된다고 대답할 것인가?[41]

환경적인 이슈(미국 중서부에 인공 호수를 건설하는 문제)가 갖춘 다양한 속성의 중요도는 서로 다른 방법 세 가지로 확인되었다.[42] 우선, 개방형 질문 두 가지가 대중에게 이 이슈의 어떤 측면이 가장 흥미로웠는지, 그리고 어떤 측면이 가장 논의가 많이 되었는지 물었다. 연구진은 중요도를 측정하는 세 번째 방법으로는 쌍대 비교법(pair comparison)을 이용했다. 이 방법은 여론조사의 응답자들에게 가능한 모든 속성의 쌍이 적힌 목록을 보여주는 평가 방법이다. 응답자는 쌍마다 둘 중 더 중요하다고 여기는 속성을 선택하면 된다. 이런 방법은 중요도를 측정하는 간격 척도(interval scale)를 만드는 데 활용할 수 있다. 〈표 5.3〉에서 보듯이 속성의 중요도를 측정하는 세 방법 모두 상당히 유사한 속성 아젠다 세팅 효과를 도출해냈다. 결과가 이렇게 비슷하다는 것은 아젠다 세팅 효과가 분명히 나타나고 이런 측정법들이 탄탄하다는 사실을 잘 보여준다.

개방형 질문으로 돌아가자면, 전 세계적으로 후보자의 이미지에 관한 속성 아젠다 세팅의 분석은 본래 1976년에 진행된 미국 대선 연구를

〈표 5.3〉 **환경적인 이슈에 대해 대중이 속성의 중요도를 평가하는 세 가지 방식에 바탕을 둔 속성 아젠다 세팅 효과의 비교**

개방형 질문		쌍대 비교 척도
'가장 흥미로운 측면'	'가장 많이 논의된 측면'	
+0.60	+0.61	+0.71

• 출처: 데이비드 코헨(David Cohen), 〈선거가 없는 기간의 아젠다 세팅 연구에 관한 보고〉, 저널리즘 교육 협회에 제출한 논문, 캐나다 오타와, 1975년.

위해 고안되었던 다음 개방형 질문의 다양한 버전을 이용했다. "친구가 오랫동안 떠나 있어서 대선 후보자들에 관해서 잘 모른다고 가정해 보자. 이때 ×후보자에 관해서 친구에게 어떤 이야기를 들려줄 것인가?"[43]

마지막으로, 중요도를 측정하는 가장 근본적인 방법을 이용한 최신 연구도 있다. 그런 연구는 대상과 속성 아젠다를 조사하면서 '무반응'에 대해서 중요도를 역으로 측정하는 방법으로 활용했다.

예를 들면, 공인에 관해 아무런 의견도 없는 사람의 수가 적을수록 대중이 그 인물을 중시하는 정도가 높아진다.[44] 공공 이슈의 특정한 측면에 관해 아무런 의견도 없는 사람의 수가 많을수록 대중이 이슈의 그 속성을 중시하는 정도가 낮아진다.[45]

현대의 의사소통 환경에서 사회 문제에 관해 대중이 소통할 수 있는 채널은 많다. 방법론적으로 보면, 소셜미디어는 공공 아젠다를 비간섭적인(unobtrusive) 방법으로 조사할 기회가 풍성한 환경이다. 오랫동안 비간섭적인 방법론으로 사랑받아온 콘텐츠 분석과 통하는 부분이다. 우리는 이제 여론조사와 달리 연구원들을 염두에 두지 않고 생성된 미디어 아젠다와 공공 아젠다에 관한 데이터에 접근할 수 있다. 동성 결혼이라는 이슈의 혁신적인 시계열 분석은 시카고와 애틀랜타의 지역 매체와 전국 매체의 아젠다 세팅 효과를 비교하려고 이런 비간섭적인 접근법을 이용했다.[46] 이런 새로운 환경에서 컴퓨터 자동화의 잠재력은 상당하며, 굉장히 발전적인 작업도 가능하다.[47]

요약하기

시민들은 사회 문제에 관한 지속적인 학습 과정을 거친다. 가장 중요한 이슈가 무엇인지 묻는 여론조사에 대한 그들의 반응은 대체로 매체가 몇 주 동안 가르친 수업 내용을 반영한다. 이런 학습 과정의 산물인 아젠다 세팅 효과는 매체가 전달하는 메시지의 영향을 많이 받으며, 그 메시지를 받아들이는 사람들의 영향도 조금 받는다. 새로운 소셜미디어를 포함한 매스컴은 대단히 반복적인 메시지가 널리 전파되는 과정이다. 이런 메시지의 다양한 특징은 얼마나 많은 사람이 매체의 콘텐츠에 관심을 보이고 적어도 일부를 받아들이는지에 영향을 미친다.

결국 매스컴은 매체 수용자 간의 개인적인 차이가 커 보이는 상황에서, 그중 한 명과 매체가 전달하는 메시지 사이에 성립하는 거래다. 어떤 면에서 보면, 의사소통 효과는 서로 중복되는 개인적인 경험의 집합체다. 이 중에서 같은 경험은 하나도 없지만, 개개인의 특성이 크게 다르더라도 매체에 관한 경험은 매우 비슷하다는 사실이 의사소통 효과의 이론을 증명하려는 우리에게는 유리한 일이다.

Current Press

october 7, 3400 Section2

Agenda Setting

Issue: 240460

Est - 2018

제6장

아젠다 세팅의 효과와 역할

20세기 후반이 되자 사회과학 이론 대부분이 전형적으로 겪는 진화론적인 과정이 아젠다 세팅 이론에서 특히 두드러지게 나타났다. 이런 과정은 사람들이 흔히 생각하는 극적인 사회적 '발견'과 크게 대조된다. 앞에서 살펴본 여러 장에 나오는 미디어 아젠다와 공공 아젠다의 중심이 되는 지식(정돈은 되었으나 빈약한)은 새로운 관계와 새로운 환경으로 폭발하기 직전인 지점에 놓여 있었다. 그러나 이 새로운 관점은 여론을 형성하는 의사소통매체의 역할에 관한 극적인 발견이라기보다는 20세기의 마지막 몇십 년 동안 누적된 학문적인 성과에 더 가까웠다. 학자들이 포기하지 않고 인내심 있게 연구한 덕택에 매스컴의 아젠다 세팅 역할이라는 발상이 다른 사회과학적인 개념과 의사소통 및 인간의 행동에 관한 관심과 결합될 수 있었다.

아젠다 세팅 이론의 지적인 역사는 1968년에 시작해서 현재에 이르기까지 이 의사소통 과정에 관한 지도를 만드는 데 꾸준한 진전이 있다는 사실을 반영한다. 채플힐에서 그려진 아젠다 세팅 효과의 기본적인 첫 번째 단계에 관한 최초의 지도를 떠올려보자. 이제는 거기에 대중, 매체, 그들의 아젠다에 관한 추가적인 세부사항이 풍성하게 첨가되었다. 그런 세부사항 덕택에 우리는 대중이 경험하는 매체의 효과를 더 잘 이해할 수 있게 되었다. 앞에서 살펴본 여러 장에서는 아젠다 세팅 이론의 핵심에 관한 이런 세부사항을 살펴보았다. 이 이론적인 지도의 가장 최신 버전에는 아젠다 세팅 과정의 결과에 관한 세부사항이 담겨 있었다. 아젠다 세팅 이론의 이 새로운 측면은 이전에 개략적으로만 알아봤었던 결과를 설명하는 것이었다.

> 사람들의 태도와 행동은 주로 인식이 지배한다. 사람이 알고, 생각하고, 믿는 것이 바로 인식이다. 따라서 대중매체의 아젠다 세팅 기능은 잠재적으로 커다란 영향을 시사한다. 매체의 아젠다 세팅 기능에 관해 우리가 아직 조사하고 이해하지 못한 여러 차원과 결과가 있다.[1]

제3장의 끝부분에서 속성 아젠다 세팅의 인지적 · 정서적 요소의 결합이 대중의 태도와 의견에 의사소통 효과가 나타나는 현상에 관한 연구를 되살아나게 했다고 언급했었다. 그 장에서 살펴본 정서적 속성의 중요도에 관한 증거는 (적어도 부분적으로는 뉴스 매체에서 얻은 중요도) 20세기 중반에 버려지다시피 했던 심리학적 탐구 영역의 문을 다시 열었다. 강력한 경험적인 근거로 입증되었던 '매스컴의 최소한의 효과'에 관한 주장에 맞서서 일어난 일이었다.[2]

매스컴의 효과는 초기의 여러 학자가 믿었던 것처럼 콘텐츠의 어마어마한 노출 빈도 때문에 나타날 때도 있다. 아젠다 세팅의 첫 번째 단계는 그런 현상을 어느 정도 입증한다. 하지만 속성 아젠다 세팅이 보여주듯이 매체가 전하는 메시지의 구체적인 콘텐츠를 더 자세히 들여다보면 우리의 머릿속에 있는 그림과 그 그림을 바탕으로 표출되는 태도와 의견에 관해서 더 상세하게 이해할 수 있다. 속성 아젠다 세팅은 의사소통 매체가 사람들의 태도와 의견에 미치는 영향력으로 우리를 돌아오게 한다. 이는 1940년대와 1950년대에 매스컴 이론이 시작된 이론적인 영역이자 칼 호블랜드(Carl Hovland)의 과학적인 수사학, 즉 메시지의 특징을 태도와 의견의 변화와 매치하는 일로 돌아가는 것이다.[3] 그러나 1940년대에 호블랜드가 선구적인 연구를 진행하던 때와 달리 이제는 미디어 아젠다와 대중을 연결하는 상세한 이론적인 지도가 우리의 길잡이가 되어준다.

극적인 효과를 주려고 영화에서 오프닝 장면을 흑백이나 암갈색으로 처리할 때가 있다. 그렇게 어두운색에서 밝은색으로 화면이 갑자기 바뀌면 감정적인 영향이 커진다. 마찬가지로, 미디어와 대중의 속성 아젠다들이 정서적인 톤뿐만 아니라 인지적인 속성도 포함할 때 뉴스에 나오는 대상에 관한 이런 그림이 강한 감정과 느낌, 즉 의견을 형성할 수 있다. 간단히 말해서, 대중의 속성 아젠다와 개인적인 의견이라는 개념들은 하나로 수렴된다. 그러나 공공 아젠다와 개인적인 의견이 수렴되는 지점이 여기만 있는 것은 아니다. 따라서 우리는 이런 관계를 세부적으로 조사하기 전에 아젠다 세팅에 관한 우리의 이론적인 지도에 몇 가지 부분을 추가로 그려야 한다.

아젠다 세팅의 첫 번째와 두 번째 단계를 나타냈던 우리의 예전 지도(〈표 3.1〉 참고)에서 〈표 6.1〉은 '대상의 중요도'와 '속성의 중요도'를 가져왔다. 이 지도의 새로운 요소는 의견의 두 측면과 '주목할 만한 행동'이다. 〈표 6.1〉의 새로운 요소 중에서 첫 번째는 의견의 강도다. 이는 의견이 있거나 한지에 관한 근본적인 지점에서 출발한다. 의견의 강도 역시

〈표 6.1〉 아젠다 세팅의 결과

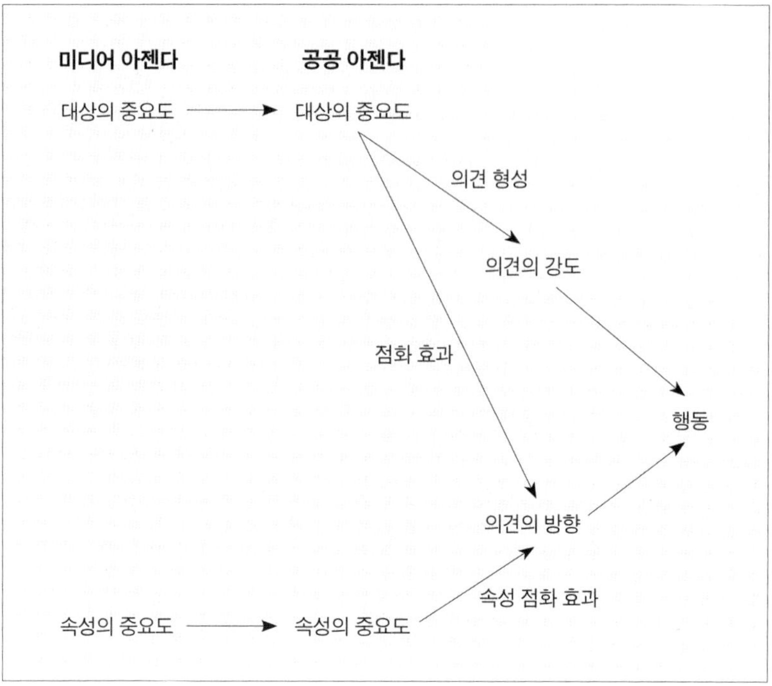

강한 의견과 약한 의견을 구분해서 따지며, 의견이 긍정적인지 부정적인지는 중요하지 않다. 〈표 6.1〉에 추가된 두 번째 요소는 우리에게 대단히 친숙한데, 바로 의견의 방향이다. 어떤 대상이나 속성을 긍정적이거나 부정적인 시각으로 보는 현상에 관한 것이다.

대상과 중요도의 속성을 의견의 이런 두 측면과 연결하면 주요 관계 세 가지를 설명할 수 있다. 점화 효과(priming)는 공공 아젠다에 오른 대상의 중요도와 의견의 방향 사이의 연결고리이고, 점화 효과가 일어난다는 증거는 상당히 많다. 학자들이 아젠다 세팅의 두 번째 단계를 조사하면서 속성 점화 효과라는 발상을 도입했다. 이는 속성의 중요도와 의견의 방향 사이의 연결고리다. 세 번째 관계, 즉 의견 형성은 대상의 중요도와 의견의 강도 사이의 연결고리다. 이 장에서는 이 세 관계에 관해 알아보고, 이런 관계와 사람들의 행동 간의 연결고리도 살펴볼 것이다.

여론의 점화

아젠다 세팅 효과의 중요한 결과 중 한 가지는 공인에 관한 대중의 의견을 이끄는 관점의 점화 효과다. 이 결과는 '매체의 아젠다 세팅 영향'을 여론에 관한 무대의 정중앙에 올려놓는다. 매체는 우리의 머릿속에서 대상과 속성 아젠다를 형성하는 것보다 훨씬 많은 일을 한다. TV 뉴스는 어떤 이슈는 강조하고 어떤 이슈는 무시하여 정부, 대통령, 정책, 공직 후보자들이 평가받는 기준에 영향을 미친다고 쉔토 아이옌거(Shanto Iyengar)와 도널드 킨더(Donald Kinder)가 『중요한 뉴스(News that Matters)』에서 설명했다.[4] TV 뉴스뿐만 아니라 다른 뉴스 매체도 마찬가지다.

아젠다 세팅 효과(대중이 생각하는 이슈나 다른 요소의 중요도로 이어짐)와 특정한 공인에 관한 의견의 표현 사이의 연결고리를 점화 효과라고 부른다. 점화 효과의 심리적인 토대는 대중의 '선택적 주의'다. 사람들은 모든 것에 관심을 보이지 않으며, 그럴 수 있는 능력도 없다. 이런 상황은 공공 아젠다의 제한된 수용력으로 이미 입증되었다. 게다가 사람들은 결정을 내릴 때 경험과 상식이나 직관에 의지한다. 선거일에 투표할 때나 여론조사의 질문에 대답하는 것처럼 간단한 결정을 내릴 때나 마찬가지다.[5]

사람들은 보유한 정보를 총동원하여 상황을 포괄적으로 분석하는 대신 결정을 내려야 할 순간에 특별히 중요한 정보 일부만 이용하는 경우가 많다.[6] 다시 말해, 사람들은 머릿속에 있는 중요한 대상과 속성으로 구성된 아젠다에 의지한다. 이런 아젠다는 상당 부분 대중매체가 설정하며 의견의 토대가 되는 기준을 결정한다.

제1장에서는 아젠다 세팅에 관한 여러 실험을 살펴보았다. 그런 실험들은 재직 중인 대통령의 전반적인 업무 수행 능력에 관한 사람들의 의견에 TV 뉴스가 끼치는 점화 효과도 증명했다.[7] 그 실험에 참여했던 학자들은 특정한 이슈의 중요도 변화가 대통령의 업무 수행 능력에 관한 사람들의 전반적인 평가에 영향을 미쳤다는 것을 증명하기 위해서 두 집단을 비교했다. 첫 번째 집단은 특정한 이슈를 다룬 뉴스 기사를 보지 않았고, 두 번째 집단은 그 이슈를 다룬 TV 뉴스 보도에 노출되었다. 두 번째 집단에 속한 피험자들은 서로 다른 다섯 이슈(국방, 인플레이션, 군비 축소, 인권, 실업) 중 1개 이상을 다룬 집중적인 뉴스 보도에 노출되었다. 첫 번째 집단과 비교했을 때, 두 번째 집단은 뉴스 보도가 집중적으로 다룬 이슈에 그들이 매긴 점수가 대통령의 업무 수행 능력에 관한 그들의 전반적인 의견에 영향을 더 많이 끼쳤다. 뉴스 보도가 관련 이슈에 관한 대통령의 책임을 거론했든 안 했든 이런 영향은 나타났다. 그 후에 진행된 실험에서는 이슈에 관해 대통령이 책임져야 하는 정도가 조작되었다. 그 결과, 뉴스 보도가 대통령의 책임을 강조할 때 문제 대처 능력을 평가하는 점수가 대통령의 전반적인 업무 수행 능력에 관한 의견에 영향을 더 많이 주는 것으로 드러났다.

이것은 실험실에서 통제된 실험에 바탕을 둔 강한 인과관계의 증거다. 뉴스 아젠다가 대중이 생각하는 이슈의 중요도에 끼치는 영향이 사람들이 대통령의 전반적인 업무 수행 능력을 평가할 때 이용하는 기준에 점화 효과를 일으킨다는 점을 보여주는 것이다.

점화 효과의 이런 영향력을 보여주는 증거는 미국의 정치 환경에서도 찾을 수 있었다. 바로 이란-콘트라 사건이었다.[8] 1986년 11월 25일에 미국의 법무부 장관은 미국 정부가 이란에 비밀리에 무기를 판매하고 얻은 대금을 부적절하게도 콘트라 반군에게 보냈다고 발표했다. 콘트라 반군은 니카라과의 산디니스타(Sandinista) 정부를 전복하려고 하는 세력이었다. 이 비밀 작전은 국가안전보장회의(National Security Council)가 수행했으며, 레이건 대통령은 NSC의 의장과 핵심 참모 요원이 해고되었다고 밝혔다. 당연하게도 이 사건은 뉴스의 집중 조명을 받았다. 우연한 행운으로 미국선거연구(NES)는 이미 치러졌던 1986년 대선에 관한 여론조사를 그 시기에 진행되고 있었다. 그 덕택에 미국인들이 레이건 대통령을 평가하는 데 영향을 미친 여론의 여러 요소를 자연스럽게 전후로 비교할 기회를 얻었다.

> (대통령의 전반적인 업무 수행 능력을 평가하는 것에 대해) 미국이 콘트라 반군을 돕고 중앙아메리카에 개입한 문제에 관한 여론의 중요성은 그 일이 밝혀지기 전후로 큰 차이가 났다. 개입과 고립주의 간의 일반적인 선택에 관한 대중의 시각의 중요성도 마찬가지였다. 한편, 미국이 전 세계적으로 힘이 있는 나라라는 대중의 시각은 이란-콘트라 사건에 아무런 영향도 받지 않았다. 이런 결과의 양상은 앞에서 살펴본 실험적인 연구 결과를 뒷받침한다.[9]

이번에는 다른 정치 환경을 살펴보자. 홍콩의 마지막 영국 총독에 관한 여론은 입법부 선거에 대중의 참여를 넓히는 계획을 다룬 뉴스 보도에 큰 영향을 받았다.[10] 1992년 가을부터 연속 52주 동안 진행된 여론 조사에 따르면, 총독이 정책 연설을 처음 했을 때 홍콩의 선도적인 세 신문에 관한 그의 개혁안을 다룬 뉴스 보도 패턴이 그의 전반적인 업무 수행 능력에 관한 여론에 강한 점화 효과를 일으켰다.

이런 점화 효과는 정당에도 나타난다. 2007년에 치러진 덴마크 총선에서 유권자들의 정당 선호도는 TV 뉴스 아젠다에 오른 정당의 중요도의 영향을 받았다.[11] 정당이 뉴스에서 많이 보이고 뉴스 보도의 톤이 긍정적일수록 더 많은 유권자가 그 정당에 표를 던질 의향이 생겼다. 제1장에서 살펴본 '매체 삼투 현상'에 관한 논의와 맞물려서, 이런 효과는 주로 매체가 누적되는 정보로 만들어낸 환경에서 비롯된다.

점화 효과는 아젠다 세팅의 확장이며 상당한 의미가 있다.[12] 또한, 대중매체가 사람들의 태도와 의견을 형성하는 데 핵심적인 역할을 하는 경로 중 하나다.[13] 때로는 대중매체의 이런 아젠다 세팅 효과가 사람들의 태도와 의견에 매우 직접적인 결과를 초래하기도 한다. 속성 아젠다 세팅의 경우 특히 그렇다. 속성 아젠다 세팅에서는 영화의 화면이 흑백에서 밝은색으로 갑자기 바뀌는 것만큼이나 효과가 극적일 수도 있다.

속성 아젠다와 의견

대중매체가 의견에 행사하는 영향력을 조사할 때는 특정한 이슈가 매체로부터 받는 전체적인 관심(아젠다 세팅의 첫 번째 단계)과 그 이슈가 매체에서 묘사되는 방식(아젠다 세팅의 두 번째 단계)을 구분하는 것이 중요하다. 위에서 살펴본 2007년의 덴마크 선거에 관한 연구는 이 중요한 구분을 제대로 해냈다. 조지 콤스톡(George Comstock)과 에리카 샤러(Erica Scharrer)는 TV가 사회에서 하는 역할을 포괄적으로 조사하면서 "개념적으로 보면 점화 효과와 프레이밍은 아젠다 세팅 효과의 아종이다. 이런 효과는 중요도를 전가하는 데서 그치지 않고 대중의 평가와 해석에 영향을 미친다"라고 말했다.[14]

대상의 중요도와 속성의 중요도 간의 뚜렷하게 구별되는 결과는 걸프전에 관한 미국의 여론에 잘 드러난다.[15] 집중적인 TV 보도 때문에 국가가 직면한 가장 중요한 문제로서 공공 아젠다에 오른 전쟁의 중요도가 높아지게 되었다. 아젠다 세팅 효과의 첫 번째 단계가 나타난 것이다. 1988년부터 1991년까지 부시 대통령에 관한 여론을 분석한 결과, 그의 인기를 형성하는 기반이 경제에서 외교 정책으로 바뀐 사실이 드러났다. 점화 효과가 나타난 것이다. 속성 아젠다 세팅이 사람들의 의견에 행사하는 영향력도 증명되었다. 전쟁에 관해 보도하면서 군사적인 해결책을 강조한 TV 뉴스에 많이 노출된 것으로 보고된 사람들은 페르시안 만에서 외교적인 방법보다는 군사적인 해결책을 선호했다.

원자력, 살충제, 흡연과 같이 더 장기적인 문제의 경우 관련 보도가 많아질수록 대중의 인식도 높아졌으며, 이런 보도가 여론의 변화를 유도하여 이슈를 재정의하기도 했다.[16] 원자력과 살충제는 유익하고 과학적이며 실용적인 이미지에서 공공 안전을 크게 위협하는 존재로 대중의 인식이 달라졌다. 흡연은 개인의 건강을 해치는 행위로 이미지가 점점 부정적으로 굳어갔다. 공공 아젠다에서 이런 이슈들의 여러 속성 중 가장 중요한 속성이 변하면서 여론이 점점 부정적으로 변해갔다.

매체가 제시하는 특정 이슈의 다양한 측면, 즉 매체의 속성 아젠다는 우리의 관점과 의견을 형성한다. 우리는 속성 아젠다 세팅을 다룬 제3장에서 코헨의 유명한 요약문을 살펴보았다. 그런데 이제는 매체가 우리에게 '무엇을' 생각해야 하는지 알려줄 뿐만 아니라 '어떻게' 생각해야 하는지도 알려준다고 말을 바꿔야 한다. 그리고 매체가 때로는 그것에 대해 어떻게 생각해야 하는지도 알려준다.

독일에서는 뉴스 잡지와 주요 신문에 실린 헬무트 콜(Helmut Kohl)에 관한 뉴스의 톤이 1975년과 1984년 사이에 그의 정치적인 업무 수행 능력에 관한 여론에 영향을 미쳤다. 콜은 처음에는 야당의 당수로서, 그 후에는 총리로서 능력을 평가받았다.[17] 콜의 여섯 속성에 관한 매체의 긍정적이고 부정적인 톤의 패턴 변화가 독일 대중이 그를 인정하는 수준에 큰 변화를 불러일으켰다. 주요 뉴스 매체 여섯 개에 대한 속성 아젠다의 정서적 톤과 그 후에 나타나는 여론 사이의 상관관계 중앙값은 +0.48이었고, 시차는 6개월이었다.

미국에서는 1992년과 1996년의 대선 기간 중 마지막 3개월 동안 일어난 변화를 매일 조사한 연구가 있었다. 이 연구에서는 핵심적인 선거 운동에 관한 TV 뉴스 보도의 톤이 유권자의 후보자 선호도에 영향을 미쳤다는 사실을 알아냈다.[18] 공화당의 선거 운동이 전국적으로 방송되는 TV 채널에서 호의적으로 보도되면 공화당 후보자의 지지도가 올라갔다. 반대로, 민주당의 선거 운동이 호의적으로 보도되면 공화당 후보자의 지지도가 떨어졌다. 매체의 보도가 유권자들의 의견에 미치는 이런 속성 점화 효과의 강도는 두 선거에서 비슷하게 나타났다.

사람들의 속성 아젠다의 톤과 그들의 의견 사이의 분명한 연결고리를 보여준 연구도 있다. 이 연구에서는 스페인 시민들이 주요 정치인 여섯 명에 점수를 매겼다. 척도는 '대단히 비호감임'부터 '대단히 호감임'까지 10단계로 나뉘었다. 시민들의 점수는 "이 후보자를 친구에게 어떻게 묘사하겠는가?"라는 질문에 대한 대답으로 나온 정치인들의 정서적인 묘사와 비교되었다.[19] 이 개방형 질문에 대한 대답은 6×5칸짜리 표로 만들어졌다. 인지적 카테고리가 6개, 정서적 카테고리가 5개였는데, 그동안 정서를 이렇게 세분화해서 조사한 연구는 없었다. 개방형 질문에 대한 이런 대답은 점수의 인색함을 설명해주는 세부사항을 풍부하게 제공한다. 스페인의 정치 지도자 여섯 명에 대해 시민들의 정서적인 묘사와 그들의 점수 사이의 상관관계가 +0.78에서 +0.97로 나타났고, 중앙값은 +0.86이었다. 10단계짜리 척도에서 지도자에게 낮은 점수를 준 시민들은 그를 상당히 부정적으로 묘사했다. 반면, 높은 점수를 준 시민들은 지도자를 대단히 긍정적으로 묘사했다.

2002년에 텍사스에서 열린 주 선거와 연방 선거에서 뉴스 매체의 속성 아젠다 세팅 효과가 상당히 크게 나타났다. 주지사와 미국 상원의원의 후보자들에 관한 시민들의 속성 아젠다, 그리고 그 속성 아젠다와 네 후보자에 관한 시민들의 의견 간의 의미 있는 관계에 그 효과가 나타났다. 속성을 더 많이 활용하면 후보자들에 관한 개인의 의견을 예측할 수 있었는데, 뉴스 기사를 적게 읽는 독자들보다 많이 읽는 독자들에 대한 정확도가 더 높았다.[20]

이런 패턴은 2006년에 치러진 이스라엘 선거에서 반복되었다. 대중이 생각하는 속성의 중요도는 선거 기간에 매체에 등장하는 속성의 중요도에 따라 달라졌다. 결과적으로 유권자들은, 특히 신문을 많이 읽는 사람들은 가장 중요한 속성에 관해서 후보자를 평가했다.[21]

이번에는 점화 효과와 속성 점화 효과라는 두 개념을 창의적으로 결합한 연구를 살펴보자. 이 연구에서는 매체의 보도에 등장하는 '경제'라는 이슈의 중요도와 1988년부터 2003년까지 이스라엘의 크네셋 선거 다섯 번에서 나타난 이 보도의 유인성(valence)을 조사했다.[22] 각각의 선거 기간에 여당이었던 정당을 지지한 유권자들의 평가는 '경제'의 중요도와 이 보도의 유인성으로부터 비슷한 영향을 받았다.

이슈의 중요도(지구 온난화)와 속성의 중요도(지구 온난화의 결과로 속성 다섯 가지가 나타날 가능성에 대한 믿음)를 조작한 실험도 있었다. 그 결과, 참가자들이 지구 온난화를 감소시키려는 노력을 지지하는 현상에 '이슈'의 중요도가 아무런 영향도 미치지 않는 것으로 밝혀졌다. 그러나 특정한 속성이 대중이 생각하는 대상의 중요도에 영향을 미친다는 설득력 있는 주장과 맞물려서, 여러 '속성' 중 한 가지(생태계에 미치는 부정적인 효과)가 참가자들이 지구 온난화를 감소시키려는 노력을 지지하는 현상과 강한 연관성이 있는 것으로 드러났다.[23]

이제 사회 문제라는 더 넓은 영역으로 옮겨가자. 1974년에 발표된 미국의 선거연구(NES)를 분석한 결과, 정치와 사회 문제를 크게 혹평하는 신문 독자들이 냉소적인 면도 더 강했다.[24] 연구진이 조사한 신문 94개는 비판적인 기사가 1면을 차지하는 비율이 상당히 다양했다. 어떤 신문은 기사 10개 중 1개만 비판적이었던 반면 1면에 실린 기사의 대다수가 부정적인 비판을 담고 있는 신문도 있었다. 이런 부정적인 톤이 독자들이 냉소적인 정도에 끼치는 영향은 일정했다. 독자들 간에 교육 수준(초등학교부터 대학교까지), 전국적인 TV 뉴스에 노출된 정도, 일간지에 실린 국내 정치에 대한 관심도의 차이가 나도 영향은 똑같이 나타났다.

톤의 효과는 정치에 관한 사람들의 태도와 의견에 국한되지 않는다. 경제에 관한 신문의 부정적인 머리기사는 경제의 상태에 관한 대중의 인식에 영향을 미친다.[25] 결과적으로 이런 의견은 사람들이 자신의 믿음에 끼워 맞추려고 행동에 변화를 주면서 자기충족적 예언(self-fulfilling prophecy)이 된다. 학자들은 《뉴욕 타임스》에 실린 경제에 관한 머리기사(경제의 상태에 따른 소비 심리를 매달 측정)와 1980년부터 1993년까지 실제 경제의 상태를 보여주는 매달의 주요 통계 지표를 비교해봤다. 그랬더니 다음과 같이 아젠다 세팅 효과가 크게 나타났다.

> '병든 경제'에 관한 머리기사의 수가 많아지면 소비 심리가 위축되고, 경제에 관한 긍정적인 머리기사가 많으면 소비 심리가 살아났다. 매체의 강한 영향력은 주요 지표와 경제에 관한 머리기사 간의 관계에서도 드러났다. (중략) 이런 결과는 경제 뉴스의 양과 톤이 경제 환경에 막강한 영향력을 행사한다는 사실을 보여주며, 그 시기에 우세한 경제 상황이 경제 뉴스로 구성된 아젠다를 일반적으로 설정하지 않는다는 사실도 증명한다.[26]

점화 효과와 매체의 메시지에 담긴 인지적 속성 및 정서적인 톤의 효과에 관한 이런 수렴적인 증거는 아젠다 세팅의 첫 번째와 두 번째 단계가 여론의 긍정적이거나 부정적인 방향에 영향을 미친다는 것을 보여준다.

의견 형성

다시 처음에서 시작하자면, 뉴스에 등장하는 대상의 중요도와 매체 수용자의 의견 형성 사이에는 근본적인 연결고리가 있다. 예를 들어, 뉴스에 나오는 공인의 중요도가 높아지면 이런 인물에 관해서 의견을 형성하는 사람이 많아진다. 1984년부터 2004년까지 치러진 미국 대선 여섯 번을 살펴보니 뉴스 보도의 양에 큰 차이가 있었다. 그리고 이런 패턴과 각각의 선거에서 NES에 후보자에 관한 의견을 나타낸 시민의 비율 간에 강한 상관관계가 포착되었다.[27] 매체에 등장한 후보자의 중요도가 높으면 의견을 나타내는 사람도 많아졌다. 반대로, 후보자가 매체에 많이 보도되지 않으면 그 후보자에 관한 의견이 없는 사람도 많아졌다. 1996년에 치러진 미국 대선 기간에 정치인 11명에 관해 의견이 있는 대중의 비율을 살펴보았을 때도 비슷한 패턴이 나타났다.[28] 뉴스에 어떤 정치인이 덜 보이면 그 정치인에 관해 의견이 있는 사람도 줄어들었다. 매체에 이 정치인 11명이 보도된 빈도와 각각의 정치인에 관해 의견을 나타낸 대중의 비율을 비교했더니 상관관계가 +0.81로 밝혀졌다.

여론조사 요원에게 의견을 표현하고 싶은 대중의 의향도 비슷한 방식으로 나타났다. 2004년에 열린 미국 대선 기간에 진행된 애넨버그선거연구(Annenberg Election Study)의 전국적인 여론조사를 살펴보자. 응답자들의 응답 거부율은 《뉴욕 타임스》와 세 TV 방송국의 뉴스 프로그램이 선거에 관해 보도한 빈도와 반비례했다. 선거에 관한 뉴스의 보도 빈도가 높으면 응답 거부율이 낮아졌다. 사람들이 여론조사에 참여할 의향이 더 커진 것이다.[29]

독일의 바덴뷔르템베르크 주에서는 두 주요 이슈, 즉 '동독과 서독의 통일'과 '동독 이민자'에 관한 개인적인 중요도가 개인적인 의견의 강도와 방향 모두와 강한 연관성을 보였다.[30] 두 이슈에 관한 의견의 강도에 대해서는 개인적인 중요도가 매체에 노출된 정도나 인구 통계적인 특성보다 훨씬 강한 예측 변수로 작용했다. 독일의 통일에 관한 의견의 방향에 대해서는 개인적인 중요도가 나이보다 조금 강한 예측 변수로 작용했다. 마지막으로, 동독 이민자에 관한 의견의 방향에 대해서는 개인적인 중요도가 TV의 이용과 똑같은 강도로 작용했으며, 교육보다 아주 조금 약한 예측 변수인 것으로 밝혀졌다.

태도, 의견, 행동

펜실베이니아대학교 캠퍼스에서 일어난 범죄와 폭력(살인 사건과 다수의 강간 사건을 포함)에 관한 집중적인 뉴스 보도 때문에 그 학교에 입학 지원서를 제출하는 예비 신입생의 수가 급감했다.[31] 이런 현상은 주로 여학생에게서 나타났다. 게다가 이 학교와 견줄 수 있는 다른 여러 대학교의 경우 같은 기간에 입학 지원서를 제출한 예비 신입생의 수가 늘어났다.

매체가 청년들의 행동에 영향을 끼친 사례는 또 있다. TV의 예능 프로그램이 '지명 운전자'라는 발상을 성공적으로 전파한 것이다. 지명 운전자란 일행 중 한 명이 다른 친구들을 나중에 차로 집까지 안전하게 데려다주기 위해 술을 마시지 않는 사람을 뜻한다.[32]

일반 대중의 경우 미국에서 2002년부터 2008년까지 나타난 전국적인 뉴스 보도의 패턴이 독감과 비슷한 증상을 호소하며 의사를 찾은 사람의 수와 관련이 있었다. 미국 질병통제예방센터(Centers for Disease Control)의 독감 보고서에 나타난 양상은 그 전주에 독감이 뉴스 매체로부터 받았던 관심을 고스란히 반영했다.[33] 지역적인 단계에서는 2003년에 어린이들의 독감 예방 접종에 관한 지역 뉴스의 보도가 급격하게 증가하면서 독감 예방 주사를 맞은 어린이가 대단히 많아졌다.[34]

항공기 추락 사고와 항공기 공중 납치 사건에 관한 뉴스도 아젠다 세팅 효과와 위험 회피 행동 간의 연결고리를 보여주는 또 다른 예다.[35] 학자들은 아젠다 세팅 이론에 분명하게 바탕을 둔 분석을 진행하면서 항공기 추락 사고(10명 이상이 사망한 사건)나 항공기 공중 납치 사건에 관한 뉴스가 '비행의 위험성'의 중요도를 높일 것이라고 가설을 세웠다. 사람들의 행동에 관한 보완적인 증거 두 가지가 미국의 중간 규모 도시에서 수집되었다. 바로 5년 동안 비행기 표를 구매한 승객의 수와 항공 보험을 구매한 승객의 수였다. 〈표 6.2〉에서는 5년에 걸쳐서 중요도가 높은 주(치명적인 항공기 추락 사고나 항공기 공중 납치 사건이 벌어진 주)와 중요도가 낮은 주를 매년 비교했다. 학자들이 예상한 것처럼 중요도가 높은 주에는 비행기 표의 판매량이 감소했고, 반대로 항공 보험의 판매량은 증가했다. 이런 보완적인 행동의 차이는 매우 두드러진다. 미디어 아젠다는 우리의 머릿속에 그려지는 그림에 영향을 주는 것보다 훨씬 많은 일을 한다. 매체가 우리의 태도와 의견, 심지어는 우리의 행동에도 영향을 끼치는 경우가 많다.

이슈의 중요도는 시민들이 선거일에 실제로 어떻게 투표할 것인지 비교적 정확하게 예측하는 데 쓰일 수도 있다.[36] 공공 아젠다에 오른 이

〈표 6.2〉 **항공기 추락 사고와 항공기 공중 납치 사건을 다룬 뉴스에 대한 반응으로 나타나는 개인적인 행동**

	평균적인 표 판매량		평균적인 보험 판매량	
	중요도가 낮은 주	중요도가 높은 주	중요도가 낮은 주	중요도가 높은 주
1969	4,493	4,030	52	56
1970	4,798	4,302	58	63
1971	5,014	4,601	60	64
1972	5,412	4,789	63	69
1973	5,667	5,021	68	74

• 출처: 알렉산더 블로이(Alexander Bloj)가 맥콤스의 의사소통 이론 강의를 위해 진행한 연구. 맥스웰 맥콤스와 도널드 쇼의 〈아젠다 세팅 연구의 경과보고〉에 보고되었으며, 저널리즘 교육 협회에 제출되었던 논문. 캘리포니아주 샌디에이고, 1974년.

슈의 중요도에 영향을 미치는 것을 넘어서서 미디어 아젠다는 때로는 특정한 정당이 유리해지게 만들어줄 수도 있다. 이는 이슈의 소유권 때문이다. 한 정당이 다른 정당보다 특정한 이슈를 더 잘 다룬다고 유권자들이 인식하는 것이다. 미국에서는 민주당이 사회 복지에 관한 이슈 대부분을 차지하고, 공화당이 국방에 관한 이슈 대부분을 차지한다.[37] 매체가 이런 이슈 중 한 가지를 강조하면 그 이슈의 중요도에 영향을 미칠 뿐만 아니라(전통적인 아젠다 세팅 효과) 그 중요도가 행동으로 변환되어 해당 이슈의 소유권을 가진 정당에 표를 안겨줄 수도 있다.[38]

1990년에 치러진 텍사스 주지사 선거를 분석한 결과, 특정 이슈에 관한 후보자의 견해와 후보자의 이미지를 둘 다 참고하면 유권자들이 선거일에 어떻게 투표했는지 비교적 정확하게 예측할 수 있는 것으로 밝혀졌다.[39] 이 마지막 증거는 두 단계로 구성된 모델을 제시한다. 이 모델에서는 정치 광고와 뉴스의 여러 요소를 섞으면 유권자들이 후보자에 관해 그리는 전반적인 그림을 형성하고 그들의 투표 결정에도 영향을 미칠 수 있다는 이론을 제시한다.[40]

학자들이 미국과 일본에서 진행한 조사에서는 다양한 보완적인 인지적 · 행동적 결과가 나타났다. 이런 결과는 미디어 아젠다에 오른 대상의 중요도에서 비롯된다. 〈표 6.3〉에는 세 종류의 결과에 관한 성과(대화, 생각, 더 많은 정보에 관한 욕구, 주의와 관심)가 상세하게 소개되어 있다. 미국에서는 전국적으로 방송되는 TV 뉴스에서 드러난 2000년도 미국 대선을 위한 선거 운동의 주별 중요도가 이런 결과에 각각 미치는 영향을 평가하는 데 그랜저 분석이 이용되었다. 이때 중요도는 선거 보도에 할애된 시간으로 측정되었다.[41] 어떤 행동(선거에 관해 대화를 나누는 것)이든 그것의 주요 결정 요인은 몇 주 전의 그 행동의 수준을 반영한다. 따라서 그랜저 분석은 이 세 결과를 위한 영향력을 각각 측정할 때 처음에는 선거 운동 기간 중 29주에 걸쳐 실시된 전국적인 여론조사 결과를 이용했다. 학자들은 그러고 나서 TV 아젠다에 오른 선거의 중요도를 각각의 결과에 대한 추가적인 예측 변수로 포함했다. 〈표 6.3〉에서 보듯이 미디어 아젠다는 세 결과 모두에 상당한 영향을 미쳤다.

이번에는 일본의 실험을 살펴보자. 매체에 등장하는 대상의 중요도가 낳는 효과는 측정한 두드러지지 않는 이슈 네 가지 중에서 각 피험자에게 우선순위가 가장 낮은 이슈와 관련된 세 행동이 달라지는 정도로 증명할 수 있었다.[42] 피험자들의 절반은 자신에게 우선순위가 가장 낮은 이슈에 관해 단순한 사실만 담긴 기사를 읽었다. 기자들이 속보를 전할 때 전형적으로 이용하는 객관적이고 단편적인 스타일로 쓰인 기사였다. 반대로, 피험자들의 나머지 절반은 자신에게 우선순위가 가장 낮은 이슈에 관해 논평을 곁들인 기사를 읽었다. 기사에는 그 이슈가 독자에게 미칠 영향을 예측하는 내용이 담겨 있었다. 그 결과, 논평이 담긴 뉴스 기사를 읽은 피험자들 사이에서 더 큰 변화가 일관성 있게 나타났다. 하지만 두 버전 모두 세 결과에 관해 어마어마한 변화를 불러일으켰다. 예를 들어, 〈표 6.3〉에 따르면 피험자의 절반 이상이 어떤 버전의 기사를 읽었든지 간에 자신에게 우선순위가 가장 낮은 이슈에 관해 정보를 더 많이 얻기를 원했고, 그것에 관해 대화도 더 많이 나누고 싶어 했다.

이런 보완적인 행동들은 서로 매우 다른 문화에서 비롯되며 매우 다른 조사법에 바탕을 두고 있다. 이런 행동은 매체의 아젠다 세팅 결과의 설득력 있는 증거로 작용하며,[43] 제4장에서 살펴본 심리학적인 개념인 '정향 욕구'에도 영향을 미친다.

정향 욕구의 두 요소, 즉 대중이 인식하는 이슈와의 개인적인 관련성과 그 이슈에 관해 개인이 보유한 지식의 타당성도 영향을 받는다. 대중이 인식하는 이슈와의 개인적인 관련성은 일본에서 진행한 실험에서 논평이 담긴 기사가 영향력이 더 컸던 이유를 설명해준다. 요컨대, 이 증거는 아젠다 세팅 이론의 핵심적인 아이디어 몇 가지를 우리의 이론적인 지도의 새로운 부분에 채워 넣는다.

1988년에 인디애나 주에서 실시한 여론조사에서는 아젠다 세팅과 그에 따르는 결과의 이 모든 측면을 한데 모았다.[44] 친숙한 패턴이 반복

〈표 6.3〉 미디어 아젠다에 오른 대상의 중요도가 대중의 행동 세 가지에 미치는 영향

2000년의 미국 대선a [영향의 그랜저 분석]	일본의 실험b [행동이 달라진 피험자들의 비율]	
	해석의 틀에 노출	단편적인 틀에 노출
'선거 운동에 관해 대화했다.'	'이 이슈에 관해 대화하고 싶다.'	
R^2 = +0.68(c 매체의 영향 +7%	58.3%	50.2%
'선거 운동에 관해 생각했다.'	'이 이슈에 관한 정보를 더 얻고 싶다.'	
R^2 = +0.65 매체의 영향 +7%	69.5%	60.6%
'선거 운동에 관심을 보였다.'	'이 이슈에 더 커진 관심'	
R^2 = +0.54 매체의 영향 +4%	53.5%	44.2%

a: (미국) 대통령 선거 운동이 대상이다.
b: (일본) 우선순위가 가장 낮은 이슈가 대상이다.
c: 이 그랜저 분석에서는 이 책에서 자주 인용되는 r의 제곱 값, 즉 상관 계수를 이용한다. 상관 계수는 종속 변수(선거 운동에 관한 최근 대화량)가 '종족 변수의 이전 수준'과 '매체에 노출된 정도'로 얼마나 설명 가능한지 측정한다. R^2가 r에 바탕을 두기 때문에 값의 범위(1부터 0에서 -1까지)는 똑같다.

• 출처: 로버트 스티븐슨(Robert L. Stevenson), 라이너 보메(Rainer Bohme), 니코 니켈(Nico Nickel)의 〈TV가 2000년도 미국 대선 운동에 미친 아젠다 세팅 영향〉, 《이집트 여론 저널(Egyptian Journal of Public Opinion)》 2호, 1판(2001년), 29~50쪽과 츠네오 오가와의 〈프레이밍과 아젠다 세팅 기능〉, 《게이오 의사소통 보고서(Keio Communication Review)》23호(2001년), 71~80쪽.

되면서 그 당시의 주요 이슈(미국 연방정부의 재정 적자)에 관해서 대중이 생각하는 중요도는 신문과 TV 뉴스에 노출된 빈도와 강한 상관관계를 보였다. 게다가 이슈의 중요도와 한 대중이 매체(TV 뉴스)에 노출된 빈도

를 함께 살펴보면 이 이슈에 관한 사람들의 의견의 강도를 예측할 수 있었다. 이슈의 중요도와 대중이 신문을 읽는 빈도를 함께 살펴보면 편지를 쓰거나 재정 적자에 관한 회의에 참석하는 등 사람들의 실제 행동을 예측할 수 있었다. 이는 매체의 노출과 이슈의 중요도 사이의 의미 있는 관계, 그리고 뒤이어 나타나는 대중의 지식, 의견, 주목할 만한 행동에 영향을 끼치는 효과를 보여주는 증거다.

비즈니스 뉴스의 아젠다 세팅 역할

아젠다 세팅 효과와 대중의 행동 사이에 연관성이 있다는 사실은 투자자들이 《포춘》에 실리는 기사를 보고 반응하는 현상을 보면 알 수 있다.[45] S&P500 지수가 2.3% 증가했던 3년 동안 《포춘》에 실린 기업 54개의 주가가 3.6% 증가했다. 잡지에 긍정적으로 보도된 기업들이 4.7%로 주가가 가장 많이 올랐다. 하지만 긍정적이든 아니든 이 기업들의 중요도가 높아진 것은 주가의 상승으로 이어졌다. 부정적으로 보도된 기업은 주가가 1.9% 올랐고, 중립적으로 보도된 기업은 주가가 1.7% 올랐다.

이 조사는 비즈니스 뉴스가 대중에게 행사하는 아젠다 세팅 영향력의 서문을 열었다. 이 영역은 성장 중인 새로운 영역이며, 여기에서 잘 발달한 전문 분야 중 한 가지가 바로 기업의 명성이다. 특히 비즈니스에 관한 보도가 기업과 CEO의 인식과 중요성에 대해 대중에게 행사하는 아젠다 세팅 영향력에 관한 연구가 많다. 또한, 매체가 기업을 묘사하는 방식이 사람들이 이런 기업과 연결해서 생각하는 인지적 속성에 미치는 영향뿐만 아니라 매체 보도의 톤이 개별적인 기업에 관한 여론에 미치는 영향을 다룬 연구도 많다. 최근에 전 세계적으로 20개국 이상에서 진행된 연구에는 발달한 시장, 떠오르는 시장, 아직 활발하게 개척되지 않은 프런티어 시장(frontier market)이 골고루 포함되었다. 이 연구에서도 아젠다 세팅 효과의 첫 번째와 두 번째 단계가 나타나는 것이 밝혀졌다.[46] 결과적으로, 이런 아젠다 세팅 효과는 중대한 경제적인 결과를 낳는다.[47]

《파이낸셜 타임스(Financial Times)》와 《월스트리트 저널(Wall Street Journal)》과 같은 신망 있는 신문부터 급증하는 새로운 케이블 채널까지를 아우르는 비즈니스 저널리즘은 아젠다 세팅 효과의 범위가 넓으며, 대중의 의견과 행동에 큰 영향을 미친다. 비즈니스 저널리즘에 이렇게 다차원적으로 초점을 맞추는 것은 아젠다 세팅 이론의 축소판이며, 여기에는 새롭게 부상하는 아젠다 세팅 효과의 세 번째 단계가 포함되어 있다.[48]

뉴스의 출처가 미디어 아젠다에 행사하는 영향력은 아젠다 세팅 이론의 또 다른 측면이며, 이 전문적인 분야에서 핵심적인 역할을 한다. 제7장에서는 사회 문제라는 맥락 속에서 대언론 공식 발표의 영향을 살펴볼 것이다. 대언론 공식 발표와 기업의 웹사이트는 비즈니스 뉴스를 접할 수 있는 핵심적인 정보원이다.[49] 기업의 경제적인 성과에 관한 정기적인 보고부터 비즈니스 전략의 큰 변화에 이르기까지 다양한 정보를 얻을 수 있다. 또한, 위임장 쟁탈전과 기업 인수가 일어날 때 주주들의 아젠다에 영향을 끼치려는 여러 노력에 관해서도 알 수 있다.[50] 비즈니스 뉴스 아젠다는 매스컴의 아젠다 세팅 역할 중에서 중요한 측면이 되었다.

요약하기

매스컴의 아젠다 세팅 효과는 사람들의 머릿속에 그려지는 그림을 넘어서서 상당한 영향을 미친다. 아젠다 세팅의 여러 영역 중에서 본래의 전통적인 영역은 공공 이슈의 중요도다. 공공 이슈의 중요도 변화가 재직 중인 지도자의 전반적인 업무 수행 능력에 관한 여론의 토대가 되는 경우가 많다. 결국 뉴스에 나오는 공인의 중요도는 개인이 그 사람에 관해 어떤 식으로든 의견이 있는지와 연관되어 있다. 아젠다 세팅의 두 번째 단계에서 이런 리더들에 관한 대중의 인지적인 그림과 밀접한 관련이 있는 정서적 속성의 중요도는 속성 아젠다 세팅이 의견 형성과 의견 변화와 수렴되는 것을 나타낸다. 사람들의 태도와 의견을 넘어 매체가 그리는 현실에 관한 그림은 대학 입학 지원부터 투표까지 대중의 개인적인 행동에 영향을 미친다.

Current Press

october 7, 3400 Section2

Agenda Setting

Issue: 240460

Est - 2018

제7장

누가 미디어 아젠다를 형성하는가

뉴스 매체가 대중에게 행사하는 아젠다 세팅 영향력에 관한 증거가 점점 쌓이면서 1980년대 초의 학자들은 "누가 미디어 아젠다를 설정하는가?"라는 질문을 던지기 시작했다. 그래서 이론적인 탐구 영역 하나가 새로 개척되었다. 학자들은 뉴스 매체가 제시하는 아젠다를 형성하는 다양한 요인을 조사하기 시작했다. 이 새로운 탐구 영역에서는 미디어 아젠다가 설명될 결과, 즉 종속 변수가 된다. 지금까지는 미디어 아젠다가 여론을 형성하는 데 핵심적인 역할을 하는 결정 요인, 즉 독립 변수였다. 〈표 7.1〉은 매스컴과 아젠다 세팅 과정을 다룬, 미디어 아젠다의 주요 '선행 사건들(antecedents)'을 포함한 범위가 더 넓고 더 포괄적인 모델을 나타낸다. 미디어 아젠다의 근원에 관해서 생각하다 보니 이슈와 정책 문제로 구성된 아젠다와 같은 다른 여러 아젠다도 함께 떠오른다. 이런 아젠다는 입법 기관과 다른 공공 기관들이 고려하고 뉴스 매체가 주기적으로 보도하는 것들이다. 또한, 선거 운동 기간에 등장하는 경쟁적인 아젠다들이나 홍보 관계자들이 주기적으로 제시하는 특정 화제에 중점을 둔 아젠다도 떠오른다. 이처럼 현대 사회에는 조직적인 아젠다가 많다.

이런 다른 아젠다와 뉴스 매체의 아젠다 사이의 관계를 이해하는 데 유용한 비유는 '양파 껍질 까기'다. 동심원을 이루는 양파의 껍질은 미디어 아젠다(양파의 알맹이)를 형성하는 데 영향력을 행사하는 여러 요소를 나타낸다. 이 비유는 영향력이 작용하는 순서도 잘 보여준다. 바깥에 있는 껍질의 영향력이 양파의 알맹이에 더 가까운 껍질의 영향을 받는 식이다. 이 양파를 자세히 살펴보면 껍질이 아주 겹겹이 있다. 예를 들면, 패멀라 슈메이커(Pamela Shoemaker)와 스티븐 리즈(Stephen Reese)는 『메시지 전달하기(Mediating the Message)』에서 뚜렷하게 나타나는 영향력(양파 껍질)을 다섯 가지나 밝혀냈다. 영향력은 우세한 문화부터 기자 개인의 심리까지 그 범위가 다양했다.[1]

이 양파의 중간에 있는 껍질들은 뉴스 기관의 행동과 저널리즘의 전문적인 규범을 나타내며, 뉴스 사회학을 구성한다. 뉴스 사회학은 1980년대에 아젠다 세팅 이론과 수렴되기 시작한 학문 영역이다.[2]

이 장에서는 "누가 미디어 아젠다를 설정하는가?"라는 질문에 대한 대답을 〈표 7.2〉에 나와 있는 기본적인 세 단계와 관련해서 개괄적으로

〈표 7.1〉 **아젠다 세팅의 확장된 관점**

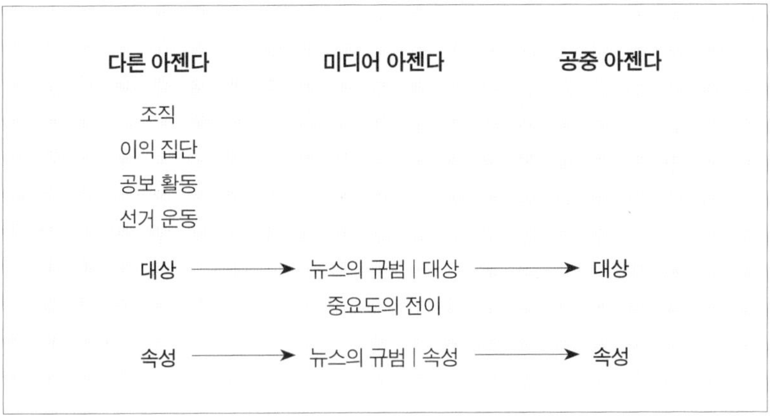

살펴볼 것이다. 우리의 이론에 따르면 양파의 표면에는 미국 대통령과 같은 핵심적인 외부 뉴스 출처, 일상적인 홍보 활동, 선거 운동이 있다. 양파 속으로 더 깊이 들어가면 다양한 뉴스 매체가 서로에게 미치는 영향과 그들 간의 상호작용이 있다. 이 현상은 이제 '미디어 간 아젠다 세팅(intermedia agenda-setting)'이라고 흔히 불린다. 이런 상호작용은 사회적인 규범과 저널리즘의 전통의 타당성을 상당 부분 확인하고 강화한다. 이런 규범과 전통(양파의 알맹이를 가장 속에서 감싸고 있는 껍질)은 미디어 아젠다의 궁극적인 형성을 위한 기본 규칙을 정의한다.

대통령과 국가 아젠다

미국 대통령과 같은 한 국가의 정치 지도자를 묘사하고 평가하는 방법 한 가지는 국가 아젠다를 설정하는 데 그 지도자가 하는 역할을 살펴보는 것이다. 미국 대통령의 주요 업무 중 점점 중요해지는 한 가지는 뉴스 보도가 초점을 맞추는 것에 영향을 끼치는 일이다. 그래야만 대통령 자신에게 유리한 여론을 형성하고 의회의 활동에 영향을 미칠 수 있다. 미국 대통령이 미국의 뉴스 메이커 1위라는 사실을 입증하는 증거는 많다. 국제회의를 소집하는 일부터 오후에 조깅을 하다가 잠깐 쉬면서 간식을 먹는 것까지 대통령이 하는 사실상 모든 행동이 뉴스감이다. 매체의 집중적인 관심 때문에 대통령에게 미디어 아젠다를 세팅하는 좋은 기회가 되는 걸까?

대통령의 영향력을 평가하기에 좋은 기회는 대통령이 매년 발표하는 「연두 교서」(미국 대통령이 매년 연초에 의회를 상대로 하는 국정 보고—옮긴이)다. 미국 헌법이 요구하는 이 보고서는 100년이 넘는 시간 동안 의회에

〈표 7.2〉 미디어 아젠다를 양파에 비유한 모습

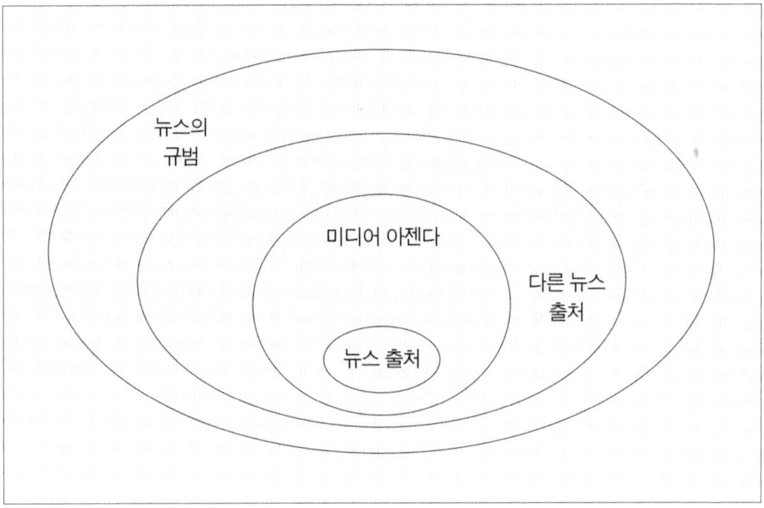

제출된 기록 문서였다. 하지만 20세기 말이 되자 매년 발표되는 「연두 교서」는 커다란 미디어 행사로 자리 잡았다. 이제는 모든 TV 방송국이 전국적으로 생중계하는, 대통령이 저녁에 미국 국회 의사당에서 하원과 상원을 대상으로 발표하는 공개 연설이 되었다.

이 연설의 발표 형식이 마침 이 시기에 달라진 덕택에 대통령의 아젠다 세팅 영향력을 평가하기에 매우 적합하다. 「연두 교서」는 사실상 대통령이 보기에 의회가 다루길 바라는 이슈의 목록이나 마찬가지다. 여러 정치 고문과 정책 고문이 상당한 조언을 바탕으로 수주에 걸쳐 완성되는 단 하나의 메시지에 대통령이 중시하는 이슈가 적힌 목록이 담기는 것이다. 그렇다면 대통령의 아젠다에 반영된 이런 이슈들이 미디어 아젠다에 큰 영향력을 발휘하는가? 그리고 「연두 교서」가 발표되고 며칠이 지난 후에도 뉴스 보도의 양상에 어떤 식으로든 영향을 끼치는가?

이 질문에 관한 초기의 연구는 지미 카터 대통령이 1978년에 발표한 「연두 교서」를 대상으로 삼았다. 그런데 놀랍게도 「연두 교서」가 발표된 다음 달에 카터가 강조한 이슈 8개에 관한 뉴스 보도를 살펴본 결과 의미 있는 영향을 받은 흔적은 찾을 수 없었다.《뉴욕 타임스》나《워싱턴 포스트》뿐만 아니라 전국적인 TV 방송국 세 군데의 보도도 마찬가지였다.[3] 그러나 「연두 교서」가 발표되기 한 달 전에《뉴욕 타임스》와 TV 방송국이 이 이슈 8개에 관해 보도한 내용이 대통령의 아젠다에 영향을 미친 증거가 발견됐다.

똑같은 연구 디자인에 바탕을 둔 다른 연구는 다른 미국 대통령과는 매우 달랐던 리처드 닉슨을 조사 대상으로 삼았다.[4] 이 경우에는 닉슨 대통령의 1970년도 「연두 교서」에 등장한 이슈 15개가 다음 달의《뉴욕 타임스》,《워싱턴 포스트》, 전국 TV 방송국 세 군데 중 두 군데의 뉴스 보도에 영향을 끼친 것으로 드러났다. 하지만, 매체가 대통령에게 영향을 미쳤다는 증거는 나타나지 않았다. 물론 대통령마다 성격의 차이가 어마어마하며, 이런 유형의 역사 분석을 할 때는 그런 점을 반드시 염두에 두어야 한다. 그러나 이런 주요 요소를 고려하더라도 대통령이 재직하는 동안 대통령과 뉴스 매체의 관계에 변화가 나타났다는 증거도 있다. 프랭클린 루스벨트 대통령이 1934년부터 1940년까지 발표했던 첫 「연두 교서」 7개를 분석한 결과, 뉴스 매체와 대통령의 관계에 관해 대단히 엇갈리는 증거가 발견되었다.[5] 레이건 대통령의 1982년도와 1985년도 「연두 교서」를 분석했을 때도 엇갈리는 증거가 비슷하게 나타났다.[6] 때로는 대통령이 뉴스 매체의 관심을 특정한 이슈로 향하게 하고 미디어 아젠다와 공공 아젠다를 설정할 수 있었다. 하지만 반대로 대통령이 매체와

대중의 의견을 따른 적도 있었다.[7]

「연두 교서」를 이렇게 조사하면 누가 미디어 아젠다를 설정하는지에 관한 질문에 대한 답보다 훨씬 많은 정보를 얻을 수 있다.[8] 이런 분석은 정책 아젠다 세팅의 한 가지 측면, 즉 정부가 어떤 사회적인 이슈에 초점을 맞출 것인지 결정하는 과정도 잘 보여준다. 하지만 뉴스 매체의 여론 형성 역할과 달리 공공 정책 형성 역할을 다룬 경험적인 연구는 매우 적다.[9]

이런 상황이 일어나는 주된 이유는 뉴스 매체의 역할이 어떤 이슈에 관해서든 공공 정책 과정이 발전하는 데 필요한 긴 시간 동안 일관성이 없는 경우가 대부분이기 때문일 것이다. 미디어 아젠다는 숙고라는 사회적 가치보다는 당장 벌어지는 사건과 상황의 뉴스거리로서의 가치에 의해 형성될 때가 훨씬 많다. 물론 이것은 최근에 떠오르는 공공 저널리즘의 철학과 관습의 도전을 받는 현대 뉴스 매체의 가치 중 하나다.[10]

그러나 매체가 이따금 전국적, 지역적인 단계에서 정책 아젠다에 상당한 영향을 미친다는 증거가 있다. 그런 사례 몇 가지를 살펴보자. 첫 번째 사례는《미국 의학 협회 저널(Journal of the American Medical Association)》에 실린 아동 학대에 관한 중대한 기사다. 이 기사는 매체의 상당한 관심을 끌었고 미국 의회와 여러 주 의회의 행동을 촉발했다.[11]《샌안토니오 라이트(San Antonio Light)》의 사설 페이지에 실린 새해의 지역사회 아젠다(이를 뒷받침하는 뉴스 보도가 1년 내내 이어짐)는 아동을 위한 프로그램에 적용할 경우 시 정부의 지출을 크게 늘렸다.[12] 또한, 시카고 TV 방송국이 방송했던 두 추적 보도 시리즈는 시카고 경찰서와 소방서의 정책 변화를 끌어냈다.[13]

하지만 많은 경우 뉴스 보도와 공공 정책의 발전 사이의 관계는 대단히 간접적이다. 이런 양상은 에이즈[14], 지구 온난화[15], 마약[16] 등의 다양한 이슈와 관련하여 세심하고 상세한 기록으로 남아 있다. 뉴스 매체의 간헐적이고 간접적인 역할 때문에 매스컴과 여론에 관한 연구는 민주주의를 구성하는 세 요소 중 마지막인 정부 정책을 자주 다루지 않는다.

미디어 아젠다 보조하기

전 세계적으로 기자의 수가 아무리 많더라도 매일 벌어지는 상황과 사건의 극히 일부만 알 수 있다. 기자들이 여러 장소에서 일어나는 여러 종류의 사건을 일상적으로 제외하기로 하지만 매일 주요 이슈만 선별하더라도 모든 측면을 다루기에는 기자의 수가 부족하다. 예를 들면, 우리가 정부와 기업의 운영 방식에 관해 아는 것(국제적인 단계부터 지역적인 단계에 이르기까지)의 대부분은 중요한 뉴스 출처를 대표하는 공보관과 다른 홍보 관계자들에게서 비롯된다. 이런 의사소통 전문가들은 뉴스 기사와 똑같은 스타일로 준비된 대 언론 공식 발표의 형태로 언론사가 뉴스를 담당할 수 있도록 보조한다.[17]

《뉴욕 타임스》와 《워싱턴 포스트》를 20년에 걸쳐 조사한 결과, 신문 기사의 거의 절반이 대언론 공식 발표와 기타 직접적인 정보 보조에 바탕을 두었다는 사실이 드러났다.[18] 이런 신문에 나타나는 뉴스 기사의 17.5%가 적어도 부분적으로는 대언론 공식 발표에 바탕을 두었고, 32%는 기자 회견과 배경 설명에 기초한 것이었다. 《뉴욕 타임스》와 《워싱턴 포스트》는 직원도 많고 자원도 어마어마한 유력 신문사다. 그런데 이들이 홍보원에 크게 의지한다는 점은 모든 미디어 아젠다를 매일 형성하는 데 정보 보조가 핵심적인 역할을 담당한다는 사실을 역설한다.

홍보가 뉴스 아젠다를 형성하는 데 하는 핵심적인 역할은 2006년에 영국의 주요 신문 다섯 개와 TV 방송국 네 군데를 포괄적으로 조사한 연구에서도 잘 드러난다. 신문 기사의 19%와 TV 보도의 17%가 "홍보 자료나 홍보 활동으로부터 '주로' 또는 '모두' 파생된 것으로 확인되었다."[19] 홍보 자료에 다른 정보를 더한 기사들까지 추가하면 비율이 더 높아졌다. 신문 기사는 30%로, TV 보도는 31%로 올라갔다. 홍보의 이런 강력한 아젠다 세팅 역할은 여러 면에서 봤을 때 기자들이 "경제적, 제도적, 조직적인 제약 아래 너무 많은 기사를 선별하고 처리해야 하는 상황이 낳은" 불가피한 결과다.[20]

루이지애나 주의 주요 일간지들이 주 정부 기관 6개를 다룬 뉴스 보도도 살펴보니 그 기관의 공보관들이 제공한 정보에 상당 부분 의지했다는 사실이 드러났다.[21] 보조된 정보(주로 뉴스 보도용 공식 발표 자료였지만 개인적인 대화도 가끔 있었음)의 절반 이상이 뉴스 보도에 반영되었다. 아젠다에 오른 주제는 주 재정과 전반적인 경제부터 의식 행사와 기념행사까지 다양했다. 구체적으로 살펴보면, 8주 동안 공보관으로부터 파생된 아젠다와 그 정보를 이용한 뉴스 기사의 아젠다 사이의 상관관계는 +0.84로 나타났다. 같은 기간에 정부 기관에서 파생된 아젠다와 그 정부 기관을 다룬 모든 기사의 상관관계는 +0.57을 기록했다. 학자들이 홍보가 이렇게 대성공을 거둘 수 있었던 이유를 조사한 결과, 저널리즘의 규범과 전통이 양파의 가장 속에 있는 껍질로서 미디어 아젠다를 형성하는 기본 규칙을 정하는 중심적인 역할을 하기 때문임이 밝혀졌다. 뉴스로서의 가치가 있는지 없는지가 가장 중요한 고려 대상인 경우가 82%나 되었다.

에이즈나 소아마비와 같은 공중 보건 문제를 다룬 보도에도 과학자와 다른 전문가들이 제공한 보조 정보가 반영된다.[22] 1980년대에 에이즈를 다룬 보도가 꾸준히 늘어난 것은 과학계의 아젠다가 반영된 것이다. 하지만 1980년대 후반에도 관련 보도가 줄어들지 않을 수 있었던 것은 에이즈 이야기를 들려주는 데 새로운 프레임이 적용되었기 때문이다. 이런 새 프레임의 등장에 부수적으로 따라온 것은 생물의학계와 뉴스 매체의 아젠다 세팅 역할의 변화였다. 대통령, 뉴스 매체, 대중 사이의 상호작용과 마찬가지로 거의 모든 이슈의 자연사에서 시간에 따른 역학을 고려해야 한다.

전 세계적으로 20개국에서 진행된 주요 공공사업 프로젝트를 평가하고 매체를 이용하여 이런 지출에 관한 여론에 영향을 미치려는 사회과학자들의 포괄적이고 근본적인 역할은 벤트 플리비베르크(Bent Flyvjberg), 토드 랜드먼(Todd Landman), 샌퍼드 슈램(Sanford Schram)의 『진짜 사회과학: 응용 프로네시스(Real Social Science: Applied Phronesis)』에 상세하게 나와 있다. 아리스토텔레스의 윤리학에서 비롯된 프로네시스는 '실천적인 지혜'와 '정치적인 능력'을 말한다.[23]

공공 부문, 비영리 부문, 민간 부문의 홍보 관계자들이 주기적으로 제공하는 보조 정보가 없다면 미디어 아젠다는 범위와 콘텐츠 면에서 매우 다른 모습일 것이다. 생각해보면 아젠다 세팅은 홍보가 무엇인지에 관한 큰 부분을 차지한다.[24] 게다가, 홍보가 미디어 아젠다에 미치는 영향이 기자들의 일상적인 일을 돕기 위한 단순한 정보 보조보다 훨씬 클 때도 있다. 국제적으로 대단히 부정적인 이미지가 있는 외국 정부들을 대신하여 전문적인 홍보 관계자들이 개입한 결과, 두 가지 측면에서 성과를 이룩했다. 우선, 매체가 이 정부에 스포트라이트를 더 가끔 비추면서《뉴욕 타임스》에 보도되는 기사의 개수가 줄어들었다. 그리고 관련된 뉴스 보도의 톤이 더 긍정적으로 변했다.[25]

미디어 아젠다 점령하기

모든 선거 운동의 최종 목표는 선거일에 승리하는 것이다. 하지만 선거 운동이 미디어 아젠다를 포착하는 것을 1차 목표로 삼는 경우가 점점 많아지고 있다.[26] 선거 운동의 이런 관점에는 아젠다 세팅이 내포되어 있다. 미디어 아젠다를 통제하면 공중 아젠다에 상당한 영향력을 행사할 수 있기 때문이다. 물론 의사소통 아젠다의 일부는 선거 운동의 즉각적이고 직접적인 통제 아래 있다. 정치인들은 대중매체를 이용하여 정치 광고를 하는 데 돈을 어마어마하게 들인다. TV 광고를 의뢰하는 국가가 많지만, 소셜미디어 채널에 광고를 의뢰하는 일도 늘어나고 있다. 이런 메시지는 선거 운동을 하는 정치인들이 원했던 아젠다를 그대로 반영한다. 하지만 이런 메시지가 자기 잇속을 차리는 티가 덜 나서 대중에게 신뢰를 더 주기 때문에 뉴스 매체의 아젠다에 영향을 미치려고 하는 경우도 많다.[27]

1983년의 영국 총선과 1984년의 미국 대선을 비교·분석한 결과,

두 국가의 정당들이 뉴스 아젠다에 미치는 영향 간에 차이가 크다는 사실이 드러났다.[28] 1983년에 열린 영국 총선에서는 정당들이 자신들이 중시하는 이슈에 뉴스 매체가 관심을 집중하게 하는 데 성공했다. 학자들은 보수당, 노동당, 연합당이 강조한 핵심적인 정책 5개와 BBC와 ITV, 그리고 신문(보통 신문과 타블로이드) 5개가 이 이슈들에 관해 보도한 내용을 포괄적으로 비교했다. 그랬더니 상관관계 중앙값이 +0.70인 것으로 밝혀졌다. 비교한 스물한 쌍(정당 3개를 뉴스 매체 7개와 비교)을 살펴봤더니 상관관계의 범위가 +0.30부터 완벽한 +1.0까지 나타났다. 그중 여섯 쌍은 상관관계 중앙값인 +0.70을 반영했으며, 상관관계 21개 중 5개만이 +0.70 밑으로 떨어졌다. 정당들은 신문과 TV를 이용하여 비슷한 성공을 맛보았다.

하지만 1984년에 진행된 미국 대선 운동은 뉴스 매체를 이용하는 데 영국만큼 성공적이지 못했다. 민주당과 공화당이 강조한 핵심적인 정책 여섯 개와 전국적인 TV 방송국 세 군데의 뉴스 보도를 비교한 결과, +0.31을 초과하는 상관관계를 찾아내지 못했다. 그리고 비교한 여섯 쌍 중 세 쌍의 경우 상관관계가 0이거나 마이너스였다. 한편, 신문과의 사정도 마찬가지였다는 증거도 있다.

양국의 선거 운동이 미디어 아젠다를 설정하려고 노력한 결과에 차이가 이렇게 큰 이유는 대체로 문화적인 차이에서 비롯된 양국의 기자들이 선거를 대하는 자세 때문이다. 다시 말해, 우리의 이론적인 양파의 가장 속에 있는 껍질, 즉 사회적 규범과 저널리즘의 전통이 영국과 미국에서 상당히 다르다. 미국 선거를 다루는 뉴스 보도의 패턴은 자사가 선별한 뉴스의 가치를 다른 모든 가능한 기사의 뉴스 가치와 비교하여 매일 엄격하게 따지는 규범적인 계산에서 비롯된다. 반대로, 영국 기자들은 선거 운동 보도를 단순히 뉴스로서의 가치를 따지는 것으로만 결정할 수 없는 근본적으로 의미 있고 중요한 활동으로 간주한다.

두 국가에서 선거가 보도되는 방식의 이런 차이는 아젠다 세팅과 관련하여 다음과 같이 분명하게 묘사할 수 있다.

> 영국에서는 TV 뉴스 관계자 대부분이 선거 운동을 돕는 일을 '아젠다 세팅'과 연관 짓기 주저한다. 그들의 눈에는 아젠다 세팅이라는 말이 '능동적인'개입을 뜻하기 때문이다. 그들이 마치 (중략) 정당들과 대조적으로 개인적으로 중요하게 여기는 이슈를 제시한다고 비난받는 기분이 드는 것이다. 미국의 NBC 기자들 대부분은 자신의 역할에 대해 망설임이 덜했다. 그들은 BBC 기자들보다 자신이 아젠다 세팅 과정에서 더 능동적인 역할을 한다는 사실을 받아들일 준비가 되어 있었다.[29]

2000년에 열린 미국 대선의 예비 선거에서도《뉴욕 타임스》의 편집자가 이와 유사한 미국적인 시각을 반영했다. 언론이 조지 부시 대통령에게 그가 젊은 시절에 약물을 남용한 것에 관해 꾸준히 질문을 던졌지만, 부시는 대답을 거부했다. 그러자 주필(主筆) 조지프 렐리벨드(Joseph Lelyveld)는 "정치인과 언론 중에서 누가 아젠다를 설정하느냐 하는 문제가 여기 있다"라고 논평했다.[30] 이것은 우리가 여기서 상당히 자세하게 살펴볼 핵심 질문이다.

전반적인 증거를 살펴보면 기나긴 대선 기간에 대체로 미국의 뉴스 매체가 강력한 아젠다 세팅 역할을 한다는 것을 알 수 있다. 하지만 정치인들이 처음부터 우세할 때도 있다. 우리가 제3장에서 속성과 프레임에 관한 논의에서 살펴봤듯이 후보자들이 1996년에 공화당의 대선 출마 후보자들에 관한 《뉴욕 타임스》, 《워싱턴 포스트》, 《로스앤젤레스 타임스》의 뉴스 보도에 영향을 끼쳤다. 기간은 12월 26일(《더 타임스》가 후보자들의 상세한 프로필에 관한 시리즈를 시작한 날)부터 2월 20일(뉴햄프셔 주의 예비 선거가 열린 날이자 미국 대선이 열리는 기나긴 해의 첫 번째 예비 선거일)까지였다.[31] 학자들은 공화당의 공천을 두고 경쟁하는 대표 후보자(라마 알렉산더(Lamar Alexander), 팻 뷰캐넌(Pat Buchanan), 로버트 돌, 스티브 포브스(Steve Forbes)) 네 명에 관한 매체의 묘사와 이 후보자들의 웹사이트에 올라온 대언론 공식 발표를 비교해보았다. 그랬더니 미디어의 속성 아젠다와 각 후보자의 자기소개 간의 일관성이 놀랍도록 높다는 사실이 드러났다. 미디어의 속성 아젠다와의 상관관계가 알렉산더는 +0.74, 뷰캐넌은 +0.75, 포브스는 +0.78, 돌은 +0.62로 나타났다. 돌과의 상관관계가 약간 낮은 이유는 그가 아마도 선두주자였기 때문일 것이다.

그러나 초점의 범위를 좁혀서 뉴햄프셔 주의 예비 선거 기간에 방송된 TV 뉴스 보도를 살펴보니, TV 뉴스 보도와 후보자들이 예비 선거 기간에 발표한 연설의 주제 간의 상관관계가 보통 정도(+0.40)밖에 되지 않았다.[32] 후보자들의 연설 대부분이 공공 이슈를 다루었지만, TV 뉴스 보도 중에서 공공 이슈를 언급한 경우는 3분의 1도 채 되지 않았다. 미국 기자들이 오랫동안 경마를 매우 좋아한 사실과 공공 이슈에는 관심이 덜하다는 사실이 자명했다.

경마가 미디어 아젠다의 1등 이슈라는 것을 1996년에 대통령 선거 운동을 다룬 뉴스 보도를 분석한 연구에서도 알아볼 수 있다. 연구 대상은 주요 TV 방송국 네 군데와《뉴욕 타임스》,《워싱턴 포스트》,《로스앤젤레스 타임스》였다.[33] 분석 결과, 신문과 TV 모두 경마에 관한 보도가 미디어 아젠다의 절반가량을 차지했다. 선거 운동에 관한 논의는 제쳐두고 공공 이슈에만 초점을 맞추더라도 이 뉴스 보도에 관한 분석은 후보자들의 이슈 아젠다가 가을의 선거 운동 기간에 미디어 아젠다에 매우 적은 영향력을 행사했다는 사실을 알 수 있다.

하지만 선거가 열리는 해의 초에 후보자들의 영향력이 강해졌다는 증거가 포착되었다. 2000년에 열린 대선 예비 선거에서는 후보자의 이슈 아젠다가 TV 방송국의 뉴스 보도에 영향을 끼쳤다.[34] 네 후보자의 아젠다와 주요 TV 방송국 세 군데를 비교한 12쌍 중 10쌍이 의미 있는 상관관계를 나타냈다. 상관관계의 중앙값은 +0.64에서 +0.68 사이였다. 대선 레이스의 첫 몇 달 동안의 패턴을 조사하려고 교차 지연 상관관계를 이용하여 더 깊이 분석해보니, 후보자들이 미디어 아젠다에 영향을 미친 경우가 그 반대의 경우보다 두 배 정도 더 많았다.

아젠다 세팅의 두 번째 단계에서는 영향력을 입증하는 증거가 전반적으로 더 적다. 하지만 이 단계에서도 학자들이 찾아낸 의미 있는 상관관계의 정도가 기본적인 아젠다 세팅에서 발견한 증거와 견줄만하다. 후보자들과 TV 뉴스가 강조한 다양한 수용자 하위 집단(어르신, 소수자, 여성 등)을 비교한 12쌍 중 6쌍만이 의미 있는 상관관계를 보였다. 그 여섯 쌍의 상관관계 중앙값은 +0.77과 +0.85 사이였으며, 여섯 쌍 모두 공화당원인 부시와 매케인(McCain)과 관련되었고, 민주당원인 고어와 브래들리(Bradley)와 관련된 것은 없었다. 선거 운동에서 강조한 화제(여론 조사, 공개적인 지지, 토론 등)에 대해서는 12쌍 중 3쌍만이 의미 있는 상관관계를 나타냈다. 세 쌍 모두 공화당원 도전자인 매케인과 관련이 있었는데, 뉴스 매체는 대체로 매케인과 부시를 다윗과 골리앗이라고 묘사했다. 이 세 쌍의 상관관계 중앙값은 +0.69로 나타났다.

국민 투표에는 매우 다른 유형의 선거 운동 조직들이 개입된다. 스위스에서 2006년에 정치적 망명에 관한 법을 더 엄격하게 하는 방안을 국민 투표에 부쳤을 때 개입된 조직이 무려 47개에 이르렀다.[35] 학자들은 새로 제안된 법과 관련하여 핵심적인 주장 7개에 대해 다양한 조직에서 내세우는 찬성 아젠다와 반대 아젠다를 TV와 신문의 뉴스 보도와 비교해보았다. 그랬더니 새 법을 지지하는 조직들이 반대하는 조직들과 달리 자신의 주장이 많이 보도되게 하는 데 크게 성공했다는 사실이 드러났다. 석 달 동안 그 법을 찬성하는 주장과 뉴스 보도의 상관관계 중앙값은 +0.78이었다. 결과적으로 이런 보도가 아젠다 세팅 효과도 강했는데, 매체에 크게 의지하는 사람들에게만 그 효과가 나타났다. 그러나 조사를 진행한 석 달 동안 이런 효과는 선거일로부터 몇 주 전에만 나타났으면, 그 무렵에는 미디어 아젠다와 매체를 많이 이용하는 사람들의 아젠다 간의 상관관계가 +0.92나 되었다.

이제 아젠다 세팅의 이론적인 새 영역으로 옮겨가 보자. 학자들은 오바마와 롬니(Romney)의 선거 운동이 제시한 보조 정보(대언론 공식 발표, 정당의 공약, 블로그와 후보자들이 이용한 다른 소셜미디어)를 분석했다. 2012년에 열린 미국 대선 기간의 중간 몇 달 동안 신문과 TV 보도에 나타난 아젠다 세팅 효과의 첫 번째, 두 번째, 세 번째 단계를 조사한 것이다.[36] 그 결과, 이전의 연구와 마찬가지로 이슈의 중요도와 이해 당사자 집단의 중요도에 대해 선거 운동의 아젠다와 미디어 아젠다 간에 강한 상관관계가 나타났다. 특히 신문의 아젠다와의 상관관계가 강한 것으로 드러났다. 이해 당사자 집단은 후보자와 선거 참모부터 시민운동 단체와 사회 기관까지 범위가 넓었다. 이슈의 속성 아젠다와 후보자의 속성 아젠다에 대해서도 비슷한 패턴이 나타났다.

새로운 영역을 탐구하며 아젠다 세팅의 세 번째 단계에서 선거 운동과 미디어의 이슈 네트워크와 이슈의 속성 네트워크 사이에 낮은 상관관계가 포착되었다. 그러나 아젠다 세팅의 세 번째 단계에서 이해 당사자의 네트워크에 대해 대언론 공식 발표, 블로그, 정당의 공약이 신문의 보도(중앙값이 +0.66)와 TV의 보도(중앙값이 +0.77)와 높은 상관관계를 나타냈다. 선거 운동에서 이용된 소셜미디어 4개(페이스북, 유튜브, 구글+, 트위터)의 경우에는 이해 당사자 네트워크와의 상관관계가 신문의 보도는 +0.51이었고, TV는 +0.88로 나타났다.

1970년부터 2008년까지 치러진 오스트리아의 총선 네 번을 분석한 결과, 주요 정당들의 대언론 공식 발표에 담긴 중요 이슈들이 유력 신문의 뉴스 보도에 반영된 사실이 밝혀졌다.[37] 학자들은 정당과 신문의 이슈의 속성 아젠다를 확장하여 그런 아젠다가 정치적인 숙의에 이바지한 정도를 조사하였다. 대언론 공식 발표와 뉴스 기사에 담긴 정보의 질의 네 측면을 평가한 것이다. 그 네 가지는 바로 특정한 이슈에 관한 견해의 이유, 제시하는 해결책, 정중함, 이슈에 관한 견해에 대한 가치 있는 비판이었다. 신문은 정당의 대언론 공식 발표보다 이런 정보의 질이 훨씬 덜 드러났다. 학자들은 기자들이 하는 역할을 뉴스 전파자 대 분석자로 나눠서 비교하기도 했다. 그랬더니 분석 기사보다 사실만 전달하는 기사에서 정보의 질이 더 높다는 사실이 밝혀졌다.

정보의 질에 관한 이 분석은 핵심적인 규범적 질문, 즉 시민들에게 유용한 아젠다를 제시하는 뉴스 매체의 역할에 관한 질문의 한 측면을 다룬다.[38] 그렇다면 민주주의 사회에서 시민들이 사회 문제에 관한 결정을 내릴 때 이용하기에 화제와 속성으로 구성된 이런 아젠다들이 얼마나 유용한가?

세 개의 선거 아젠다

저널리즘의 규범이 미디어의 이슈 아젠다를 형성하고 결국에는 공중 아젠다도 형성하는 데 강한 영향력을 행사한다는 증거가 상당히 많다. 이번에는 1992년과 2000년의 미국 대통령 선거 운동을 전국적으로, 그리고 포괄적으로 분석한 결과를 살펴보자.[39] 언뜻 보기에는 1992년에 후보자들의 공약이 미디어 아젠다(+0.76)와 공중 아젠다(+0.78)와 강한 상관관계를 나타낸 것이 미디어의 아젠다 세팅 역할을 약화시키는 증거라고 생각할지도 모른다. 어쩌면 미디어와 대중의 강한 상관관계(+0.94)가 과장되었다는 생각마저 들지 모른다. 하지만 그것은 사실이 아니다. 세 요소를 동시에 고려할 때 미디어와 대중의 상관관계는 여전히 강하지만, 후보자들의 공약과 공중 아젠다의 상관관계는 크게 낮아진다. 이런 현상은 다양한 방법으로 살펴볼 수 있다.

미디어 아젠다와 공중 아젠다의 상관관계(+0.94)에 관한 분석에서 후보자들의 공약이 미디어와 공중 아젠다에 끼치는 직접적인 영향을 고려하더라도 결과는 놀랍게도 +0.85로 여전히 높은 상관관계가 나타났다. 한편, 미디어 아젠다를 후보자들과 대중 사이에 개입하는 핵심적인 요인(후보자들과 대중 사이를 잇는 주요 다리)으로 보면 그 결과로 나타나는 부분적인 상관관계는 학자들이 예상했던 것처럼 크게 약해졌다. 후보자들의 공약과 공중 아젠다의 본래 상관관계인 +0.78이 매체의 영향력을 제거하면 +0.33으로 떨어졌다. 물론 미디어 아젠다가 없는 이야기를 지어내서 구성하는 것은 결코 아니다. +0.76이라는 상관관계가 입증하듯이 미디어의 여러 정보원이 상당한 양의 인풋을 제공한다. 하지만 대통령 선거 운동이 내뿜는 빛이 대중에게 닿기 전에 저널리즘의 규범이라는 프리즘 때문에 굴절된다.

뉴스 매체가 이슈 아젠다(선거 운동과는 상당히 관계없이)에 행사하는 이 막강한 아젠다 세팅 영향력은 2000년 가을에 대통령 선거 운동 기간에도 똑같이 나타났다.[40] 처음에는 상관관계의 기본적인 패턴이 거의 동일하게 나타났다. 후보자들의 아젠다가 미디어 아젠다(+0.79)와 공중 아젠다(+0.76)와 의미 있는 상관관계를 보였다. 또한, 매체와 대중의 강한 상관관계(+0.92)도 똑같이 나타났다.

1992년에 발견한 패턴처럼 매체와 대중의 이런 관계에 관한 분석에서 후보자들이 매체와 대중에 행사한 영향력을 고려하더라도 상관관계가 +0.79로 여전히 탄탄하게 나타났다. 한편, 미디어 아젠다가 후보자들과 대중 사이에 개입하는 요소로 여겨질 때는 +0.76이었던 본래의 상관관계가 +0.15로 급격하게 낮아졌다. 두 주요 후보자인 조지 부시와 앨버트 고어의 아젠다를 대상으로 이런 분석을 각각 진행하자 똑같은 패턴이 나타났다. 이 모든 증거는 뉴스 매체가 대중이 공공 이슈에 관심을 집중하게 하는 데 큰 역할을 한다는 것을 증명한다.

2000년에 진행된 대통령 선거 운동을 분석한 학자들은 후보자들과 뉴스 매체가 '사회 복지'라는 이슈에 관한 대중의 인식을 정의하는 데 수행한 속성 아젠다 세팅 역할도 연구했다. 사회 복지는 그 당시에 공중 아젠다에서 1위를 차지한 이슈였다. 연구 결과, 2000년 가을에 진행된 선거 운동 기간에 이 이슈에 영향력을 가장 많이 행사한 것은 바로 선거 운동이었다. 사회 복지에 관한 이슈의 속성 8개에 대한 선거 운동의 아젠다와 뉴스 아젠다의 상관관계는 제법 높은 +0.76이었다. 대중과의 상관관계는 그것보다 더 높은 +0.86을 기록했다. 1992년과 2000년에 이슈 전반에 대해 아젠다 세팅의 첫 번째 단계에서 발견한 패턴과 달리, 아젠다 세팅의 두 번째 단계에서는 미디어 아젠다가 방해 요인으로 분석에 포함되더라도 선거 운동의 아젠다와 대중의 상관관계가 조금 낮아질(+0.78) 뿐이었다. 그뿐만 아니라, 이 속성 아젠다에 대한 미디어와 대중의 관계(+0.60)는 후보자의 아젠다가 분석에 포함되면 사라지고 만다.

지역 선거에서의 미디어 아젠다

2006년에 치러진 미국의 주 선거 9개에서 경쟁하는 후보자들의 대언론 공식 발표를 분석한 결과, 후보자들의 이슈 아젠다와 그 주에서 널리 읽히는 신문들의 이슈 아젠다 사이의 상관관계 중앙값이 +0.48이었다. 아젠다 세팅의 두 번째 단계에서는 후보자들의 이슈 속성 아젠다와 신문의 상관관계 중앙값이 +0.58이었다.[41]

2002년에 열린 플로리다주의 주지사 선거에 관한 연구도 있었다.

대언론 공식 발표에 담긴 공화당과 민주당 후보자들의 이슈 아젠다를 주 전역에서 읽히는 주요 신문 6개의 이슈 아젠다와 비교한 결과, 상관관계 중앙값이 +0.78로 나타났다.[42] 같은 신문의 이슈 아젠다와 공중 아젠다의 상관관계 중앙값은 +0.74였다. 후보자들의 대언론 공식 발표에 담긴 속성 아젠다와 신문에 실린 그들의 이미지 사이에도 상당한 관련성이 있었다. 상관관계 중앙값이 후보자들의 인지적 속성에 대해서는 +0.79였고, 부정적인 속성에 대해서는 +0.81이었으며, 긍정적인 속성에 대해서는 +0.60으로 나타났다.

이번에는 1990년에 열린 텍사스 주의 주지사 선거에 관해서 살펴보자. 공화당과 민주당 후보자들은 텍사스 주의 수도인 오스틴에서 유료 TV 광고를 방송했다. 학자들은 그 광고에 담긴 후보자들의 이슈 아젠다를 합친 것과 오스틴의 신문과 지역 TV 방송국 세 군데가 해당 이슈들을 다룬 보도를 비교했다.[43] 이 선거 아젠다는 지역 신문(+0.64)과 지역 TV 방송국(+0.52)에 상당한 영향력을 행사했다. 다른 요소들을 고려하더라도 영향의 패턴은 달라지지 않았다.

그러나 4년 후에 열린 텍사스 주의 주지사 선거(조지 W. 부시의 정치 데뷔 무대가 된 선거)의 경우 영향의 패턴이 사실상 반대로 나타났다. 1994년 가을의 선거 운동 기간에 부시와 재임 중이었던 주지사 앤 리처즈(Ann Richards)의 대언론 공식 발표를 텍사스 주의 세 주요 신문의 보도와 비교한 결과, 신문이 후보자들의 이슈 아젠다에 상당한 영향을 끼친 것(+0.70)으로 드러났다. 신문은 이슈, 개인적인 이미지, 선거 운동 자체의 측면에 관한 대언론 공식 발표의 전체적인 초점(+1.0), 그리고 대언론 공식 발표의 전체적으로 긍정적이거나 부정적인 톤에도 영향을 미쳤다(+0.80).[44]

아젠다 세팅의 두 번째 단계에서는 1995년도에 열린 스페인의 나바라 주 지역 선거에서 정치 광고가 TV 뉴스에 등장하는 후보자들의 묘사에 영향을 끼쳤다(+0.99)는 증거가 있다. 하지만 신문의 경우에는 그 영향이 미미했다(+0.32).[45] 광고의 영향을 가장 많이 받은 것은 후보자의 자격에 관한 묘사였다. TV의 경우 후보자들의 자격에 할애된 시간이 선거 운동의 초기와 비교했을 때 후기에 여덟 배 이상 증가했다. 그러나 신문의 경우에는 이 속성이 선거 운동이 진행되는 동안 2배로 증가한 것이 전부였다.

지역적인 이슈의 속성

미국 정치의 지역적인 단계에서는 정치 광고의 속성 아젠다 세팅의 효과가 텍사스 주 빅토리아에서 열린 두 선거에서 발견되었다.[46] 1995년에 치러진 빅토리아의 지역 판매세에 관한 국민 투표에서는 등록 유권자들을 상대로 여론 조사를 두 차례 실시한 결과, 두 가지 양상이 뚜렷하게 나타났다. 첫 번째 여론 조사는 국민 투표가 시행되기 한 달 전에, 그리고 두 번째 여론 조사는 투표가 시작되기 약 일주일 전에 실시되었다. 선거 운동 기간에 유권자들의 학습량이 많이 증가했으며, 제안된 판매세가 빅토리아에 끼치는 영향에 관한 유권자들의 머릿속에 있는 그림을 그리는 데 정치 광고가 특히 큰 역할을 했다.

첫 번째 여론 조사와 비교하면 두 번째 여론 조사를 시행했을 때 유권자들의 머릿속에 있는 그림과 판매세에 관한 지역 신문의 보도 사이에 상관관계가 +0.40에서 +0.65로 증가했다. 정치 광고의 경우 상관관계가 +0.80에서 +0.95로 증가했다. 텍사스 주 유권자들과 하나의 정보원(예: 신문)과의 상관관계를 따질 때 다른 정보원(예: 광고)이라는 변수를 통제하면 신문과 대중의 상관관계가 완전히 사라져버렸다. 하지만 정치 광고의 경우 이런 통제에서 비롯된 상관관계가 +0.87(첫 번째 여론 조사에서 얻은 본래의 상관관계인 +0.80과 비교했을 때)와 +0.94(두 번째 여론 조사에서 얻은 본래의 상관관계인 +0.95와 비교했을 때)였다. 따라서 정치 광고가 유권자들이 이 지역의 경제 이슈에 관해 학습할 때 가장 많이 이용하는 정보원인 것으로 밝혀졌다.

그해에 열린 빅토리아 시장 선거에서는 유권자들이 생각하는 두 후보자의 이미지와 지역 신문의 보도에 실린 속성 아젠다가(각 후보자에 대해서는 +0.60) 높은 상관관계를 나타냈다. 하지만 각 후보자의 정치 광고(+0.73과 +0.85)와는 상관관계가 더 높은 것으로 드러났다. 추가적인 분석을 진행한 결과, 정치 광고가 이 지역 선거에서 아젠다 세팅 영향력이 압도적으로 강한 것으로 드러났다. 후보자들이 미디어 아젠다와 공중 아젠다에 영향력을 행사한 점을 고려하면 신문과 대중의 상관관계가 한 후보자에 대해서는 +0.60에서 +0.46으로 감소했으며, 다른 후보자에 대해서는 상관관계가 사실상 존재하지 않았다. 그러나 정치 광고의 아젠다와 대중 사이의 관계에서 미디어 아젠다를 통제하면 미디어가 선거운동과 대중 사이에서 핵심적인 다리 역할을 한다는 증거가 전혀 나타나지 않았다. 후보자들의 아젠다와 공중 아젠다 사이의 강한 상관관계에는 변함이 없었다.

선거의 세 요소

선거 운동의 핵심적인 세 요소(후보자와 정당, 뉴스 매체, 대중)에 바탕을 둔 증거를 살펴보면 뉴스 매체의 아젠다 세팅 역할을 제대로 평가하는 데 필요한 복잡한 연구가 필요하다는 사실을 알 수 있다. 이런 복잡한 특성으로 매체의 아젠다 세팅 효과에 관한 증거가 단편적이라는 초기의 비판을 반박할 수 있다. 한 번에 두 요소만 조사한 연구가 너무 많았기 때문에 그런 비판이 있었다. 아젠다 세팅 연구의 초창기에는 매체와 대중을 연구한 학자가 많았고, 그 후에 1980년대부터는 뉴스 출처와 매체를 연구한 학자가 많았다. 이 증거는 특히 미디어와 선거 운동 중에서 누가 아젠다를 진정으로 설정하는가 하는 기본적인 질문에 대한 답도 탐구한다. 만일 선거 운동이 미디어 아젠다와 공중 아젠다를 둘 다 점령한다면 미디어는 기껏해야 공중 아젠다의 근본적인 토대일 뿐이다. 영국에서는 정당들이 뉴스 아젠다를 점령하는 데 상당한 성공을 누렸다. 하지만 미국에서는 상황이 달랐다. 저널리즘의 규범이 다르다 보니 대통령 선거 운동 기간에 미디어 아젠다가 정당들이 제시한 아젠다와 아주 약한 상관관계를 보였을 뿐이다. 가장 중요한 것은 미국의 증거가 세 요소를 모두 포함할 때 후보자들의 아젠다가 아니라 미디어 아젠다가 공중 아젠다에 영향력을 가장 많이 행사했다는 점이다.

그러니까 미국에서 선거가 있는 해에는 전반적으로 미디어가 아젠다 세팅 역할을 한다. 그러나 미국에서 대선이 있는 해의 초반이나 미국과 스페인의 지역적인 단계에서는 미디어가 아젠다 세팅 역할을 할 때도 있고, 정치인들이 그 역할을 할 때도 있다. 이런 상황에서 선거 운동이 미디어 아젠다를 점령하는 데 성공하는 일이 더 많다.

더 큰 그림

선거는 뉴스 출처가 미디어에 끼치는 영향, 그리고 그렇게 영향을 받은 미디어가 대중에게 끼치는 영향을 조사하기에 특별히 적합한 환경이다. 그러나 역사라는 더 큰 그림을 살펴보면 선거는 그날의 이슈에 대해 여론이 계속해서 오르내리는 흐름에 영향을 끼치는 작은 신호일 뿐이다. 1985년부터 1995년까지 이슈 세 가지에 대한 캐나다 여론을 상세하게 분석한 결과, 이슈의 중요도가 다양한 뉴스 출처에서 뉴스 매체로, 그리고 거기서 다시 대중에게로 옮겨가는 흐름을 더 넓은 시각으로 살펴볼 수 있었다.[47] 분석에 쓰인 이슈 세 가지는 인플레이션, 환경, 국가 부채와 재정 적자였다. 이런 이슈를 이용하여 앞의 여러 장에서 살펴본 아젠다 세팅 이론의 다양한 측면을 이번에는 아젠다 세팅 과정의 실제 규모를 반영한 모델이라는 맥락에서 연구할 수 있었다.

우선, 매체의 영향과 제4장에서 논의한 두드러지는 이슈와 두드러지지 않는 이슈의 관점에서 보면 이런 이슈의 연속체에 뚜렷한 패턴이 있다. '인플레이션'이라는 두드러지는 이슈에 관한 기존의 증거와 마찬가지로, 매체가 여론에 아젠다 세팅 영향을 미쳤다는 증거는 전혀 없다. '환경'의 경우 미디어 아젠다와 공중 아젠다가 서로에게 영향을 미쳤으며, 대중이 매체에 행사한 영향력이 더 강했다. 마지막으로, 두드러지지 않는 추상적인 이슈인 '캐나다의 국가 부채와 재정 적자'의 경우에는 매체가 공중 아젠다에 상당한 영향을 끼친 것으로 밝혀졌다.

이런 포괄적인 조사는 미디어 아젠다와 현실의 관계를 재조명하게 해준다. 세 분석 모두에서 학자들이 수년간의 미디어 아젠다의 트렌드와 '인플레이션', '환경', '캐나다의 국가 재정'에 관한 현실적인 척도 사이에 의미 있는 관계를 찾아내지 못했다. 상식적으로 생각하는 것과 같이 '인플레이션'과 '환경'의 경우 이런 현실적인 척도가 공중 아젠다와 정책 아젠다와 연관성이 있었다. 하지만 세 번째 이슈인 '국가 재정'의 경우 정책 아젠다와의 연관성만 나타났다. 이런 분석에서 정책 아젠다는 질의응답 시간의 화제와 캐나다 의회의 위원회 보고서와 같은 척도로 정의된다. 물론 선거는 현실의 한 측면이자 뉴스거리를 제공하는 주요 출처 중 하나다. 하지만 선거가 시간이 지나도 이런 이슈들에 관한 매체의 트렌드에 영향을 주지 않았으며, 환경에 관해서만 대중이 관심을 보이는 추세에 영향을 미쳤다.

정부의 정책 아젠다가 취하는 다양한 형태 역시 매체를 위한 잠재적인 뉴스 출처다. 여기에서 증거가 엇갈려서 나타났다. '인플레이션'의 경우 정책 아젠다가 뉴스 아젠다에 약한 영향력을 행사했다는 증거가 있다. 하지만 '환경'과 '캐나다의 국가 재정'의 경우에는 미디어 아젠다와 공중 아젠다가 영향을 서로 주고받았다. '환경'은 상관관계가 제법 강하게 나타났고, '국가 재정'은 상관관계가 다소 약하게 나타났다.

인디애나주 블루밍턴의 시 의회의 활동과 지역 일간지의 보도를 1년 동안 비교했더니 이와 비슷하게 엇갈린 결과가 나왔다.[48] 의회가 중시하는 이슈들과 미디어 아젠다의 상관관계(+0.84)가 상당히 높게 나타났지만, 더 자세히 조사해 보니 카테고리 19개 중 7개의 순위에서 큰 차이가 발견되었다. 카테고리 4개(미술과 엔터테인먼트, 핵무기 동결, 공공사업, 선거)의 경우에는 신문이 상당히 강조한 것을 알 수 있었다. 한편, 시상식, 동물 보호, 도시 개발의 경우에는 신문이 강조하는 일이 훨씬 드물었다. 속기에 가까운 보도가 예상될 수도 있는 공식적인 정부 회의에 관한 보도조차도 뉴스의 규범과 뉴스의 상호작용을 보여준다. 시 의회에 관한 뉴스를 다룬 리포터는 자신이 "논란, 논쟁, 여러 배우가 있는 주제를 좋아하는데 이런 특징들이 더 나은 이야기를 만드는 데 도움이 되기 때문"이라고 말했다.[49] 그의 관점은 좋은 이야기를 전달해야 하는 저널리즘의 규범적인 영향을 반영한다. 이런 관점은 의회의 회의록에 기록된 이슈의 59%만이 지역 신문에 보도되었다는 사실을 부분적으로나마 설명해준다.

방금 살펴본 세 아젠다 모두(다양한 정부 활동이 반영된 정책 아젠다, 미디어 아젠다, 공중 아젠다)에 영향을 끼치는 것이 조직적인 이익 단체의 목표인 경우가 많다.[50] 선거 운동만큼이나 재정적으로 탄탄한, 이익 단체가 벌이는 사회 운동도 성공 기록이 비슷하다. 학자들은 9년에 걸쳐서 미국의 총기 규제에 관한 논쟁을 분석했다. 그 결과, 지상파 TV 뉴스의 관심과 홍수처럼 쏟아지는 대언론 공식 발표 사이에 의미 있는 상관관계를 찾아냈다. 대언론 공식 발표에는 이슈에 찬성하는 이익 단체와 반대하는 이익 단체들의 입장(상관관계가 +0.60)뿐만 아니라 의회의 논의(상관관계가 +0.32)도 포함되었다.[51] 이 이슈에 어떤 프레임이 이용되었는지 분석해보니 '폭력적인 문화'라는 주제가 뉴스 기사의 거의 절반에서 우세한 모습을 보였다. 하지만 총기 규제에 관한 의회 성명의 경우에는 4분의 1 미만에서, 대언론 공식 발표의 경우에는 6분의 1 미만에서 우세한 모습이었다. 간단히 말해서, 뉴스 매체는 이런 뉴스 출처와 관계없이 이야기를 들려줘야 한다는 규범에 주의를 기울여서 극적인 '폭력적인 문화'라는 프레임을 택했다. 이런 현상이 매체의 목소리가 독립적이라는 것을 보여주는 좋은 일일 수도 있지만, 그와 동시에 "감정을 자극하는 단순화된 틀 너머로 대화를 옮겨가서 더 합리적인 정책 논쟁을 하지 못하는" 실패를 뜻하기도 한다.[52]

미디어 간 아젠다 세팅

엘리트 뉴스 매체는 다른 뉴스 매체의 아젠다에 상당한 영향력을 행사하는 경우가 많다. 미국에서는 이런 미디어 간 아젠다 세팅 역할을 자주 하는 것이 《뉴욕 타임스》다. 이제는 엘리트 뉴스 매체의 이런 역할이 하도 일상화돼서 AP통신의 경우 그다음 날 아침에 《더 타임스》의 1면에 실릴 예정인 기사의 아젠다를 직원들에게 매일 알려준다. 《더 타임스》의 1면에 실리는 기사에 등장하는 이슈가 뉴스거리로서의 자격을 자주 인정받는 것이다.

몇 달 동안 지역 신문들이 집중적으로 보도했는데도 뉴욕 주 서부에 있는 러브 운하(Love Canal)의 심각한 화학 물질 오염이나 근처의 펜실베이니아 주와 뉴저지 주에서 있었던 라돈 문제는 《뉴욕 타임스》의 아젠다에 이런 문제들이 나타날 때까지 전국적으로 관심을 받지 못했다.[53] 제2장에서는 《더 타임스》가 1985년 말에 마약 문제를 발견했더니 마약 문제가 그 이듬해에 미국 전역에서, 그리고 전국적인 TV 뉴스에서 집중적으로 보도되었다는 사실을 살펴보았다. 그런 양상은 그해 9월에 TV에서 특별 프로그램 두 개가 전국적으로 방송되면서 정점을 찍었다.[54] 한국의 한 연구는 주요 언론 기관이 주고받는 이런 영향이 온라인 뉴스 환경에서도 존재한다고 밝혀냈다.[55]

사회학자 워런 브리드(Warren Breed)는 엘리트 뉴스 매체가 뉴스 기사를 다른 여러 매체에 전파하는 이런 현상을 나무의 가지가 뻗어 나가는 것과 유사한 영향이라고 개념화했다.[56] 가계도와 비슷하게 조상에게서 뻗어 나온 이 동맥혈류가 수많은 후손에게 전해지는데, 이런 자손 기자들은 완벽한 클론인 경우가 많다. 20세기 중반에《뉴욕 타임스》와 지금은 폐간된《뉴욕 헤럴드 트리뷴(New York Herald-Tribune)》이 치열하게 경쟁할 때 두 신문사의 편집장들은 경쟁사의 보도와 맞추기 위해서 1면의 기사들을 수정하라고 마지막 순간에 지시하는 경우가 많았다.[57] 제1장에서 새로운 미디어 환경에 관해 논하면서 살펴봤듯이 기자들은 그날 벌어진 사건의 뉴스로서의 가치에 관한 자신의 판단이 맞았는지 확인하려고 동료들의 뉴스 보도를 관찰하고 베낀다.[58]

이런 영향력이 개별적인 기자들 사이에서 나타난 전형적인 예를 살펴보려면 1972년의 미국 대통령 선거 운동 기간으로 거슬러 올라가야 한다. 미국에서는 대선이 있는 해에 제일 처음 열리는 주요 정치 행사가 아이오와 주의 전당 대회다. 주 전역에서 전당 대회의 대표를 선발하려고 지역적인 정당 회의가 수차례 열린다. 이런 상황은 보도하기가 상당히 모호하다. 지역 회의 수십 개에 참석하는 사람들은 그런 자리에 나타나고 참여할 만큼 관심이 많은, 스스로 선택한 유권자들이다. 게다가 대선이 열리는 해의 초반에는 정당을 대표하려는 후보자가 많다. 따라서 전당 대회가 열리는 날 저녁에 기자들이 해야 할 일은 사건이 쏟아지는 상황에서 무슨 일이 일어났는지 이해하고 뉴스거리를 찾으려고 노력하는 것이다.

> 어떤 일이 벌어졌냐면 《뉴욕 타임스》의 조니 애플(Johnny Apple)이 구석에 앉아 있었고 다른 사람들이 전부 그의 어깨너머로 그가 무엇을 쓰는지 보려고 했다. 애플이 자리에 앉아서 머리기사를 쓰면 그 사람들도 가서 머리기사를 썼다. 그러다가 자정에 남자가 머스키(Muskie)가 32%, 맥거번(McGovern)이 26% 득표했다고 알렸고, 애플이 자리에 앉아서 마지막 기사를 썼다. 그가 "조지 맥거번이 놀랍도록 강한 면모를 보였다"라는 식으로 썼더니 다른 사람들이 또 그의 어깨너머로 훔쳐보고는 그것을 베껴 썼다. 그리고 그다음 날 모든 주요 신문의 1면에 그 기사가 실렸다.[59]

1985년부터 1992년까지 지구 온난화의 역사를 살펴보면 미국의 엘리트 뉴스 매체들 사이에서 미디어 간 아젠다 세팅이 대규모로 나타났음을 알 수 있다.[60] 이 이슈를 다룬 뉴스 보도가 1989년에 정점을 찍으면서 주요 신문들(《뉴욕 타임스》, 《워싱턴 포스트》, 《월스트리트 저널》)이 전국적인 TV 방송국 세 군데의 아젠다에 큰 영향을 끼쳤다. 이 복잡한 과학적인 이슈를 위해서 과학 출판물 역시 미디어 간 아젠다 세팅 역할을 톡톡히 해냈다. 이때 말하는 과학 출판물이란 과학 저술가와 편집자들이 정기적으로 살펴보는 핵심적인 '특별 정보 출처'를 뜻한다.

엘리트 뉴스 매체가 새로운 화제에 관한 보도가 널리 퍼지게 하는 데 앞장서는 역할과 핵심적인 기자들이 뉴스를 프레임하는 데 행사하는 영향력은 미디어 간 아젠다 세팅의 '극적인' 예다. 하지만 지역의 뉴스 보도 기관들이 뉴스 통신사가 보내주는 뉴스로 가득한 커다란 파일을 이용하여 매일의 아젠다를 형성하기 때문에 미디어 간 아젠다 세팅의 '평범한' 버전은 매일 나타난다. 아이오와 주의 일간지 24개가 AP 통신의 보고서를 어떻게 활용하는지 조사한 결과, AP 통신의 보고서가 지역의 뉴스 아젠다에 큰 영향을 미치는 것으로 밝혀졌다.[61] 각 신문에서는 AP 통신의 뉴스 기사 중 일부만 이용했지만, 신문의 뉴스 보도 패턴이 전체 AP 파일의 뉴스 카테고리를 사실상 같은 비율로 반영했다.

한 실험실 실험은 경험이 풍부한 신문과 TV의 와이어 에디터(wire editor: 뉴스 통신사에서 받은 여러 기사 중에서 이용할 만한 기사를 찾아내고 편집하는 사람—옮긴이)를 연구 대상으로 삼았다. 실험 결과, 모든 뉴스 카테고리에서 커다란 통신사 파일 안에 있는 뉴스 기사의 비율과 편집자들이 선별한 작은 표본의 상관관계가 높은 것(+0.62)으로 드러났다.[62] 뉴스 통신사의 아젠다 세팅 영향력에 관한 증거는 뉴스 카테고리마다 기사의 수를 똑같이 설정한 실험의 통제 조건에서도 찾아볼 수 있었다. 연구원들은 기사의 중요도에 관한 아무런 단서도 없는, 완벽하게 균형 잡힌 뉴스 통신사의 파일로 실험했지만, 편집자들의 선별 패턴에서 공통점을 포착하지 못했다. 와이어 에디터들이 뉴스거리에 부여하는 가치가 비슷할 것이라고 예상했지만, 그들 간에도 공통적인 선별 패턴은 나타나지 않았다.

게이트키핑은 지역의 뉴스 보도 기관에서 일하는 기자들이 뉴스 통신사에서 보내준 뉴스를 편집하면서 어떤 뉴스를 삭제하고 어떤 뉴스를 게이트로 통과시킬지 결정하는 행동을 말한다. 게이트키핑에 관한 초기 연구는 게이트키퍼들의 심리적인 특성을 강조했다. 그러나 아젠다 세팅

이론은 이 업무의 사회학적인 환경에 주의를 기울인다.[63]

게이츠 씨에 관한 대표적인 사례 연구[65]를 다시 분석해보니[64] 그가 이용한 뉴스 통신사의 통합 아젠다와 게이츠 씨가 자신이 일하는 신문을 위해 선별한 기사의 상관관계는 +0.64로 높게 나타났다. 17년 후에 게이츠 씨를 연구한 다른 연구에서는 그가 뉴스 통신사를 한 군데만 이용[66]했을 때 조사를 시행했다. 그 결과 뉴스 통신사의 아젠다와 게이츠 씨가 선별한 뉴스의 상관관계가 +0.80으로 나타났다.[67]

이번에는 지역 뉴스의 단계로 내려가 보자. 1990년에 진행된 주지사 선거 운동 기간에 텍사스 오스틴의 선거 보도를 분석한 결과, 지역 일간지의 이슈 아젠다가 지역 TV 뉴스의 이슈 아젠다에 영향을 끼친 것으로 밝혀졌다(+0.73).[68] 이 장의 앞부분에서 살펴본 것처럼 후보자들의 이슈 아젠다가 신문과 TV의 뉴스 보도에 영향을 미친 사실을 떠올려보자. 하지만 이런 영향을 고려하더라도 신문이 TV의 뉴스 보도에 큰 영향을 미쳤다는 증거(+0.44)가 있다.

스페인에서는 학자들이 1995년에 치러진 지역 선거 기간에 신문과 TV가 서로 영향을 주고받은 현상을 조사했다. 그 연구에서는 아젠다 세팅 효과의 첫 번째와 두 번째 단계를 둘 다 측정했다.[69] 그 결과, 첫 번째 단계에서는 팜플로나와 오스틴에서 미디어 간 아젠다 세팅이 대단히 비슷하게 나타났다. 팜플로나 신문 2개에 실린 지역 이슈 6개를 다룬 보도를 비교했더니 TV의 뉴스 아젠다와의 상관관계가 각각 +0.66과 +0.70으로 나타났다. 두 번째 단계에서는 신문과 지역 TV 뉴스에서 지역의 정치 후보자들을 묘사하는 방식에 대해 속성 아젠다 세팅의 영향에 관한 증거는 포착되지 않았다. 그러나 팜플로나 신문에 실린 정치 광고가 그 후에 신문과 TV에 등장한 후보자들의 묘사에 영향을 미쳤던 사실을 기억하자.

기자들은 동료들의 작업을 보면서 자신이 뉴스거리를 제대로 골랐는지 확인한다. 이런 일상적이고 지속적인 관찰과 그로 인한 미디어 간의 영향 때문에 여러 뉴스 아젠다가 심하게 중복되는 경우가 많다. 아젠다 세팅에 관한 최초의 채플힐 연구에서는 일간지 다섯 개(지역 일간지와 엘리트 일간지)의 이슈 아젠다와 TV 방송국 두 군데의 이슈 아젠다 사이의 상관관계 중앙값이 +0.81을 기록했다.[70] 1992년에 타이베이에서 치러진 총선의 경우 주요 일간지 세 개와 TV 방송국 세 군데의 이슈 아젠다를 비교한 결과, 상관관계 중앙값이 +0.75로 나타났다.[71]

아젠다 세팅의 두 번째 단계에서는 제3장에서 살펴본 것처럼 학자들이 유력 신문인 《마이니치 신문》이 일본의 경제 문제를 프레임한 것을 두 속성의 관점에서 조사했다. 문제가 있는 상황에 대한 거시적인 프레임과 경제 문제의 미시적인 측면들을 상세히 보여주는 속성이 바로 그것이었다. 그 연구를 더 발전시킨 다른 연구에서는 학자들이 《아사히》와 《요미우리》의 경제 보도에 담긴 속성 두 가지를 비교했다. 그 결과, 이 두 신문이 문제가 있는 상황에 대한 프레임의 중요도(+0.93)와 하위 이슈의 속성(+0.79)에 관해서 제법 비슷하다는 사실이 드러났다.[72] 미국에서 경제 이슈의 속성을 비교해보니 신문과 TV의 아젠다 사이에 상관관계가 +0.80으로 나타났다.[73] 이것은 '준(準) 비교'라고 불러야 할지도 모른다. 신문 두 개의 아젠다와 TV 방송국 세 군데의 아젠다가 하나의 신문 아젠다와 하나의 TV 아젠다를 형성하려고 이미 합쳐졌었기 때문이다.

다양한 뉴스 매체의 아젠다를 합쳐서 통합된 미디어 아젠다를 만드는 것은 매체의 아젠다 세팅 역할을 조사할 때 학자들이 흔히 이용하는 방법이다. 이런 다양한 아젠다들이 서로 대단히 비슷하기 때문이다. 연구 방법론의 관점에서 보면, 뉴스 매체의 아젠다 간에 이렇게 상관관계가 높은 현상은 뉴스 매체 간에 신뢰도가 높음을 측정한 것으로 여겨질 수 있다. 같은 관찰 규칙을 적용하는 독립적인 관찰자들이 서로 동의하는 정도가 높은 것이다. 저널리즘의 규범과 전통을 매일 관찰할 수 있는 수많은 사건과 상황에 적용하면서 기자들은 대단히 유사한 아젠다를 형성하게 된다. 물론 매체끼리 서로 관찰하면서 도움을 받기도 한다. 아젠다 세팅의 두 번째 단계에서는 미디어 아젠다들의 유사성이 특정한 대상에 관한 속성 아젠다에 합의하는 것을 넘어서 확장된다. 관련이 있는 대상의 속성 아젠다에서도 유사성이 매우 높게 나타나는 것이다. 세 시장 후보자에 관한 주요 타이베이 신문들의 속성 아젠다를 비교해보니 상관관계 중앙값이 +0.93으로 나타났다.[74]

저널리즘의 규범은 그날의 뉴스를 모두가 유사하게 전달하게 하는 데 강한 압력을 행사한다. 그런 사실은 뉴스가 주요 소셜미디어 채널 중 하나인 트위터로 넘어가는 방식에도 영향을 미친다. 휼렛 패커드 랩스(Hewlett Packard Labs)가 2010년 9월부터 10월까지 트렌드에 오르내렸던 화제 3,361개에 관한 트윗 1,632만 개를 조사한 결과 이런 화제가 "대체로 전통적인 뉴스 매체에서 보도한 뉴스였으며, 그것이 트위터에서 반복적인 리트윗으로 이어져서 트렌드가 되었다"라고 결론을 내렸다.[75]

미디어 간 아젠다 세팅이 더 미묘하게 나타나는 영역은 바로 블로그 세상이다. 정치 블로그의 아젠다와 법률 블로그의 아젠다는 특히 아젠다 세팅의 첫 번째 단계에서 유사성이 높게 나타난다. 이런 블로그의 정치적인 성향의 다양성을 생각하면 정치 블로그의 속성 아젠다끼리는 유사성이 떨어진다는 점이 놀랍지 않다. 영향력의 측면에서 보면 주류 언론이 계속해서 언론계를 이끌지만, 정치 블로그와 다른 소셜미디어가 앞장서는 데 성공할 때도 있다. 누가 이끌고 누가 따라가는지에 관계없이 대단히 유사한 이슈 아젠다와 그만큼은 아니더라도 상당히 비슷한 속성 아젠다가 가장 많이 나타나는 패턴이다.[76]

마지막으로, 새로운 매체 환경의 다른 측면에 관해서 살펴보자. 2008년에 열린 미국 대선의 예비 선거 기간에 진행된 분석을 살펴보면 '30초 안에 오바마 홍보하기' 온라인 광고 대회에 반영된 시민운동가의 이슈 아젠다가 Obama or MoveOn.org 공식 유튜브 광고의 이슈 아젠다보다 편파적인 뉴스 매체의 보도와 더 강한 상관관계를 나타냈다.[77]

요약하기

누가 미디어 아젠다를 설정하는가? 어떤 화제가 대중에게 소개되는지에 관한 이 질문은 특별히 중요하다. 칼럼니스트 레너드 피츠(Leonard Pitts)는 "미디어가 공중 아젠다를 설정하고 대화를 주도하는 세상에서 미디어가 무시하는 것들은 존재하지 않는 것이나 마찬가지일지도 모른다"라고 논평했다.[78] 이 장에서는 누가 미디어 아젠다를 설정하는가에 관한 대답을 개괄적으로 살펴보았고, 그 대답에 핵심적인 요소가 세 가지 있음을 확인했다. 바로, 뉴스 기사를 위한 정보를 제공하는 주요 뉴스 출처, 다른 여러 언론사, 저널리즘의 규범과 전통이다.

국가 지도자가 뉴스 아젠다를 설정하는 데 성공할 때도 있다. 공보관이나 다른 홍보 관계자들 역시 뉴스 아젠다에 크게 개입한다. 하지만 이런 영향력은 저널리즘의 규범이 확립한 기본 규칙을 통해 걸러지는데, 이때의 규칙이 대단히 강력한 필터의 역할을 한다. 일간 뉴스 아젠다와 주간 뉴스 아젠다의 발전된 모습은 더 나아가서 언론사들의 상호작용에 의해 형태를 갖추고 표준화된다. 이런 미디어 간 아젠다 세팅 과정에서는 《뉴욕 타임스》와 AP 통신처럼 위상이 높은 언론사가 다른 언론사들의 아젠다를 설정한다. 도시의 단계에서는 지역 신문과 TV 방송국이 경쟁사들의 뉴스 아젠다에 영향을 미친다. 최근 몇 년 동안에는 다양한 소셜미디어가 의사소통 영역의 새 식구가 되었다. 이런 목소리들이 앞장서는 역할을 할 때도 있지만 대체로는 뒤에서 코러스의 일부로 남들과 비슷한 아젠다를 제시한다.

미디어 간 아젠다 세팅이 매우 다른 형태를 취할 때도 있다. 예능 미디어가 뉴스 매체의 아젠다를 설정하는 것이다. 1982년부터 1996년까지 15년에 걸쳐서 주요 캐나다 신문들이 보도한 홀로코스트에 관한 기사를 포괄적으로 조사한 결과, 영화 〈쉰들러 리스트(Schindler's List)〉가 홀로코스트에 관한 기사의 수에 영향을 끼친 것으로 드러났다. 또한, 그 영화의 영향력이 그 기간에 홀로코스트를 다룬 그 어떤 뉴스보다도 더 오래 지속되었다.[79]

누가 미디어 아젠다를 설정하는가 하는 질문이 의사소통을 연구하는 학자들과 관계자들이 당장 관심을 보이는 탐구 대상이다. 이 질문에 관한 조사뿐만 아니라 외부 아젠다들의 존재를 우리가 인식한다는 것 자체가 아젠다 세팅 이론의 범위가 확대되고 있음을 시사한다. 우리가 아젠다 세팅 과정에 관해서 알고 있는 것의 대부분은 미디어 아젠다와 공중 아젠다의 관계에 중점을 둔다. 하지만 그런 환경은 아젠다 세팅 이론이 응용된 여러 환경 중 한계가 정해진 한 가지일 뿐이다. 아젠다 세팅 이론은 한 아젠다에서 다른 아젠다로 중요도가 옮겨가는 것에 관한 이론이다. 이 이론의 여러 영역 중에서 발전이 가장 많은 영역은 미디어 아젠다와 공중 아젠다의 관련성에 초점을 맞춘다. 아젠다 세팅 이론의 이론적인 뿌리가 여론 조사에 있으며, 이 이론을 형성하는 데 이바지한 학자 대부분이 대중매체의 효과에 특별히 관심이 있었기 때문이다. 이 장에서는 특별히 미디어 아젠다를 형성하는 요인에 초점을 맞췄지만, 전체적인 초점은 여전히 미디어에 맞춰져 있다. 그러나 나중에 살펴볼 예정이듯이 우리가 고려해야 할 아젠다 세팅 관계는 여전히 많다.

역사적으로 보면, 미디어 아젠다를 형성하는 영향력의 근원에 관한 조사가 아젠다 세팅 이론의 새로운 시대를 열었다. 미디어 아젠다와 공중 아젠다의 관계를 넘어서서 의미 있는 확장을 이룩한 것이다. 최초의 채플힐 연구가 막을 열었던 초기 단계는 매체의 이슈 아젠다가 대중의 이슈 아젠다에 미치는 영향에 초점을 맞췄다. 아젠다 세팅 이론의 두 번째 측면은 뉴스 매체의 이런 영향력을 상세하게 보여준다. 대중이 경험하는 아젠다 세팅 효과를 강화하거나 억제하는 다양한 조절 조건을 살펴본 것이다. 세 번째 측면은 미디어의 아젠다 세팅 영향이 미치는 범위를 관심에 대한 효과(대상의 아젠다)에서 이해에 대한 효과(속성 아젠다)로 확장한다. 더 최근에는 아젠다 세팅 효과의 세 번째 단계를 탐구하는 것이 아젠다 세팅 이론의 새로운 측면이 되었다. 이 장에서는 아젠다 세팅 이론의 또 다른 측면, 즉 미디어 아젠다의 근원을 소개했다. 아젠다 세팅의 이 모든 측면에는 분명한 역사적인 패턴이 나타나지만, 새로운 측면이 등장한다고 해서 기존의 측면에 관한 탐구가 끝나는 것은 아니다. 아젠다 세팅의 이 모든 이론적인 측면은 여전히 활발한 탐구 영역이다. 그리고 앞으로도 학자들이 탐구할 추가적인 영역이 많이 남아 있다.

Current Press

october 7, 3400 Section2

Agenda Setting

Issue: 240460 Est - 2018

제8장

매스컴과 아젠다 세팅 이론의 확장

매스컴은 범위가 넓은 사회적 역할 세 가지를 수행한다. 더 큰 환경의 감시, 사회 각층 간의 합의 도출, 문화의 전파가 그것이다.[1] 앞에서 상세히 살펴본 아젠다 세팅 과정은 더 큰 환경을 감시하는 역할의 큰 부분을 차지한다. 더 큰 환경에 관한 우리의 그림과 생각의 큰 부분을 채워 넣는 것이다. 아젠다 세팅 과정은 사회적 합의와 문화의 전파에도 지대한 영향을 미친다. 이런 영향 덕택에 아젠다 세팅 이론은 사회 문제와 정치 커뮤니케이션이라는 전통적인 환경 너머로 나아갈 수 있다.

환경을 감시하면서 매체의 스포트라이트가 대상에서 대상으로, 그리고 그런 대상의 속성 사이를 이리저리 움직이다 보면 대중은 상당한 지식을 습득한다. 처음에는 사람들이 대중매체에 노출되면서 자신의 개인적인 환경 너머에 있는 더 넓은 환경의 주요 요소들을 인식하게 된다. 그리고 선택된 요소 몇 가지에 특별한 의미를 부여한다. 매체의 감시 덕택에 대중은 그 환경에 있는 중요한 요소들, 즉 핵심적인 대상과 그런 대상에서 가장 중시되는 속성에 관한 자신만의 그림을 형성한다. 학습의 이런 측면이 바로 아젠다 세팅 과정의 핵심이다.

사회적 합의를 형성하는 매스컴의 역할에 관해 생각해보면 이런 아젠다 세팅 효과와 제5장에서 살펴본 "매체의 아젠다 세팅 효과는 개개인이 인식하는 중요도의 차이를 불러일으키지는 않지만 시간이 흐름에 따라 '모든' 개인의 중요도 변화에는 분명히 영향을 준다"라는 내용이 연결된다.[2] 이런 결과에서 우리가 합리적으로 추론할 수 있는 내용은 여론 조사에서 나타나는 인구 통계적 집단 간의 차이(예를 들면, 남자와 여자의 차이나 젊은이와 노인의 차이 등)는 그 집단이 뉴스 매체에 노출되면 감소한다는 것이다. 구체적으로 말하면, 대중이 뉴스 매체에 많이 노출될수록 다양한 인구 통계적 집단의 아젠다 간의 상관관계가 높아져야 한다.

영향력이 큰 노스캐롤라이나 주의 여론 조사에서 수집한 증거는 아젠다 세팅과 합의에 관한 이런 관점을 뒷받침한다.[3] 일간지를 드물게 읽는 남녀의 이슈 아젠다를 비교한 결과, 상관관계가 +0.55로 나타났다. 그러나 일간지를 가끔 읽는 남녀의 경우 국가가 직면한 가장 중요한 문제들로 구성된 아젠다에 대해 상관관계가 +0.80으로 기록되었다. 일간지를 주기적으로 읽는 남녀의 경우에는 이슈 아젠다가 똑같이 나타났다(+1.0). 신문에 많이 노출될수록 국가가 직면한 가장 중요한 이슈에 관한 합의가 증가하는 이런 패턴은 젊은이와 노인, 그리고 흑인과 백인을 비교했을 때도 비슷하게 나타났다. 신문을 읽은 게 아니라 TV 뉴스를 시청한 대중의 경우에도 매체에 많이 노출될수록 다양한 인구 통계적 집단 간의 합의가 증가했다.

이런 패턴은 대만과 스페인에서도 포착되었으며,[4] 〈표 8.1〉에 잘 요약되어 있다. 물론 스페인, 대만, 미국의 문화적·정치적 다양성을 생각하면 〈표 8.1〉에 완전히 똑같은 패턴은 없다는 점이 놀랍지 않다.

이 세 국가에서 뉴스 매체를 많이 이용할수록 합의가 증가하는 일이 가장 잦은 인구 통계적 집단은 '남자와 여자'와 '정규 교육을 많이 받은 사람과 적게 받은 사람'이었다. 남녀의 경우 세 국가 모두에서 합의가 증가했다는 증거가 있다. 스페인과 미국에서는 대중이 신문과 TV 뉴스에 노출된 정도를 측정했고, 신문은 사회적 합의에 도움이 되었지만 TV는 그러지 못했다. 대만에서는 대중이 TV에 노출된 정도만 측정했고, TV가 사회적 합의에 도움이 된 것으로 밝혀졌다.

대중이 정규 교육을 받은 정도의 차이를 비교해보니 스페인에서는 신문과 TV 뉴스가 효과를 발휘했고, 대만에서는 TV만 효과가 있었으며, 미국에서는 둘 중 그 어떤 매체도 효과가 없었다. 다른 인구 통계적 집단의 경우 결과가 국가마다 달랐다. 전반적으로 봤을 때 〈표 8.1〉에서 비교한 19쌍 중 11쌍이 대중매체에 많이 노출될수록 합의가 증가하는 패턴을 보였다.

아젠다 세팅의 두 번째 단계에서도 합의가 증가하는 비슷한 패턴이 포착되었다.[5] 뉴욕에서 9.11 테러가 일어난 지 두 달 후에 유럽 15개국에서 여론 조사가 시행되었다. 연구진은 두 쌍의 속성을 조사했다. 9.11 테러에 대한 유럽연합(EU)의 반응에 관한 인지적 속성 8개와 유럽의 이슬람교도와 아랍 지역사회에 관한 정서적 속성 5개를 조사한 것이다. 그 결과, 두 쌍의 속성 모두에 대해 대다수 국가에서 전국적인 TV 뉴스를 많이 시청할수록 젊은이와 노인, 그리고 정규 교육을 많이 받은 사람과 적게 받은 사람들 간의 합의가 증가했다는 사실이 밝혀졌다. 신문의 경우에도 다수의 국가에서 인지적 속성에 대해 두 인구 통계적 집단에서 같은 패턴이 나타났다. 하지만 정서적 공동체 속성에 대해서는 그런 패턴이 나타나지 않았다. 예를 들면, 여러 국가 중 3분의 2에서 인지적 속성에 대해 신문을 읽은 젊은이와 노인들의 합의가 증가했다. 그러나 공

〈표 8.1〉 **스페인, 대만, 미국에서 뉴스 매체를 많이 이용하는 데 따른 인구 통계적 집단 간의 사회적 합의 패턴**

대중적인 중요도 측정

	스페인		대만	미국	
인구 통계적 집단	신문	TV 뉴스	TV 뉴스	신문	TV 뉴스
성별	예*	아니오	예	예	아니오
교육 수준	예	예	예	아니오	아니오
나이	아니오	아니오		예	예
수입			예	아니오	아니오
인종(흑인/백인)				예	예

* '예'는 신문이나 TV 뉴스를 많이 이용할수록 이 특성(예: 남자와 여자)으로 정의되는 인구 통계적 집단 간의 상관관계가 높아진다는 뜻이다. '아니오'는 집단 간의 상관관계가 높아지는 이런 패턴이 나타나지 않는다는 뜻이다.

• 출처: 1) 에스테반 로페즈 에스코바, 후안 파블로 라마스, 맥스웰 맥콤스의 〈매체가 지닌 전파 효과의 사회적 차원: 아젠다 세팅과 합의〉,《커뮤니케이션과 사회》 9호(1996년): 91~125쪽, 2) 징이 치앙(Ching-Yi Chiang)의 「우리 사회의 틈 메우고 좁히기: 매체가 수행하는 아젠다 세팅의 사회적 기능」, 미출판 석사 논문, 오스틴에 있는 텍사스대학교, 1995년, 3) 도널드 쇼와 섀넌 마틴(Shannon Martin)의 〈대중매체의 아젠다 세팅 기능〉, 《저널리즘 쿼털리》69호(1992년): 902~920쪽.

동체 속성에 대해 이런 패턴을 보인 국가는 절반도 채 되지 않았다.

인구 통계적 집단 간의 비교는 매스컴의 아젠다 세팅 역할이 사회적 합의에 얼마나 이바지하는지 탐구하기에 유용한 출발점이다. 모두가 여론 조사 결과를 다룬 보도에서 쉽게 볼 수 있는 이런 인구 통계적 집단 간의 비교에 익숙하다. 학자들이 매스컴이 사회적 합의에 이바지하는 현상을 더 깊이 연구할 때 개개인의 차이와 개인의 사회적인 활동을 더 분명하게 나타내는 심리적인 특성들도 포함해야 한다. 인구 통계 자료는 기껏해야 사람들의 사회적인 상황을 개괄적으로 나타내는 지표일 뿐이다.

문화의 전파

매스컴의 세 번째 사회적 역할인 문화 전파의 여러 측면 역시 아젠다 세팅 과정과 연관되어 있다.

매체와 이슈, 정치 후보자, 그들의 속성으로 구성된 공중 아젠다(이 책에서 중점적으로 초점을 맞춘 그 모든 요소)는 민주주의와 사회에 관한 규범적인 믿음으로 이루어진 근본적인 아젠다에 의해 정의되는 더 큰 시민 문화의 토대에 기초를 둔다. 아젠다 세팅 이론을 새롭고 흥미롭게 응용하다 보면 학교와 조직적인 종교처럼 이 시민 문화에 똑같이 속한 다른 아젠다 세팅 기관도 탐구하게 된다.

학자들이 매체가 다른 문화 아젠다를 전파하는 역할에 관해 탐구하면서 아젠다 세팅 이론이 새로운 지적인 경계를 지나 사회 문제라는 전통적인 영역을 한참 넘어서 옮겨가고 있다. 이런 새로운 문화 연구 영역은 과거에 관한 한 사회의 집단 기억을 정의하는 역사 아젠다에서 현대 그리스의 박물관 방문과 프로 농구의 국제적인 관심에 이르기까지 확장되고 있다.

공공 이슈에 초점을 맞추는 아젠다 세팅의 전통적인 측면부터 살펴보자. 매체의 이슈 아젠다는 이런 이슈들이 발생하고 영향을 받는 환경을 정의하는 시민 문화, 믿음, 활동에 관한 의미 있는 메시지를 동시에 전달하는 경우가 많다. 더 넓은 관점에서 보면, 매체가 이런 폭넓은 시민들의 태도에 미치는 아젠다 세팅 영향은 특정한 이슈나 의견에 대한 아젠다 세팅 효과보다 훨씬 더 중요하다. 예를 들면, 민주주의의 사회적인 건강은 상당 부분 시민들이 선거에 참여하는 것과 관련된 시민 문화에 의해 결정된다. 미국에서는 시민 대부분의 개인적인 아젠다에서 정치가 중요한 위치를 차지하지 않는다. 그러다 보니 매체가 할 수 있는 가장 의미 있는 아젠다 세팅 역할은 4년마다 대중의 정치적 호기심을 자극하고 시민들의 아젠다에 대선을 올려놓는 것일지도 모른다.

1976년에 열린 미국 대선 기간에 이런 아젠다 세팅 역할을 조사한 결과, 늦봄에 TV 뉴스에 노출된 대중이 11월에 치러진 대선에 앞서서 여름과 가을에 정치적인 호기심을 느낀 것으로 드러났다.[6] 안타깝게도 시민 문화에 대한 이런 긍정적인 영향이 미국의 정치 기자들이 정치의 부정적인 속성을 강조하기 좋아하는 성향에 의해 상쇄되었다는 증거가 있다. 정치 기자들의 그런 성향이 시민 문화에 상당히 부정적인 영향을 끼치는 것이다. 매체의 아젠다 세팅 역할의 이런 단점은 정치적 저널리즘과 유권자들의 반응을 다룬 두 명저의 제목에 요약되어 있다. 조지프 카펠라(Joseph Cappella)와 캐슬린 홀 제이미슨(Kathleen Hall Jamieson)의 『냉소주의의 소용돌이(Spiral of Cynicism)』와 토머스 패터슨(Thomas Patterson)의 『고장(Out of Order)』(국내에는 '미디어와 미국 선거'라는 제목으로 출간—옮긴이)이 그 두 권이다.[7] 제6장에서 살펴본 것처럼 정치와 사회 문제를 크게 혹평하는 신문 독자들이 냉소적인 면도 더 강했다는 사실을 떠올려보자.[8] 아젠다 세팅 이론의 관점에서 보면, 이런 결과가 전혀 놀랍지 않다. 해마다 정치적으로 부정적인 주제가 반복되기 때문에 정치에 관한 이런 부정적인 관점이 대중에게서 중요도가 매우 높아질 수밖에 없다.

아젠다 세팅 역할을 더 넓게 보는 관점은 학교와 가정뿐만 아니라 청소년의 정치적인 사회화에 관여하는 미디어도 포함한다. 이런 관점에서 살펴본 결과, 시민 문화에 관한 학교의 상호적인 가르침, 부모와 또래와 나누는 대화, 뉴스에 쏟는 관심 등이 2002년부터 2004년까지 애리조나, 플로리다, 콜로라도 주의 고등학교 2학년과 3학년 학생들의 정치적인 효과(대중이 인식하는 이슈의 중요성, 의견의 강도, 정치적 이데올로기, 투표율)의 위계 구조에 영향을 끼쳤다.[9]

새로운 아젠다 세팅 무대

문화를 정의하고 전파하는 데 큰 역할을 하는 또 다른 사회 제도는 조직적인 종교다. 종교가 다루는 사회 문제의 영역이 상대적으로 좁더라도 종교적인 아젠다는 막강한 영향력을 행사할 수 있다.[10]

> 1992년의 대통령 선거 운동 기간에 종교적인 커뮤니케이션은 대중매체의 관심이 극히 적었는데도 낙태를 공중 아젠다에 계속 올려놓았다. 몇몇 연구 대상(이런 주제가 자신들의 자유에 위협이 된다고 생각하도록 다른 신도들을 부추긴 근본주의 교회의 신도들)의 경우 공립 학교에서의 기도부터 총기 소유권에 대한 지지까지 헌법상의 이슈들이 가장 중요한 이슈였다. 그런 이슈들이 대선에 관한 매체의 담론에 속하지 않았는데도 말이다.[11]

사회 문제와 달리 종교적인 아젠다는 그 종교를 믿는 사람의 개인적인 삶에 지대한 영향을 미칠 수 있다. 따라서 학자들이 오늘날까지 수집한 경험적인 증거는 종교적인 메시지가 사람들이 과거와 현재에 취한 행동 패턴에 아젠다 세팅 영향을 끼치는 현상을 아주 조금 들여다봤을 뿐이다.[12] 독일과 프랑스에서는 중세 시대에 개인이 유대교 회당의 예배를 연기하는 의식을 통해서 유대인 공동체의 공중 아젠다에 이슈를 올려놓을 수 있었다. 모셰 헬링거(Moshe Helinger)와 슈리엘 라시(Tshuriel Rashi)는 이런 관행을 아젠다 세팅 이론의 관점에서 분석한다. 그들은 이런 관행을 낳은 관습과 아젠다 세팅 이론이 묘사하는 매스컴의 작용 과정 사이의 유사점을 논의한다.[13]

시민 아젠다와 때로는 겹치지만 범위가 더 넓은 문화적인 영역을 차지하는 것이 바로 집단 기억이다. 집단 기억은 자신들의 역사적인 정체성에 관한 대중의 시각을 지배하는 과거의 사건과 상황으로 구성된 대단히 선별적인 아젠다를 뜻한다.[14] 이런 문화적인 신화는 한 집단이나 지역 또는 국가가 자신의 과거를 어떻게 기억하는지에 큰 영향을 미치지만, 실제의 역사적인 상황과 닮은 점은 별로 없는 경우가 많다. 우리의 집단 기억의 본질과 기원을 이해하려면 특히 대중매체의 내러티브가 과거에 관한 개인적인 기억에 미치는 영향을 조사해야 한다.

개인적인 깊은 기억들은 대공황, 제2차 세계대전, 그리고 감정적으로 격앙되었던 시기에 여러 국가에서 집단 기억을 형성했다. 그러나 새로운 세대가 그 시기를 겪은 세대와 합류하면서 대중매체의 내러티브(narrative)가 중앙 무대를 향해 움직이기 시작했다.[15] 각 세대는 자신만의 역사를 쓰고 과거에 관한 자신만의 집단 기억을 발전시킨다. 미국의 젊은이 수백만 명의 경우 존 F. 케네디 대통령의 암살에 관한 관점이 영화감독 올리버 스톤(Oliver Stone)의 아젠다에 큰 영향을 받아 형성되었다. 또한, 리처드 닉슨 대통령을 사임으로 몰고 간 워터게이트 사건에 관한 이 젊은이들의 머릿속에 있는 그림에서는 배우 로버트 레드포드(Robert Redford)가《워싱턴 포스트》에서 일하는 기자 밥 우드워드(Bob Woodward)다.

과거로 거슬러 올라갈수록 대중매체의 내러티브가 공중 아젠다를 더 강하게 지배한다. (매체의 내러티브에는 인기 있는 책, 학교 교과서, 영화, 뉴스 매체가 선별한 과거의 사건을 기념하는 보도가 포함된다.) 이런 현상은 아젠다 세팅의 첫 번째 단계(어떤 과거의 사건이 중요한지)와 두 번째 단계(우리의 기억 속에 중요하게 남아 있는 이런 사건의 특정한 측면과 세부사항)에서 모두 일어난다. 이스라엘 학자 요람 페리(Yoram Peri)는 "미디어는 이야기를 전달할 줄 안다. 미디어는 기억에 작용하는 전통적인 동인(動因)보다 전설을 만드는 능력이 더 뛰어나다"라고 논평했다.[16]

매체의 이런 능력은 이스라엘의 건국 60주년에 놀랍도록 잘 드러났다.[17] 연속 두 번 시행된 여론 조사에서는 전국을 대표하는 응답자들에게 지난 100년 동안 이스라엘과 세상에 가장 중요하다고 생각되는 사건 두 개가 무엇인지 물었다. 연구진은 주요 신문과 TV 채널의 콘텐츠 분석을 통해 매체의 역사 아젠다를 측정했다. 일상적인 뉴스를 보도한 주를 시점 1로 설정하고 60주년 기념행사가 끝난 직후를 시점 2로 설정했을 때 두 시점 사이에 언급된 사건의 수가 다섯 배로 늘었다. 미디어 아젠다와 공중 아젠다의 상관관계는 시점 1에서는 +0.62였으나 시점 2에서는 +0.83으로 높아졌다. 가장 중요한 것은 매체의 보도와 발맞춰서 국제적인 사건과 자잘한 이스라엘 사건에 관한 언급은 줄어들었고, 주요 이스라엘 사건에 관한 언급은 여섯 배도 넘게 늘었다는 것이다.

과거의 이미지에서 현대의 이미지로 넘어오면, 신문 보도가 2004년에 전 세계적으로 9개국에 관해 미국과 영국의 여론에 영향을 끼쳤다는 연구 결과가 있다. 9개국에는 독일, 터키, 북한 등이 포함되어 있었다.[18] 미국과 영국의 결과는 대단히 유사했다. 100점짜리 감정 온도계로 측정한 여론과 뉴스 보도 사이에 밀접한 관련이 있었다. 둘 간의 상관관계가 미국에서는 +0.72, 영국에서는 +0.73으로 나타났다. 학자들이 긍정적인 보도와 부정적인 보도를 구분해서 분석한 결과, 미국에서는 유사한 양상이 나타났다. 여론과 긍정적인 보도는 +0.87, 부정적인 보도는 +0.85를 기록했다. 한편, 영국에서는 부정적인 보도가 영향력이 더 강했다. 부정적인 보도는 +0.84, 긍정적인 보도는 +0.56을 기록했다.

1998년에 조사한 결과에 따르면, 미국의 TV 방송국 네 군데의 뉴스 톤과 21개국에 관한 대중의 감정 간의 상관관계는 부정적인 기사의 경우 +0.58, 긍정적인 기사의 경우 +0.32로 나타났다. 미국이 26개국 각각에 '중대한 이익'이 있는지 묻는 여론 조사 질문과 한 국가를 다룬 보도의 총량 사이에는 아젠다 세팅의 첫 번째 단계에 해당하는 강한 상관관계(+0.57)가 나타났다.[19]

학교 역시 우리의 집단 기억에 강력한 영향을 행사하는 아젠다 세팅 기관이다. 학교 교과서의 콘텐츠를 분석해보면 사회가 강조하거나 무시하고 싶어 하는 과거의 측면들을 알아낼 수 있다. 여기에서도 관심사는 한 아젠다에서 다른 아젠다로 중요도가 전이되는 것이다. 교육 관계자들과 대중이 가끔 학교 교과서와 교육 과정에서 과거가 어떻게 기억되어야 하는지 논쟁한다는 것 자체가 학교의 아젠다 세팅 역할을 암묵적으로나마 인정하는 행위다. 물론 집단 기억이 학교의 영향을 받는 유일한 문화적 · 개인적 아젠다는 결코 아니다. 스페인에서는 아젠다 세팅을 창의적으로 응용한 연구진이 대학 강의실에서 미래의 기자를 양성하는 데 대단히 중요한, 전문적인 가치로 구성된 아젠다를 연구하기도 했다.[20]

다른 문화 아젠다

로런스 웨너(Lawrence Wenner)는 "무엇이 새롭고 중요한지에 관한 우리의 문화적인 인식, 즉 우리의 문화 아젠다는 TV에서 방송하는 것에서 비롯되는 경우가 많다"라고 주장했다.[21] 오늘날 TV를 통해 전 세계적으로 방송되는 아젠다의 큰 부분을 차지하는 것은 프로 스포츠다. TV의 전파를 탄 아젠다가 얼마나 강력한 효과를 발휘할 수 있는지 보여주는 좋은 예가 있다. 최근 몇십 년 동안 미국에서 프로 농구가 폭발적인 인기를 누리고 있는 현상이 바로 그 예다. 『최고의 어시스트(The Ultimate Assist)』에서 존 포르투나토(John Fortunato)는 NBA와 미국의 TV 방송국들이 관객 수를 늘리기 위해서 상업적인 동반관계를 맺고 아젠다 세팅의 첫 번째와 두 번째 단계에 기반을 둔 전략을 어떻게 이용했는지 상세하게 설명한다.[22]

아젠다 세팅의 첫 번째 단계의 효과(NBA 경기의 중요도가 높아짐)가 나타난 것은 부분적으로는 전국적으로 방송되는 TV 편성표에 최고의 팀과 선수들을 신중하게 배치한 덕택이다. 두 번째 단계의 효과(프로 농구의 이미지 향상)가 나타난 것은 선수와 코치의 인터뷰를 창의적으로 연출하고, 아나운서들이 해설하고, 한눈에 잘 들어오는 그래픽을 도입하고, 경기 장면을 곧바로 재생하고, 농구를 재미있는 방식으로 프레임한 다른 요소들 덕택이다. 이런 방법이 성공해서 TV로 농구를 시청하는 사람도 늘었고, 농구장을 찾는 관객의 수도 늘었다. 1969년~1970년에 열린 시즌에는 NBA 팀 14개가 경기 574개를 뛰어서 관객 430만 명이 농구장을 찾았다. 30년 후에 1999년~2000년에 열린 시즌에는 NBA 팀 29개가 경기 1,198개를 뛰어서 관객 2,010만 명이 농구장을 찾았다. 이 30년 동안 NBA가 TV 중계로 얻은 수익금이 시즌당 1천만 달러에서 20억 달러 이상으로 크게 늘었다. 아젠다 세팅 이론이 아젠다 세팅 사업 계획이 될 수도 있는 것이다.

신문 역시 개인적인 문화 아젠다에 영향을 끼칠 수 있다. 아테네의 유력 신문에 자주 등장하는 그리스 박물관은 그러지 못한 박물관보다 방문자 수가 더 많다. 미디어에 자주 등장하는 것은 그달뿐만 아니라 그다음 달에도 영향을 미치며, 그다음 달에 효과가 더 강하게 나타난다. 신문의 정서적 속성 아젠다를 살펴보면 신문에서 좋은 평가를 더 많이 받는 박물관이 방문자 수가 더 많고, 부정적인 평가를 더 많이 받는 박물관은 방문자 수가 더 적다. 긍정적인 기사는 그달과 그다음 달에 모두 긍정적인 효과를 불러일으킨다. 그러나 부정적인 기사는 그달보다 그다음 달에 부정적인 효과를 불러일으킬 가능성이 크다.[23]

개인적인 문화 아젠다의 또 다른 측면인 와인에 관한 인식 역시 아젠다 세팅을 반영한다. 오리건 주에 있는 와이너리들이 주요 잡지와 신문의 기자들에게 보낸 대언론 공식 발표, 브로슈어, 시음 노트의 속성 아젠다는 오리건 와인을 다룬 이 기자들의 기사에 확실하게 반영되었다(둘의 상관관계가 +0.67). 미디어의 속성 아젠다와 미국의 수도권 지역 다섯 군데에서 실시한 여론 조사에서 소비자들이 오리건 와인을 묘사한 방식 역시 상당한 상관관계(+0.44)를 보였다.[24]

현대의 아젠다 세팅 연구에는 서로 대항하는 추세가 두 가지 있다. 하나는 앞의 여러 장에서 살펴본, 학자들이 핵심적인 이론적 개념을 더 자세히 조사하는 구심성 추세다. 그리고 다른 하나는 이 장에서 상세하게 살펴보는, 아젠다 세팅을 다양한 새 영역으로 확장하는 원심성 추세다. 아젠다 세팅 이론이 본래의 영역에서 벗어나는 것을 반대하는 보수적인 학자도 많다. 그래도 이 이론을 다양한 영역으로 확장하는 것에 관한 연구는 미래에도 분명히 계속될 것이다. 1980년대 초에도 "누가 미디어 아젠다를 설정하는가?"라는 질문에 대한 답을 탐구할 때 아젠다 세팅 이론의 영역 너머에 있는 영역을 금지한 학자들이 있었다. 그런데도 아젠다 세팅 이론은 새로운 환경과 영역에서 계속 번성하고 있다.

개념, 영역, 환경

거대하고 계속 확장되는 아젠다 세팅 연구에 관한 문헌을 완전히 이해하려면, 그리고 학자들이 무엇을 조사했고 미래에는 무엇을 새롭게 연구할 것인지 알아보려면 이런 연구의 초점이 되는 개념, 영역, 환경을 구분하는 것이 유용하다. 아젠다 세팅 이론의 핵심적인 개념은 대상 아젠다, 속성 아젠다, 아젠다 간의 중요도 전이다. 그리고 중요도의 전이를 위한 핵심적인 조절 조건 중 하나인 정향 욕구 역시 포함되어야 한다.

이런 이론적인 개념들은 다양한 영역과 환경에서 연구할 수 있다. 아젠다 세팅 연구의 가장 대표적인 영역은 사회 문제, 특히 공공 이슈다. 이는 채플힐 연구에서 시작해서 오늘날까지 이어져 오는 추세다. 하지만 이 장에서는 약 10년 전에 등장했으나 관련 문헌은 탄탄한, 매우 다른 영역들을 살펴보았다. 교육기관과 종교 단체부터 한 사회의 과거에 관한 집단 기억, 현대 그리스의 박물관 방문, 프로 농구에 대한 세계적인 관심에 이르기까지 이런 시민의 영역과 문화적 영역의 범위는 넓다.

이런 각각의 영역에서 아젠다 세팅을 여러 환경에서 연구할 수 있다. 다시 말해, 아젠다 세팅 이론의 핵심적인 개념의 조작적 정의는 여러 다양한 영역의 특정한 측면일 수 있다. 사회 문제라는 전통적인 영역에서 학자들이 연구를 가장 많이 한 분야는 뉴스 매체와 대중의 관계다. 하지만 전통적인 아젠다 세팅 문헌에서 볼 수 있는 환경 중에는 다양한 뉴스 매체 간의 관계, 뉴스 출처와 뉴스 매체의 관계, 개인적인 대화가 공중 아젠다에 끼치는 영향이 있다. 이런 영역의 다른 측면에는 연구 대상이 되는 이슈나 후보자들처럼 아젠다에 오르는 요소들도 포함된다. 마지막으로, 아젠다 세팅 이론의 개념을 이용한 이런 다양한 영역에 관한 조사는 전 세계적으로 여러 시간대에 다양한 지리적인 환경에서 이루어졌다. 새롭게 떠오르는 아젠다 세팅의 문화적인 영역은 아젠다의 출처와 그런 아젠다를 정의하는 이슈를 위해 새로운 조작적 정의를 대대적으로 도입한다. 모두 사회 문제와는 먼 환경이다.

문헌에서 찾아볼 수 있는 다양한 영역과 환경은 아젠다 세팅 이론의 핵심적인 개념들을 이론의 조작적 정의로부터 분리한다. 그 결과, 우리가 과거를 더 분명하게 보고 연구의 새로운 방향을 머릿속에 그려볼 수 있다. 이런 분리 덕택에 다양한 학자들이 내놓는 아젠다 세팅의 다양하면서도 때로는 혼란스러운 정의도 명확해진다. 아젠다 세팅 연구의 본래 영역과 환경에 맞춰서 어떤 학자들은 아젠다 세팅을 미디어 아젠다에서 공중 아젠다로 중요도가 옮겨가는 현상이라고 좁게 정의한다. 더 넓은 정의는 미디어 아젠다에서 중시되는 요소들이 공중 아젠다에서도 중시되는 경우가 많다고 언급한다. 이 정의는 자주 인용되지만, 여전히 본래의 영역과 환경에서 크게 벗어나지 않는다. 두 정의 모두 맞지만, 둘 중 그 어떤 것도 오늘날 존재하는 아젠다 세팅 이론과 관련 연구의 전체적인 범위를 아우르지 못한다.

개념, 영역, 환경을 구분할 줄 알면 아젠다 세팅을 정의하고 아젠다 세팅 현상의 넓은 범위를 이해하는 데 유용한 맥락이 생긴다. 영역과 환경이 다양해지더라도 한 아젠다에서 다른 아젠다로 중요도가 전이된다는 아젠다 세팅 이론의 핵심적인 발상 덕택에 이론적인 용어가 많이 늘어나지는 않는다. '아젠다 세팅'과 '아젠다 형성'이라는 용어가 때로는 문헌에서 나란히 쓰이지만, 두 용어의 근본적인 차이는 없다. 용어는 다르지만, 뜻은 사실상 똑같기 때문이다. 아젠다 세팅 이론은 근본적으로 영역이나 환경과 관계없이 아젠다 간에 중요도가 옮겨가는 현상에 관한 것이다. 현대 세계에는 아젠다도 많고 아젠다를 설정하는 이도 많다. 그러나 고대 로마의 율리우스 카이사르(Julius Caesar)처럼 현대의 아젠다를 형성하는 데 대중매체가 가장 큰 역할을 하는 경우가 많다.

아젠다 세팅 이론의 지속적인 진화

아젠다 세팅에 관한 우리의 이론적인 지도는 채플힐에서 45년 전에 그려지기 시작했다. 유권자들이 가장 중요하게 여기는 여러 이슈에 뉴스 매체가 미치는 영향을 조사한 것이 그 시초였다. 그 후로 수십 년에 걸쳐서 이 지도는 뚜렷하게 구분되는 여섯 가지 측면이 있는 이론으로 확장되었다. 아젠다 세팅이라는 아이디어가 여러 국제적인 환경에서 다양한 영역으로 확장 중인 만큼 이 모든 연구 영역은 여전히 활성화되어 있다. 그리고 미래에도 현대의 이론적인 지도 너머로 진화가 계속될 것으로 예측된다. 학자들이 계속해서 아젠다 세팅 과정을 설명하고, 이 과정이 적용되는 새로운 영역을 탐구하고 있기 때문이다. 이런 영역은 본래 사회 문제에 초점을 맞췄던 아젠다 세팅 영역을 한참 넘어선다. 학자들이 이론적인 기초로 돌아가는 동시에 새로운 영역으로 확장해 나아가는 추세가 학문적인 활동을 위한 흥미로운 아젠다를 제시한다. 다시 한번 더 셜록 홈스가 모험을 떠날 때 하는 말을 빌려보자.

"자, 게임이 시작됐소."

Current Press

october 7, 3400 Section2

Agenda Setting

Issue: 240460

Est - 2018

에필로그

미디어의 아젠다 세팅과 수용자의 아젠다 융합

_도널드 쇼와 데이비드 위버*

우리는 살면서 여러 아젠다와 맞닥뜨린다. 이런 일은 문명이 시작된 이래 계속되었지만, 최근에 트위터, 페이스북, 유튜브와 같은 소셜미디어와 휴대전화와 이메일을 비롯한 여러 매체가 등장하면서 사회적인 영역이 크게 확장되었다. 우리는 세상에 관한 그림을 형성하려고 다양한 매체로부터 아젠다의 대상과 속성을 혼합한다. 이 과정은 워낙 통합적이라 우리가 '아젠다 융합(agenda-melding)'이라는 용어를 사용한다. 아젠다 융합은 우리가 세상에 관한 만족스러운 그림을 그리려고 시민 공동체 및 우리가 높이 평가하여 참고하는 공동체의 아젠다와 우리만의 시각과 경험 사이의 균형을 잡는 방법이다. 아젠다 융합이 미디어의 아젠다 세팅을 대체하지는 않는다. 하지만 미디어의 아젠다 세팅 영향력의 강도가 매체, 집단, 개인 간에 다르게 나타나는 이유를 설명하는 데 유용하다.

일간지, 라디오 방송국, TV 방송국처럼 범위가 넓은 일반 수용자를 겨냥하는 미디어도 있다. 이것은 피라미드 꼭대기에 서서 아래 펼쳐진 드넓은 사막에 있는 그 누구에게든 소리치는 것과 마찬가지다. 이런 미디어는 일반 대중을 향해 손을 아래로, 즉 '수직으로' 뻗는다. 반대로, 잡지, 여러 케이블 TV 프로그램, 토크쇼 호스트, 블로그, 웹사이트, 트위터의 경우에는 스포츠, 패션, 정치, 여행을 비롯하여 특정한 주제에 관심이 있다고 알려진 수용자를 표적으로 삼는다. 이런 미디어는 특별한 관심사가 있는 수용자에게 손을 '수평으로' 내민다.

수직적인 미디어는 공공 생활을 위한 주요 뉴스 아젠다를 제공하고, 수평적인 미디어는 수직적인 미디어를 보충하고 뒷받침하는 정보와 관점을 제공한다. 우리는 정치와 관련하여 선호도도 있고 투표 이력도 있다. 이런 요소는 우리가 수직적인 미디어와 수평적인 미디어를 혼합하거나 융합하여 개인적으로 만족스러운 아젠다 공동체(agenda community)를 만들게 도와주는, 눈에 보이지 않는 재료다. 우리에게는 우리와 관련된 것으로 여겨지는 주제에 관한 불확실성을 제거하려는 정향 욕구가 있으며, 편안한 개인적인 아젠다 공동체를 찾거나 만들려는 욕구도 있다.

〈표 E.1〉 **아젠다 융합의 세 가지 근원**

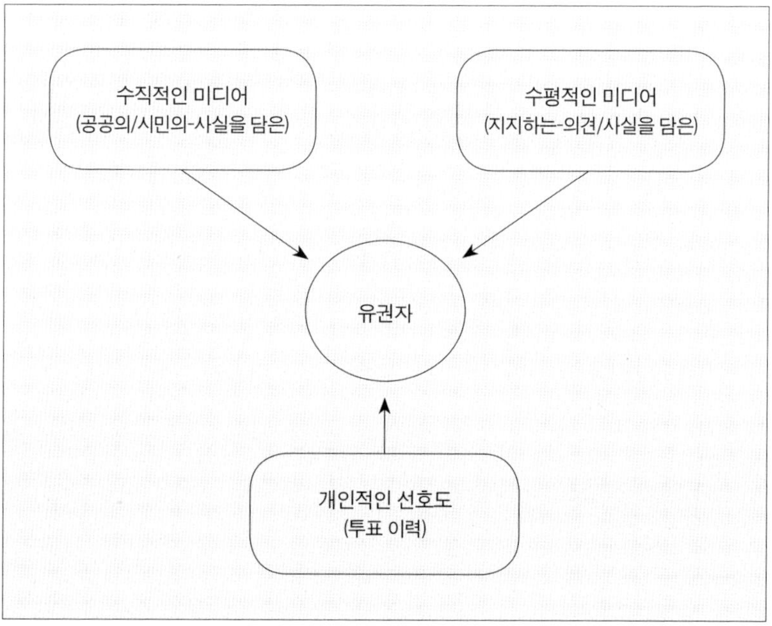

〈표 E.1〉은 수직적인 미디어 아젠다와 수평적인 미디어 아젠다의 관계를 잘 보여준다. 유권자의 선호도가 행사할 것으로 예상하는 영향력도 추가되어 있다. 1968년에 채플힐 연구에서 그랬듯이 우리의 정치적인 예에서도 수직적인 미디어와 유권자의 관계가 의미 있을 것으로 예상한다.[1] 유권자와 수평적인 미디어 아젠다의 관계도 마찬가지다. 이때의 수평적인 미디어는 정치를 다루는 라디오와 TV 프로그램의 호스트, 트위터, 선별된 웹사이트, 유튜브, 친구, 동료를 비롯하여 다양한 개별화된 출처를 말한다. 이런 수평적인 미디어는 수직적인 미디어 아젠다를 반영하는 경우가 많다. 라디오 프로그램의 호스트인 러시 림보(Rush Limbaugh)와 TV 프로그램의 호스트인 존 스튜어트는 주요 매체로부터 정보를 얻는 것처럼 보인다.

〈표 E.1〉을 예로 삼았을 때 수직적인 아젠다와 수평적인 아젠다가 유권자들과 보이는 상관관계가 +1.00일 경우(그러면 두 아젠다 간의 상관관계도 +1.00일 수밖에 없음) 유권자들은 미디어와 완전히 합의하게 된다. 그러면 개인적인 가치가 선택에 관여할 여지가 전혀 없을 것이다. 일어날 확률이 매우 낮은 이런 상황에서는 수직적인 미디어 아젠다와 수평적인 미디어 아젠다만 참고하여(둘 중 하나만 참고하거나 둘 다 참고) 유권자들이 중시하는 이슈를 예측할 수 있을 것이다. 하지만 수직적인 미디어와 수평적인 미디어의 상관관계는 +1.00 미만이다. 우리가 여러 이슈 중에서 선별하기 때문이다. 우리에게는 매체의 영향력을 완화하는 개인적인 가치가 있다. 수직적인 미디어와 수평적인 미디어를 참고했는데도 설명할 수 없는 차이는 개인적인 특성 때문에 나타난다. 우리는 공적인 면을 강조하거나 지지하는 공동체와 개인적인 면을 강조할지도 모른다. 하지만 분명한 것은 우리가 아젠다 공동체와 우리의 가치 사이에 균형을 유지하려고 노력할 것이라는 점이다.

정치적 아젠다 융합

이 모델은 민주당원인 버락 오바마와 공화당원인 존 매케인이 경쟁했던 2008년의 미국 대선 기간에 시험대에 올랐다. 우리는 연구를 진행하면서 속성이 아닌 주제와 대상에 초점을 맞췄다. 1968년에 우리가 영향력이 큰 연구를 진행했던 채플힐로 돌아가서 유권자 명부에서 유권자 표본을 추출했다. 성별, 나이, 정치 성향이 최대한 골고루 섞인 표본을 추출하려고 노력했다.

우리는 심층적인 면담에 토대를 둔 현장 실험처럼 연구를 설계했다.[2] 1968년에 실시한 본래의 연구에서는 유권자 100명을 직접 찾아가서 면담을 진행했었다. 하지만 40년이 흐르자 면담 약속을 잡으려고 젊은 유권자들의 전화번호를 알아내기가 어려웠다. 그래서 2008년에는 유권자 70명만 만나서 심층적인 면담을 진행할 수 있었다. 등록된 민주당원 유권자가 32명, 공화당원 유권자가 19명, 무소속인 유권자가 19명이었다. 그중에서 남자는 41명이었고 여자는 29명이었으며, 40세 이상은 47명이었고 40세 미만은 23명이었다. 모두가 5월에 열린 예비 선거에서 투표한 것을 생각하면 그들은 전부 정치에 관심이 많은 유권자였다. 면담에서는 여러 질문 중에서도 그들이 중시하는 이슈, 선호하는 후보자, 이용하는 매체가 무엇인지 물었다. 면담은 최대 한 시간 동안 진행되었고 토씨 하나 빠뜨리지 않고 그대로 기록되었다.

아틀라스 I(Atlas I)이라는 텍스트 코딩 프로그램은 각 기록을 조사하여 유권자들이 언급한 모든 핵심 이슈, 이용한 미디어, 선호하는 후보자(있을 경우)와 다른 여러 데이터를 찾아냈다. 정치 커뮤니케이션 카테고리를 정의하려고 이런 키워드를 이용한 결과, 우리의 세 코더(coder) 간의 합의가 80%대를 기록했다. 우리가 2008년에 채플힐에서 만난 유권자들은 총 18개의 이슈를 언급했다. (14개는 수직적인 미디어나 수평적인 미디어로도 언급되었다.) 우리는 이 분석에 이슈 14개를 이용했다.

여기에서는 ABC, NBC, CBS, CNN, 폭스 뉴스(Fox News) 등의 TV 뉴스 프로그램 5개로부터 얻은 총 데이터를 이용한다. 우리는 6월, 7월, 8월 초에 9주에 걸쳐서 선별된 방송국에서 저녁에 정기적으로 방송되는 뉴스 프로그램 18개를 표본으로 추출했다. 이 시기는 전당 대회가 열리던 즈음이었다. 1968년과 달리 이번 연구는 단기간이 아니라 의견 형성기를 거치면서 나타나는 정치적인 의견에 초점을 맞췄다.

우리는 분석을 위해 똑같은 아틀라스 I 프로그램을 이용하여 이 모든 프로그램을 기록했다. 우리는 이 매체 5개를 선거 운동에 관한 사건과 이슈에 주로 초점을 맞추는 수직적인 미디어로 여긴다. 이런 프로그램은 서로 간의 상관관계가 대단히 높았다. 우리는 이런 수직적인 미디어로부터 이슈를 코딩했다. 코더들이 합의하는 정도는 면담 콘텐츠를 이용했을 때와 비슷하게 나타났다.

우리는 똑같은 9주 동안 우리가 의견이나 엔터테인먼트라고 여기는 것, 즉 수평적인 지원 미디어에 관한 프로그램의 표본도 기록했다. 1968년에는 수평적인 미디어는 따로 연구하지 않았다. 2008년에는 여기에 러시 림보, 스테파니 밀러(Stephanie Miller), 존 스튜어트, 스티븐 콜버트, 론 새비지(Ron Savage), 에드 슐츠(Ed Shultz)가 포함되었다. 이런 의견 미디어는 수직적인 미디어만큼 서로 간의 상관관계가 높지 않지만, 우리는 의견 미디어를 수평적인 아젠다에 합쳤다. 수평적인 미디어는 유권자와 TV가 언급한 것과 같은 이슈들을 언급했다.

1968년에 우리의 유동 유권자 100명이 신문과 방송 미디어와 의견이 일치한 정도가 +0.97로 기록되었다. 40년 후에 정치에 관심이 많은 우리의 유권자 70명은 수직적인 방송 뉴스 프로그램의 아젠다와 의견이 일치하는 정도가 +0.87이었다. 수평적인 미디어와 합의하는 정도는 +0.39로 기록되었다. (2008년에 수직적인 미디어와 수평적인 미디어가 합의하는 정도는 +0.52였다.) 우리는 세 플랫폼에서 언급된 이슈 14개(또는 대상)를 이용하여 유권자들의 수직적인 미디어와 수평적인 미디어의 이용 실태를 비교할 수 있다. 우리에게는 유권자와 수직적인 미디어의 상관관계, 그리고 유권자와 수평적인 미디어의 상관관계가 있어서 여기에서 '빠진' 차이도 계산할 수 있다.

우리의 공식은 '아젠다 집단 유인(Agenda Community Attraction) = 2.00 - 수직적인 상관관계^2 + 수평적인 미디어'^{2}이다. 개인적인 차이가 누락된 공식이지만, 우리의 모델에서 유권자들이 수직적인 미디어와 수평적인 미디어와 합의하는 정도가 각각 +1.00이라면 유권자들의 차이를 따질 일이 없을 것이다. 〈표 E.2〉에서는 유권자들의 차이가 잘 드러난다.

이런 연구 결과는 서로 다른 정당에 속한 사람들이 수직적인 아젠다와 수평적인 아젠다를 다른 방식으로 융합했다는 사실을 말해준다. 우리의 세 유권자 집단이 각각 이슈 14개의 순위를 어떻게 매겼는지 분석했

〈표 E.2〉 **아젠다 집단 유인**

	(시민의) 수직적	수직적²	(지지하는) 수평적	수평적²	제곱(개별적인) 총합	나머지
모든 유권자(70명)	0.87	0.76	0.39	0.15	0.91	1.09
민주당원 유권자(32명)	0.84	0.71	0.32	0.10	0.81	1.19
공화당원 유권자(19명)	0.92	0.85	0.46	0.21	1.06	0.94
무소속 유권자(19명)	0.82	0.67	0.39	0.15	0.82	1.18

더니 이슈의 분포에 확연한 차이가 있었다. 반대로, 남자와 여자는 수직적인 미디어와 수평적인 미디어를 뚜렷한 차이가 날 만큼 다르게 이용하지 않았다. 그러나 2008년에 유권자들이 융합한 아젠다 공동체를 살펴보면 40세 이상의 유권자는 수직적인 미디어를 조금 더 선호했고, 젊은 유권자들은 수평적인 미디어를 조금 더 선호했다. 개인의 미디어를 이용하는 습관과 정치적인 선호도는 우리가 만들어내는 아젠다 공동체를 형성할 수 있다.

우리의 공동체 아젠다 융합에 대한 욕구

위버는 1972년에 진행된 미국 대통령 선거 운동 기간에[3] 선거 운동에 관해 관심도 높고 불확실성도 높은 유권자들에게 정향 욕구가 있다는 사실을 알아냈다. 이런 이론적인 단서를 2008년의 연구에도 적용하면 우리는 공식을 이렇게 다시 쓸 수 있다. 2.00-개인적인 차이=수직적인 미디어의 차이+수평적인 차이. 이 경우에는 새 결과가 〈표 E.3〉에서 소개하는 것처럼 나타난다.

공화당원 유권자들은 사회적 아젠다와 관련되고 싶은 욕구를 더 많이 드러냈다. 수직적인 공동체 아젠다와 수평적인 공동체 아젠다를 비교해보니 민주당원 유권자들은 수평적인 공동체 아젠다보다 수직적인 공동체의 혼합을 더 많이 반영했다(0.71÷0.10=7.1). 한편 공화당원 유권자와 무소속 유권자들은 수직적인 공동체에 관한 욕구를 상대적으로 덜 드러냈다(공화당원: 0.85÷0.21=4.0, 무소속: 0.67÷0.15=4.5). 민주당원 유권자들은 외부 공동체를 가장 덜 찾았고, 7:1의 비율로 수평적인 미디어보다

〈표 E.3〉 **아젠다 공동체 간의 균형 꾀하기**

	개인적	수직적		수평적
민주당원 유권자(32명)	2.00-1.19	= 0.71	+	0.10
공화당원 유권자(19명)	2.00-0.94	= 0.85	+	0.21
무소속 유권자(19명)	2.00-1.18	= 0.67	+	0.15

수직적인 미디어를 선호했다. 무소속 유권자들도 외부의 지지 집단의 필요성을 비슷하게 피력했지만 4:1의 비율로 수평적인 미디어보다 수직적인 미디어를 선호했다. 민주당원 유권자들은 지지에 관한 욕구를 가장 많이 피력했고 무소속 유권자처럼 4:1의 비율로 수평적인 미디어보다 수직적인 미디어를 선호했다.

우리는 다음과 같이 예측할 수 있다.

- 만일 시민들이 공공 이슈에 관심은 많고 불확실성이 크다면 적절한 매체로부터 정보를 얻으려고 노력하면서 정향 욕구를 드러낼 것이다.
- 만일 시민들이 자신이 사회에서 차지하는 위치에 관심은 많고 불확실성이 크다면 시민 공동체의 아젠다와 지지하는 공동체의 아젠다를 개인적으로 만족스러운 공동체에 관한 그림에 융합시켜서 사회적인 균형을 잡고 싶은 욕구를 드러낼 것이다.

아젠다 융합이라는 개념은 공공 생활에서 의사소통이 하는 역할을 이해할 수 있는 새로운 길을 열어준다.

주석

서문

1 *New York Times*, 8 March 2000, p. A3.

2 Polly Toynbee, 'Press ganged', *Guardian*, 21 May 2003.

3 *New York Times*, 26 February 2001, p. C15.

4 Max Frankel, *The Times of My Life and My Life with The Times* (New York: Random House, 1999), pp. 414-15.

5 Theodore White, *The Making of the President, 1972* (New York: Bantam, 1973), p. 327.

6 Maxwell McCombs and Donald Shaw, 'The agenda-setting function of mass media', *Public Opinion Quarterly*, 36 (1972): 176-87. 이 연구의 초기 역사를 살펴보면 새로운 이론적인 시각이 쉽게 받아들여지지 않는다는 점을 알 수 있다. 1968년에 선거가 치러진 지 몇 달 뒤, 맥콤스와 쇼는 나중에 《퍼블릭 오피니언 쿼털리》에 출간되는 논문을 매년 열리는 미국언론학회(Association for Education in Journalism)에 제출했다. 하지만 논문은 곧바로 거절당했고, 그런 이유로 1968년의 선거와 1972년에 《퍼블릭 오피니언 쿼털리》에 논문이 실리기까지 4년이라는 공백이 생겼다.

7 '아젠다 세팅'이라는 용어를 처음 사용한 사람이 1972년 여름에 출간된 《퍼블릭 오피니언 쿼털리》에 실린 원논문에 익명으로 논평을 남긴 사람이라는 주장이 있다. 하지만 맥콤스와 쇼가 1969년 6월에 NAB에 제출한 보고서의 파트 1에는 '대중매체의 아젠다 세팅 기능'이라는 제목이 붙어 있었다. 보고서 전체의 제목은 '정치 정보의 취득'이었다. A revised version of this draft report was not submitted to Public Opinion Quarterly until several years later. 이 기초 보고서의 수정된 버전이 《퍼블릭 오피니언 쿼털리》에 제출된 것은 몇 년 뒤의 일이다. The full statement about

the phrase 'agenda-setting' originating with an anonymous reviewer is in '아젠다 세팅'이라는 용어를 익명의 논평가가 처음 제시했다는 주장은 다음의 자료에 나와 있다. Robert L. Stevenson, Rainer Bohme and Nico Nikel, 'The TV agenda-setting influence on campaign 2000', *Egyptian Journal of Public Opinion Research*, 2, 1 (2001), p. 29: "해당 용어는 저널에 실린 원래의 원고에 익명으로 논평을 남겼던 사람의 제안인 것으로 알려져 있다."

8 Maxwell McCombs and Jian-Hua Zhu, 'Capacity, diversity, and volatility of the public agenda: trends from 1954 to 1994', *Public Opinion Quarterly*, 59 (1995): 495-525. 또한 Tom Smith, 'America's most important problem—a trend analysis, 1946-1976', *Public Opinion Quarterly*, 44 (1980): 164-80을 보라. 그의 후속 분석 결과를 다룬 글 'The polls: America's most important problems'는 Public Opinion Quarterly, 49 (1985): 264-74에 실려 있다.

9 이 비유적인 표현을 사용하게 허락해주신 존 파블릭에게 감사를 전한다. 이 표현은 우리가 2003년 9월 12일에 독일 본에서 이 책의 초판에 관해 이야기를 나누다가 등장했다.

10 데이비드 위버는 1968년에 실시된 본래의 채플힐 연구가 끝나고 얼마 후에 박사 과정을 밟기 위해 노스캐롤라이나대학교에 왔다. 이윽고 아젠다 세팅 이론의 발전에 크게 이바지하는 역할을 했다. 위버는 제4장에서 살펴본 것처럼 1972년 미국 대선 기간에는 대학원생으로서, 그리고 제1장에서 살펴본 것처럼 1976년 미국 대선 기간에는 인디애나대학교의 교수로서 이바지했다. 그 후에도 위버는 여러 해에 걸쳐서 다양하게 이바지했는데, 그 내용은 다른 여러 장에서 확인할 수 있다.

11 James Dearing and Everett Rogers, *Agenda-Setting* (Thousand Oaks, CA: Sage, 1996).

12 Jay G. Blumler and Dennis Kavanagh, 'The third age of political communication: influences and features', *Political Communication*, 16 (1999), p. 225.

13 Michael Gurevitch and Jay Blumler, 'Political communication systems and democratic values', in *Democracy and the Mass Media*, ed. J. Lichtenberg (Cambridge: Cambridge University Press, 1990), pp. 269-89.

14 Tom Bettag, 'What's news? Evolving definitions of news', *Harvard International Journal of Press/Politics*, 5, 3 (2000): 105.

15 Davis Merritt and Maxwell McCombs, *The Two W's of Journalism: The Why*

and *What of Public Affairs Reporting* (Mahwah, NJ: Lawrence Erlbaum, 2003).

제1장 여론에 영향력 행사하기

1 Walter Lippmann, *Public Opinion* (New York: Macmillan, 1922), p. 29.

2 Robert Park, 'News as a form of knowledge', *American Journal of Sociology*, 45 (1940): 667-86.

3 Bernard Cohen, *The Press and Foreign Policy* (Princeton, NJ: Princeton University Press, 1963), p. 13.

4 Lippmann, *Public Opinion*, p. 3.

5 Ibid., p. 4.

6 Paul Lazarsfeld, Bernard Berelson and Hazel Gaudet, *The People's Choice* (New York: Columbia University Press, 1944).

7 Joseph Klapper, *The Effects of Mass Communication* (New York: Free Press, 1960).

8 Maxwell McCombs and Donald Shaw, 'The agenda-setting function of mass media', *Public Opinion Quarterly*, 36 (1972): 176-87.

9 Klapper, *The Effects of Mass Communication*, chapter II.

10 James Dearing and Everett Rogers, *Agenda-Setting* (Thousand Oaks, CA: Sage, 1996).

11 Stanley Presser, 'Substance and method in Public Opinion Quarterly, 1937-2010'. *Public Opinion Quarterly*, 75 (2011): 839-45. 특히 표2를 참조하라. 채플힐 연구에 관한 인용문의 추가적인 배경이 궁금하다면 다음의 자료를 참조하라. W. Russell Neuman and Lauren Guggenheim, 'The evolution of media effects theory: a six-stage model of cumulative research', *Communication Theory*, 21 (2011): 169-96. 더 자세히 알고 싶다면 180쪽을 참조하라.

12 Donald Shaw and Maxwell McCombs, eds., *The Emergence of American Political Issues* (St Paul, MN: West, 1977).

13 David Weaver, Doris Graber, Maxwell McCombs and Chaim Eyal, *Media Agenda Setting in a Presidential Election: Issues, Images and Interest* (Westport, CT: Greenwood, 1981).

14 James Winter and Chaim Eyal, 'Agenda setting for the civil rights issue', *Public Opinion Quarterly*, 45 (1981): 376-83.

15 Stuart N. Soroka, 'Media, public opinion, and foreign policy', paper presented to the American Political Science Association, San Francisco, 2001.

16 Hans-Bernd Brosius and Hans Mathias Kepplinger, 'The agenda setting function of television news: static and dynamic views', *Communication Research*, 17 (1990): 183-211.

17 Howard Eaton Jr, 'Agenda setting with bi-weekly data on content of three national media', *Journalism Quarterly*, 66 (1989): 942-8.

18 Kim Smith, 'Newspaper coverage and public concern about community issues', *Journalism Monographs*, 101 (1987).

19 Maria Jose Canel, Juan Pablo Llamas and Federico Rey, 'El primer nivel del efecto agenda setting en la informacion local: los "problemas mas importantes" de la ciudad de Pamplona' ['The first level agenda setting effect on local information: the "most important problems" of the city of Pamplona'], *Comunicacion y Sociedad*, 9, 1 and 2 (1996): 17-38.

20 Toshio Takeshita, 'Agenda-setting effects of the press in a Japanese local election', *Studies of Broadcasting*, 29 (1993): 193-216.

21 Federico Rey Lennon, 'Argentina: 1997 elecciones: los diarios nacionales y la campana electoral' ['The 1997 Argentina election: the national dailies and the electoral campaign'], report by the Freedom Forum and Austral University, 1998.

22 Alicia Casermeiro de Pereson, 'La jerarquizacion tematica y de imagen segun los medios, y su transferencia a los habitantes de la ciudad de Buenos Aires: aplicacion de la teoria de la agenda setting al caso Argentino' ['The ranking of themes and images according to the media, and their transfer to the citizens of Buenos Aires: application of agenda-setting theory to the Argentine case'], Austral University, Buenos Aires, 2002. 미출간 박사학위 논문,

23 McCombs and Shaw, 'The agenda-setting function of mass media'.

24 Shaw and McCombs, *The Emergence of American Political Issues*.

25 Weaver, Graber, McCombs and Eyal, *Media Agenda Setting in a Presidential*

Election.

26 Winter and Eyal, 'Agenda setting for the civil rights issue'.

27 Eaton, 'Agenda setting with bi-weekly data on content of three national media'.

28 Brosius and Kepplinger, 'The agenda setting function of television news'.

29 Smith, 'Newspaper coverage and public concern about community issues'.

30 Shanto Iyengar and Donald Kinder, *News that Matters: Television and American Opinion* (Chicago: University of Chicago Press, 1987).

31 Scott L. Althaus and David Tewksbury, 'Agenda setting and the "new" news: patterns of issue importance among readers of the paper and online versions of the New York Times ', *Communication Research*, 29 (2002): 180–207. 인용문은 199쪽에 실려 있다.

32 Michael Conway and J.R. Patterson, 'Today's top story? An agenda-setting and recall experiment involving television and Internet news', *Southwestern Mass Communication Journal*, 24 (2008): 31–48.

33 Gyotae Ku, Linda Lee Kaid and Michael Pfau, 'The impact of website campaigning on traditional news media and public information processing', *Journalism and Mass Communication Quarterly*, 80 (2003): 528–47.

34 Tai-Li Wang, 'Agenda-setting online: an experiment testing the effects of hyperlinks in online newspapers', *Southwestern Mass Communication Journal*, 15, 2 (2000): 59–70.

35 Jason Martin, 'Agenda setting, elections and the impact of information technology', in *Agenda Setting in a 2.0 World*, ed. T. Johnson (New York: Routledge, 2013).

36 Conway and Patterson, 'Today's top story?'; Althaus and Tewksbury, 'Agenda setting and the "new" news'.

37 Yonghoi Song, 'Internet news media and issue development: a case study on the roles of independent online news services as agenda-builders for anti-US protests in South Korea', *New Media and Society*, 9 (2007): 71–92.

38 Steven Chaffee and M. Metzger, 'The end of mass communication?', *Mass Communication and Society*, 4 (2001): 365–79.

39 Yue Tan and David Weaver, 'Agenda diversity and agenda setting from 1956 to 2004: what are the trends over time?', Journalism Studies.

40 Renita Coleman and Maxwell McCombs, 'The young and agenda-less? Age-related differences in agenda-setting on the youngest generation, baby boomers, and the civic generation', *Journalism and Mass Communication Quarterly*, 84 (2007): 299–311.

41 Jae Kook Lee and Renita Coleman, 'Testing generational, life cycle, and period effects of age on agenda setting', *Mass Communication and Society*. doi:10.1080/15205436.2013.788721.

42 Pablo Boczkowski, *News at Work: Imitation in an Age of Information Abundance*. (Chicago: University of Chicago Press, 2010).

43 Maxwell McCombs, 'Civic osmosis: the social impact of media', *Communication and Society*, 25 (2012): 7–14.

44 James Webster and Thomas Ksiazek, 'The dynamics of audience fragmentation: public attention in an age of digital media', *Journal of Communication*, 62 (2012): 39–56. 인용문은 39쪽에 실려 있다.

45 Lazarsfeld, Berelson and Gaudet, *The People's Choice*, p. 122.

46 Maxwell McCombs, Esteban Lopez-Escobar and Juan Pablo Llamas, 'Setting the agenda of attributes in the 1996 Spanish general election', *Journal of Communication*, 50, 2 (2000): 77–92.

47 Coleman and McCombs, 'The young and agenda-less?'. 인용문은 503쪽에 실려 있다.

48 Jesper Stromback and Spiro Kiousis, 'A new look at agenda-setting effects-Comparing the predictive power of overall political news consumption and specific news media consumption across different media channels and media types', *Journal of Communication*, 60 (2010): 271–92. Quote is on p. 288, emphasis in original. 인용문은 288쪽에 실려 있다.

49 Steven Chaffee and Donna Wilson, 'Media rich, media poor: two studies of diversity in agenda-holding', *Journalism Quarterly*, 54 (1977): 466–76. 또한 다음의 논문을 참고하라. Peter Jochen and C.H. de Vreese, 'Agenda-rich, agenda-poor: a cross-national comparative investigation of nominal and thematic

public agenda diversity', *International Journal of Public Opinion Research*, 15 (2003): 44-64.

50 실증적인 아젠다 세팅 연구의 메타 분석 결과, 평균 상관관계가 +0.53으로 나타났다. 결과 대부분은 이 평균보다 6포인트 높게 또는 낮게 나타났다(+0.47에서 +0.59). 또한 다음의 글을 참고하라. Wayne Wanta and Salma Ghanem, 'Effects of agenda setting', in *Mass Media Effects Research: Advances through Meta-Analysis*, eds. R. W. Preiss, B. M. Gayle, N. Burrell, M. Allen and Jennings Bryant (Mahwah, NJ: Lawrence Erlbaum, 2006): 37-51.

51 다음의 글을 참고하라. Xiaoxia Cao, 'Hearing it from Jon Stewart: the impact of The Daily Show on public attentiveness to politics', *International Journal of Public Opinion Research*, 22 (2010): 26-46; J. Carroll Glynn, Michael Huge, James Reineke, Bruce Hardy and James Shanahan, 'When Oprah intervenes: political correlates of daytime talk show viewing', *Journal of Broadcasting and Electronic Media*, 51 (2007): 228-44.

52 William Gamson, *Talking Politics* (New York: Cambridge University Press, 1992).

53 W. G. Mayer, *The Changing American Mind: How and Why American Public Opinion Changed between 1960 and 1988* (Ann Arbor: University of Michigan Press, 1992).

제2장 뉴스는 현실과 어떻게 다른가

1 Ray Funkhouser, 'The issues of the sixties', *Public Opinion Quarterly*, 37 (1973): 62-75.

2 Ibid., p. 72.

3 Hans Mathias Kepplinger and Herbert Roth, 'Creating a crisis: German mass media and oil supply in 1973-74', *Public Opinion Quarterly*, 43 (1979): 285-96.

4 Maxwell McCombs, Edna Einsiedel and David Weaver, *Contemporary Public Opinion: Issues and the News* (Hillsdale, NJ: Lawrence Erlbaum, 1991), pp. 43-5. 또한 다음의 글을 참고하라. Pamela Shoemaker, ed., *Communication*

Campaigns about Drugs (Hillsdale, NJ: Lawrence Erlbaum, 1989), 특히 다음의 논문들을 참고하라. Stephen Reese and Lucig Danielian, 'Intermedia influence and the drug issue: converging on cocaine', pp. 29-46; Danielian and Reese, 'A closer look at intermedia influences on agenda setting: the cocaine issue of 1986', pp. 47-66; and Pamela Shoemaker, Wayne Wanta and Dawn Leggett, 'Drug coverage and public opinion, 1972-1986', pp. 67-80.

5 William Gonzenbach, *The Media, the President, and Public Opinion: A Longitudinal Analysis of the Drug Issue, 1984-1991* (Mahwah, NJ: Lawrence Erlbaum, 1996). 마약 문제를 다룬 이 종적 연구는 전통적으로 미디어 아젠다와 공중 아젠다를 분석하는 경향에 정책 아젠다라는 새로운 요소를 더한다. 여러 증거를 살펴보면 매체와 대중의 경우, 중요도의 전이가 주로 매체에서 대중으로 이루어진다. 하지만 정책 아젠다와 미디어 아젠다 간에는 영향력의 흐름에 변동이 훨씬 많다. 여러 자료 중에서도 특히 James Dearing and Everett Rogers, *Agenda Setting* (Thousand Oaks, CA: Sage, 1996)는 정책 아젠다를 다룬 대부분의 연구가 이 책에서 살펴본 매체 중심의 아젠다 세팅 이론과 별개로 발전했다는 사실을 명시적으로 보여준다.

6 Anthony Downs, 'Up and down with ecology: the "issue-attention cycle"', *The Public Interest*, 28 (1972): 38-50.

7 Salma Ghanem, 'Media coverage of crime and public opinion: an exploration of the second level of agenda setting', University of Texas at Austin, 1996. 미출간 박사학위 논문. 가넴의 연구는 텍사스에서의 뉴스 보도 패턴과 범죄 통계에 반영된 현실 간의 차이를 다루었으며, 이는 국가적인 상황의 상세한 축소판이다. 또한 다음의 글을 참고하라. Richard Morin, 'Crime time: the fear, the facts: how the sensationalism got ahead of the stats', Outlook, *Washington Post* (30 January 1994), p. C1, and Dennis Lowry, Tam Ching, Josephine Nio and Dennis Leitner, 'Setting the public fear agenda: a longitudinal analysis of network TV crime reporting, public perceptions of crime, and FBI crime statistics', *Journal of Communication*, 53, (2003): 61-73.

8 Margaret T. Gordon and Linda Heath, 'The news business, crime and fear', in *Reactions to Crime*, ed. Dan Lewis (Beverly Hills, CA: Sage, 1981). 해당 발췌문은 다음의 자료에 다시 실렸다. *Agenda Setting: Readings on Media, Public*

Opinion, and Policymaking, eds. David Protess and Maxwell McCombs (Hillsdale, NJ: Lawrence Erlbaum, 1991), pp. 71-4. 뉴스 보도와 현실의 차이가 드러나는 또 다른 예로, 미국 지역사회 19곳의 지역 TV 뉴스와 범죄 발생률에 관한 이야기가 다음의 자료에 실려 있다: J. T. Hamilton, *Channeling Violence* (Princeton, NJ: Princeton University Press, 1998).

9 George Gerbner, Larry Gross, Michael Morgan, Nancy Signorielli and James Shanahan, 'Growing up with television: cultivation processes', in *Media Effects: Advances in Theory and Research*, 2nd edn, eds. Jennings Bryant and Dolf Zillmann (Mahwah, NJ: Lawrence Erlbaum, 1994), pp. 43-68. 또한 다음의 글을 참고하라. R. Andrew Holbrook and Timothy Hill, 'Agenda-setting and priming in prime time television: crime dramas as political cues', *Political Communication*, 22 (2005): 277-95.

10 Kimberly Gross and Sean Aday, 'The scary world in your living room and neighborhood: using local broadcast news, neighborhood crime rates, and personal experience to test agenda setting and cultivation', *Journal of Communication*, 53 (2003): 411-26.

11 'The statistical shark', *New York Times*, 6 September 2001, p. A26.

12 Christine Ader, 'A longitudinal study of agenda setting for the issue of environmental pollution', *Journalism and Mass Communication Quarterly*, 72 (1995): 300-11.

13 Downs, 'Up and down with ecology: the "issue-attention cycle"'.

14 Gary T. Henry and Craig S. Gordon, 'Tracking issue attention: specifying the dynamics of the public agenda', *Public Opinion Quarterly*, 65 (2001): 157-77.

15 다음의 자료는 개인의 이슈 아젠다를 다룬 연구의 훌륭한 예시다. Jack McLeod, Lee B. Becker and J. E. Byrnes, 'Another look at the agendasetting function of the press', *Communication Research*, 1 (1974): 131-66.

16 다음의 자료에서 대중의 관심에 바탕을 둔 여러 연구의 인용문을 살펴보자. Wayne Wanta, *The Public and the National Agenda* (Mahwah, NJ: Lawrence Erlbaum, 1997).

17 Jesper Stromback and Spiro Kiousis, 'A new look at agenda-setting effects-Comparing the predictive power of overall political news consumption and

specific news media consumption across different media channels and media types', *Journal of Communication*, 60 (2010): 271-292. 인용문은 288쪽에 실려 있다.

18 Richard L. Merritt, *Symbols of American Community*, 1735-1775 (New Haven, CT: Yale University Press, 1966).

19 David Paul Nord, 'The politics of agenda setting in late 19th century cities', *Journalism Quarterly*, 58 (1981): 563-74, 612.

20 Ibid., p. 570.

21 Jean Lange Folkerts, 'William Allen White's anti-populist rhetoric as an agenda-setting technique', *Journalism Quarterly*, 60 (1983): 28-34.

22 Funkhouser, 'The issues of the sixties'.

23 James Winter and Chaim Eyal, 'Agenda setting for the civil rights issue', *Public Opinion Quarterly*, 45 (1981): 376-83.

24 Edward Caudill, 'An agenda-setting perspective on historical public opinion', in *Communication and Democracy: Exploring the Intellectual Frontiers in Agenda-Setting Theory*, eds. Maxwell McCombs, Donald Shaw and David Weaver (Mahwah, NJ: Lawrence Erlbaum, 1997), p. 179.

25 Ibid., p. 181.

26 Jay G. Blumler and Dennis Kavanagh, 'The third age of political communication: influences and features', *Political Communication*, 16 (1999): 209-30.

27 William Safire, 'Like father, unlike son', *New York Times*, 2 September 2002, p. A17.

제3장 우리의 머릿속에 그려지는 세상

1 Walter Lippmann, *Public Opinion* (New York: Macmillan, 1922).

2 Maxwell McCombs and Donald Shaw, 'The agenda-setting function of mass media', *Public Opinion Quarterly*, 36 (1972): 176-87.

3 Maxwell McCombs, 'Explorers and surveyors: expanding strategies for agenda setting research', *Journalism Quarterly*, 69 (1992): 815.

4 Dan Caspi, 'The agenda-setting function of the Israeli press', *Knowledge:*

Creation, Diffusion, Utilization, 3 (1982): 401-14.

5 William McGuire, 'Theoretical foundations of campaigns', in *Public Communication Campaigns*, 2nd edn, eds. R. E. Rice and C. K. Atkin (Newbury Park, CA: Sage, 1989): 43-65.

6 *New York Times*, 1 November 2002, p. A28.

7 Bernard Cohen, *The Press and Foreign Policy* (Princeton, NJ: Princeton University Press, 1963), p. 13.

8 David Swanson and Paolo Mancini, eds., *Politics, Media, and Modern Democracy: An International Study of Innovations in Electoral Campaigning and their Consequences* (Westport, CT: Praeger, 1996).

9 Maxwell McCombs, 'The future agenda for agenda setting research', *Journal of Mass Communication Studies* [Japan], 45 (1994): 171-81; Maxwell McCombs and Dixie Evatt, 'Los temas y los aspectos: explorando una nueva dimension de la agenda setting' ['Objects and attributes: exploring a new dimension of agenda setting'], *Comunicacion y Sociedad*, 8, 1 (1995): 7-32.

10 Lee Becker and Maxwell McCombs, 'The role of the press in determining voter reactions to presidential primaries', *Human Communication Research*, 4 (1978): 301-7.

11 David Weaver, Doris Graber, Maxwell McCombs and Chaim Eyal, *Media Agenda Setting in a Presidential Election* (Westport,CT: Greenwood, 1981).

12 Maxwell McCombs, Esteban Lopez-Escobar and Juan Pablo Llamas, 'Setting the agenda of attributes in the 1996 Spanish general election', *Journal of Communication*, 50, 2 (2000): 77-92.

13 Rosa Berganza and Marta Martin, 'Selective exposure to highly politicized media'; and Jose Javier Sanchez-Aranda, Maria Jose Canel and Juan Pablo Llamas, 'Framing effects of television political advertising and the selective perception process', papers presented at the World Association for Public Opinion Research regional conference, Pamplona, Spain, 1997.

14 Renita Coleman and Stephen Banning, 'Network TV news' affective framing of the presidential candidates: evidence for a second-level agenda-setting effect through visual framing', *Journalism and Mass Communication Quar-*

terly, 83 (2006): 313-28.

15 Ibid., p. 321. 콜먼과 우는 시각적인 효과로부터 이런 정서적 아젠다 세팅 효과의 분석을 확장하여 감정으로서의 정서와 긍정적 · 부정적 인지 평가로서의 정서를 이론적으로 구분했다. 그들이 TV 뉴스에 나온 부시와 고어의 비언어적인 행동을 측정한 결과와 후보자의 특성에 관한 대중의 인지 평가 또는 후보자에 대한 대중의 긍정적인 정서 반응 간에 의미 있는 상관관계는 나타나지 않았다. 반면, 부정적인 정서 반응에 대해서는 의미 있는 관계가 나타났다. 또한 다음의 글을 참고하라. Renita Coleman and Denis Wu, 'Proposing emotion as a dimension of affective agenda setting: separating affect into two components and comparing their second-level effects', *Journalism and Mass Communication Quarterly*, 87 (2010): 315-27.

16 Pu-Tsung King, 'The press, candidate images, and voter perceptions', in *Communication and Democracy*, eds. Maxwell McCombs, Donald Shaw and David Weaver (Mahwah, NJ: Lawrence Erlbaum, 1997), pp. 29-40.

17 Esteban Lopez-Escobar, Juan Pablo Llamas and Maxwell McCombs, 'Una dimension social de los efectos de los medios de difusion: agenda-setting y consenso', *Comunicacion y Sociedad IX* (1996): 91-125. 또한 다음의 글을 참고하라. Maxwell McCombs, Juan Pablo Llamas, Esteban Łopez-Escobar and Federico Rey, 'Candidate images in Spanish elections: second-level agenda setting effects', *Journalism and Mass Communication Quarterly*, 74 (1997): 703-17.

18 Spiro Kiousis, Philemon Bantimaroudis and Hyun Ban, 'Candidate image attributes: experiments on the substantive dimension of second-level agenda setting', *Communication Research*, 26, 4 (1999): 414-28.

19 Toshio Takeshita and Shunji Mikami, 'How did mass media influence the voters ' choice in the 1993 general election in Japan?: a study of agenda setting', *Keio Communication Review*, 17 (1995): 27-41.

20 Marc Benton and P. Jean Frazier, 'The agenda-setting function of the mass media', *Communication Research*, 3 (1976): 261-74.

21 Shunji Mikami, Toshio Takeshita, Makoto Nakada and Miki Kawabata, 'The media coverage and public awareness of environmental issues in Japan',

paper presented to the International Association for Mass Communication Research, Seoul, Korea, 1994.

22 Michael Salwen, 'Effects of accumulation of coverage on issue salience in agenda setting', *Journalism Quarterly*, 65 (1988): 100-6,130.

23 Maxwell McCombs and John Smith, 'Perceptual selection and communication', *Journalism Quarterly*, 46 (1969): 352-5.

24 Salma Ghanem, 'Filling in the tapestry: the second level of agenda-setting', in *Communication and Democracy*, eds. Maxwell McCombs, Donald Shaw and David Weaver (Mahwah, NJ: Lawrence Erlbaum, 1997), pp. 3-14.

25 Salma Ghanem, 'Media coverage of crime and public opinion: an exploration of the second level of agenda setting', University of Texas at Austin, 1996. 미출간 박사학위 논문.

26 Amy Jasperson, Dhavan Shah, Mark Watts, Ronald Faber and David Fan, 'Framing and the public agenda: media effects on the importance of the federal budget deficit', *Political Communication*, 15 (1998): 205-24. 또한 다음의 글을 참고하라. David Fan, Kathy Keltner and Robert Wyatt, 'A matter of guilt or innocence: how news reports affect support for the death penalty in the United States', *International Journal of Public Opinion Research*, 14 (2002): 439-52.

27 Klaus Schoenbach and Holli Semetko, 'Agenda setting, agenda reinforcing or agenda deflating? A study of the 1990 German national election', *Journalism Quarterly*, 68 (1992): 837-46.

28 Thomas Birkland, *After Disaster: Agenda Setting, Public Policy, and Focusing Events* (Washington, D.C.: Georgetown University Press, 1997).

29 Jan Ván ě and František Kalvas, 'Focusing events and their effect on agendasetting', paper presented to the World Association for Public Opinion Research, Hong Kong, 2012.

30 Spiro Kiousis, 'Compelling arguments and attitude strength—exploring the impact of second-level agenda setting on public opinion of presidential candidate images', *Harvard International Journal of Press/Politics*, 10 (2005): 3-27.

31 W. Russell Neuman, Marion Just and Ann Crigler, *Common Knowledge: News and the Construction of Political Meaning* (Chicago: University of Chicago Press, 1992).

32 맥콤스가 본래 분석했던 결과는 다음 문헌에 보고된 데이터에 바탕을 두었다. Neuman, Just and Crigler, *Common Knowledge*.

33 Y. J. Son and David Weaver, 'Another look at what moves public opinion: media agenda setting and polls in the 2000 US election', *International Journal of Public Opinion Research*, 18 (2006): 174-97.

34 Maxwell McCombs and Lei Guo, 'Agenda-setting influence of the media in the public sphere', in *International Handbook of Media and Mass Communication Theory*, eds. Robert Fortner and Mack Fackler (New York: Wiley-Blackwell, forthcoming).

35 Lei Guo and Maxwell McCombs, 'Network agenda setting: a third level of media effects', paper presented to the International Communication Association, Boston, 2011. 필자는 크레이그 캐럴과 방성수가 네트워크 아젠다 세팅에 관한 새로운 아이디어에 영향을 끼친 점을 높이 평가한다.

36 Kihan Kim and Maxwell McCombs, 'News story descriptions and the public' s opinions of political candidates', *Journalism and Mass Communication Quarterly*, 84 (2007): 299-314.

37 Hong Vu, Lei Guo and Maxwell McCombs, 'Exploring 'the world outside and the pictures in our heads': a network agenda setting study', paper presented to the Association for Education in Journalism and Mass Communication, Chicago, 2012.

38 Paul F. Lazarsfeld and Robert Merton, 'Mass communication, popular taste and organized social action', in *The Communication of Ideas*, ed. Lyman Bryson (New York: Institute for Religious and Social Studies, 1948): 95-118.

39 Walter Lippmann, *'Public Opinion'*; Dan Nimmo and Robert L. Savage, *Candidates and their Images* (Pacific Palisades, CA: Goodyear, 1976).

40 Pamela Shoemaker and Tim Vos, *Gatekeeping Theory* (New York: Routledge, 2009).

41 George Gerbner, Larry Gross, Michael Morgan, Nancy Signorielli and James

Shanahan, 'Growing up with television', in *Media Effects*, 2nd edn, eds. Jennings Bryant and Dolf Zillmann (Mahwah, NJ: Lawrence Erlbaum, 1994), pp. 43-68.

42 또한 다음의 글을 참고하라. Margaret T. Gordon and Linda Heath, 'The news business, crime and fear', in *Reactions to Crime*, ed. Dan Lewis (Beverly Hills, CA: Sage, 1981).

43 Elisabeth Noelle-Neumann, *The Spiral of Silence: Our Social Skin, 2nd edn* (Chicago: University of Chicago Press, 1993).

44 Maxwell McCombs and David Weaver, 'Toward a merger of gratifications and agenda-setting research', in *Media Gratifications Research*, eds. K. E. Rosengren, L. Wenner and P. Palmgreen (Beverly Hills, CA: Sage, 1985), pp. 95-108.

45 Mark Miller, Julie Andsager and Bonnie Riechert, 'Framing the candidates in presidential primaries: issues and images in press releases and news coverage', *Journalism and Mass Communication Quarterly*, 75 (1998): 312-24. 여기에 보고된 상관관계는 맥콤스가 2000년 봄학기에 오스틴에 있는 텍사스대학교에서 개최한 아젠다 세팅 이론 세미나에서 계산한 값이다.

46 Toshio Takeshita, 'Expanding attribute agenda setting into framing: an application of the problematic situation scheme', paper presented to the International Communication Association, Seoul, Korea, 2002.

47 Alex Edelstein, Youichi Ito and Hans Mathias Kepplinger, *Communication and Culture: A Comparative Approach* (New York: Longman, 1989). 에델스타인(Edelstein), 이토(Ito), 케플링거(Kepplinger)가 이 문제 있는 상황을 설명하는 개념을 프레이밍과 직접 연결하지는 않았지만, 그 후에 살마 가넴이 두 개념을 연관 지어 생각하는 것이 유용하다고 언급했다. 다음의 글을 보라. 'Filling in the tapestry: the second level of agenda-setting', in *Communication and Democracy*, eds. Maxwell McCombs, Donald Shaw and David Weaver (Mahwah, NJ: Lawrence Erlbaum, 1997), p. 13.

48 Robert Entman, 'Framing: Toward a clarification of a fractured paradigm', *Journal of Communication*, 43 (4) (1993): 52.

49 Daniel Kahneman and Amos Tversky, 'Choices, values and frames', *American*

Psychologist, 39 (1984): 341-50.

50 Vincent Price and David Tewksbury, 'News values and public opinion: a theoretical account of media priming and framing' in *Progress in Communication Sciences: Advances in Persuasion*, eds. G. A. Barnett and F. J. Boster (Greenwich, CT: Ablex, 1997), pp. 173-212; Dietram Scheufele, 'Agendasetting, priming and framing revisited: another look at cognitive effects of political communication', *Mass Communication and Society*, 3 (2000): 297-316.

51 E. T. Higgins, 'Knowledge activation: accessibility, applicability, and salience' in *Social Psychology: Handbook of Basic Principles*, eds. E. T. Higgins and A. W. Kruglanski, (New York: Guilford, 1996), pp. 133-68.

52 T. E. Nelson, R. A. Clawson and Z. M. Oxley, 'Media framing of a civil liberties conflict and its effect on tolerance', *American Political Science Review*, 91 (1997): 567-83; Joanne M. Miller, 'Examining the mediators of agenda setting: a new experimental paradigm reveals the role of emotions', *Political Psychology*, 28 (2007): 689-717.

53 Sei-Hill Kim, Dietram Scheufele and James Shanahan, 'Think about it this way: attribute agenda-setting function of the press and the public's evaluation of a local issue', *Journalism and Mass Communication Quarterly*, 79 (2007). 인용문은 16~17쪽에 실려 있다.

54 McGuire, 'Theoretical foundations of campaigns'. 대중매체의 일차적인 효과가 기존의 시각을 강화하는지 아니면 새로운 시각을 만들어내는지를 두고 논란이 이어지고 있다. 아젠다 세팅의 첫 번째 단계와 두 번째 단계의 차이는 이런 논란에 영향을 미친다. 심리적 연관성의 두 측면을 중요도와 적절성으로 삼은, 매체의 효과에 관한 카터의 연구 결과와 연관 지어 생각하면 특히 더 그렇다. 만일 개인이 찾는 것이 가치의 중요도에 관한 증거라면 기존 가치의 강화라는 결론이 나올 수밖에 없을 것이다. 반면, 개인이 여러 요소에 부여하는 가치에 따라 자신의 인지적 환경을 어떻게 조직하는지 살펴본다면 가치의 적절성에 관한 측면에서 정보를 처리해야 한다. 따라서 이런 차이를 활용하여 이 역설적인 상황을 해결할 수 있을 것이다. (Richard Carter, 'Communication and affective relations', Journalism Quarterly, 42 (1965): 207).

55 Frank Baumgartner and Bryan Jones, *Agendas and Instability in American Politics* (Chicago: University of Chicago Press, 1993).

56 다음 책은 매체의 극히 한정된 효과에 관한 이런 시각을 다룬 가장 유명한 책 중 한 권이다. Joseph Klapper's The Effects of Mass Communication (New York: Free Press, 1960).

제4장 아젠다 세팅은 왜 일어나는가

1 Pamela Shoemaker, 'Hardwired for news: using biological and cultural evolution to explain the surveillance function', *Journal of Communication*, 46, 3 (1996): 32-47.

2 David Weaver, 'Political issues and voter need for orientation', in *The Emergence of American Political Issues*, eds. Donald Shaw and Maxwell McCombs (St Paul, MN: West, 1977), pp. 107-19; David Weaver, 'Audience need for orientation and media effects', *Communication Research*, 7 (1980): 361-76. Bruce Westley and Lee Barrow, 'An investigation of news seeking behavior', *Journalism Quarterly*, 36 (1959): 431-8; Maxwell McCombs, 'Editorial endorsements: a study of influence', *Journalism Quarterly*, 44 (1967): 545-8; J. E. Mueller, 'Choosing among 133 candidates', *Public Opinion Quarterly*, 34 (1970): 395-402.

3 Edward C. Tolman, *Purposive Behavior in Animals and Men* (New York: Appleton-Century-Crofts, 1932). 또한 다음의 글을 참고하라. Tolman, 'Cognitive maps in rats and men', *Psychological Review*, 55 (1948): 189-208; and W. J. McGuire, 'Psychological motives and communication gratification', in *The Uses of Mass Communication: Current Perspectives on Gratifications Research*, eds. J. G. Blumler and Elihu Katz (Beverly Hills, CA: Sage, 1974), pp. 167-96.

4 Robert E. Lane, *Political Life: Why and How People Get Involved in Politics* (New York: Free Press, 1959), p. 12.

5 Davis Merritt and Maxwell McCombs, *The Two W's of Journalism* (Mahwah, NJ: Lawrence Erlbaum, 2003), chapter 6. 또한 다음의 글을 보라. Michael Schudson, *The Good Citizen: A History of American Civic Life* (New York:

Free Press, 1998), pp. 310-11.

6 줄리 이우타스(Julie Yioutas)와 이바나 세그비치(Ivana Segvic)는 아젠다 세팅이 이렇게 실패한 원인을 심층적으로 파헤치기 위해서 정향 욕구라는 개념을 넘어섰다. 그들은 제3장에서 살펴본 아젠다 세팅 이론의 다른 두 가지 측면, 즉 '설득력 있는 주장'이라는 개념과 속성 아젠다 세팅 및 프레이밍의 수렴에 의지했다. 다음의 글을 보라. Julie Yioutas and Ivana Segvic, 'Revisiting the Clinton/Lewinsky scandal: the convergence of agenda setting and framing', *Journalism and Mass Communi-cation Quarterly*, 80 (2003): 567-82.

7 Weaver, 'Political issues and voter need for orientation', p. 112.

8 Paula Poindexter, Maxwell McCombs, Laura Smith and others, 'Need for orientation in the new media landscape', University of Texas at Austin, 2002. 미출간 논문.

9 Weaver, 'Political issues and voter need for orientation', pp. 113, 115.

10 Toshio Takeshita, 'Agenda-setting effects of the press in a Japanese local election', *Studies of Broadcasting*, 29 (1993): 193-216.

11 Maxwell McCombs and Donald Shaw, 'The agenda-setting function of mass media', *Public Opinion Quarterly*, 36 (1972): 176-87.

12 David Weaver and Maxwell McCombs, 'Voters ' need for orientation and choice of candidate: mass media and electoral decision making', paper presented to the American Association for Public Opinion Research, Roanoke, VA, 1978.

13 David Cohen, 'A report on a non-election agenda setting study', paper presented to the Association for Education in Journalism, Ottawa, Canada, 1975.

14 Dixie Evatt and Salma Ghanem, 'Building a scale to measure salience', paper presented to the World Association for Public Opinion Research, Rome, Italy, 2001.

15 Fermin Bouza, 'The impact area of political communication: citizenship faced with public discourse', *International Review of Sociology*, 14 (2004): 245-59 (인용문은 250쪽에 실려 있으며, 강조 표시가 되어 있다.)

16 Maxwell McCombs, 'Personal involvement with issues on the public agenda',

International Journal of Public Opinion Research, 11 (1999): 152–68.
17 Ronald Inglehart, *Culture Shift in Advanced Industrial Society* (Princeton, NJ: Princeton University Press, 1990).
18 Sebastian Valenzuela, 'Materialism, post-materialism and agenda-setting effects: the values-issues consistency hypothesis', *International Journal of Public Opinion Research*, 23 (2011): 437–63.
19 Joanne Miller, 'Examining the mediators of agenda setting: A new experimental paradigm reveals the role of emotions', *Political Psychology*, 28 (2007): 689–717.
20 Jorg Matthes, 'The need for orientation towards news media: revising and validating a classic concept', *International Journal of Public Opinion Research*, 18 (2006): 422–44.
21 Jorg Matthes, 'Need for orientation as a predictor of agenda-setting effects: causal evidence from a two-wave panel study', *International Journal of Public Opinion Research*, 20 (2008): 440–53.
22 Gennadiy Chernov, Sebastian Valenzuela and Maxwell McCombs, 'An experimental comparison of two perspectives on the concept of need for orientation in agenda-setting theory', *Journalism and Mass Communication Quarterly*, 88 (2011): 142–55.
23 Harold Zucker, 'The variable nature of news media influence', in *Communication Yearbook 2*, ed. Brent Ruben (New Brunswick, NJ: Transaction Books, 1978), pp. 225–40.
24 James Winter, Chaim Eyal and Ann Rogers, 'Issue-specific agenda setting: the whole as less than the sum of the parts', *Canadian Journal of Communication*, 8, 2 (1982): 1–10.
25 Zucker, 'The variable nature of news influence'.
26 Kim Smith, 'Newspaper coverage and public concern about community issues: a time-series analysis', *Journalism Monographs*, 101 (1987): 13.
27 David Weaver, Doris Graber, Maxwell McCombs and Chaim Eyal, *Media Agenda Setting in a Presidential Election* (Westport, CT: Greenwood, 1981).
28 Warwick Blood, 'Unobtrusive issues in the agenda setting role of the press',

Syracuse University, 1981. 미출간 박사학위 논문.

29 특히 하나의 국가적인 이슈로서 실업의 두드러지지 않는 특성에 관한 추가적인 증거가 궁금하다면 다음의 자료를 참조하라. Donald Shaw and John Slater, 'Press puts unemployment on agenda: Richmond community opinion, 1981-1984', *Journalism Quarterly*, 65 (1988): 407-11.

30 Warwick Blood, 'Competing models of agenda-setting: issue obtrusiveness vs. media exposure', paper presented to the Association for Education in Journalism, Boston, 1980. 이 연구는 본래 다음의 자료에 실렸던 데이터의 2차 분석 결과다. Thomas Patterson, *The Mass Media Election: How Americans Choose Their President* (New York: Praeger, 1980).

31 Edna F. Einsiedel, Kandice L. Salomone and Frederick Schneider, 'Crime: effects of media exposure and personal experience on issue salience', *Journalism Quarterly*, 61 (1984): 131-6; Dominic Lasorsa and Wayne Wanta, 'Effects of personal, interpersonal and media experiences on issue saliences', *Journalism Quarterly*, 67 (1990): 804-13.

32 Elisabeth Noelle-Neumann, 'The spiral of silence: a response', in *Political Communication Yearbook 1984*, eds. Keith Sanders, Lynda Lee Kaid and Dan Nimmo (Carbondale: Southern Illinois University Press, 1985), pp. 66-94. 또한 다음의 글을 보라. Lutz Erbring, Edie Goldenberg and Arthur Miller, 'Front-page news and real-world cues', *American Journal of Political Science*, 24 (1980): 16-49.

33 Lasorsa and Wanta, 'Effects of personal, interpersonal and media experiences on issue saliences'.

34 Jin Yang and Gerald Stone, 'The powerful role of interpersonal communication on agenda setting', *Mass Communication and Society*, 6 (2003): 57-74.

35 James P. Winter, 'Contingent conditions in the agenda-setting process', in *Mass Communication Review Yearbook*, eds. G. C. Wilhoit and Harold de Bock (Beverly Hills, CA: Sage, 1981), pp. 235-43; and G. Gumpert and R. Cathcart, eds., *Inter/Media: Interpersonal Communication in a Media World* (New York: Oxford University Press, 1986).

36 다음의 자료에는 대화가 미디어 아젠다의 영향을 강화하는 경우가 실려 있다.

Wayne Wanta, *The Public and the National Agenda* (Mahwah, NJ: Lawrence Erlbaum, 1997), p. 59. 이 예시에서는 아젠다 세팅 과정에서 대화가 하는 역할이 개인이 매체에 노출된 정도보다 훨씬 강한 영향력을 발휘한다. 뉴스 매체가 주요 역할을 하는 다른 시각이 궁금하다면 다음의 자료에서 프랑스 사회학자 가브리엘 타르드(Gabriel Tarde)의 의견 형성 모델에 관한 논의를 살펴보자. Susan Herbst, 'The cultivation of conversation', in *The Poll with a Human Face: The National Issues Convention Experiment in Political Communication*, eds. Maxwell McCombs and Amy Reynolds (Mahwah, NJ: Lawrence Erlbaum, 1999). 특히 201-4쪽을 보라; Joohan Kim, Robert Wyatt and Elihu Katz, 'News, talk, opinion, participation: the part played by conversation in deliberative democracy', *Political Communication*, 16 (1999): 361-85.

37 Marilyn Roberts, Wayne Wanta and Tzong-Houng (Dustin) Dzwo, 'Agenda setting and issue salience online', *Communication Research*, 29 (2002): 452-65.

38 Tony Atwater, Michael Salwen and Ronald Anderson, 'Interpersonal discussion as a potential barrier to agenda setting', *Newspaper Research Journal*, 6, 4 (1985): 37-43.

39 학자들이 정향 욕구를 분명하게 측정하지는 않았다. 하지만 미디어의 이슈 아젠다와 대인 의사소통 및 매체에 노출된 빈도 간의 강한 연관성이 다음의 자료에 나타나 있다. Wayne Wanta and Yi-Chen Wu, 'Interpersonal communication and the agenda setting process', *Journalism Quarterly*, 69 (1992): 847-55. 또한 다음의 글을 보라. David Weaver, Jian-Hua Zhu and Lars Willnat, 'The bridging function of interpersonal communication in agenda setting', *Journalism Quarterly*, 69 (1992): 856-67.

40 다음의 자료에 의하면, 대인 의사소통만이 개인적으로 중요한 이슈와 연관성을 보였다. Wanta and Wu, 'Interpersonal communication and the agenda setting process'.

41 정향 욕구와 다른 의사소통 이론인 '침묵의 나선' 간의 연결고리에 관한 논의가 궁금하다면 다음의 자료를 참조하라. Maxwell McCombs and David Weaver, 'Toward a merger of gratifications and agenda-setting research', in *Media Gratifications Research: Current Perspectives*, eds. Karl Erik Rosengren, Lawrence Wenner and Philip Palmgreen (Beverly Hills, CA: Sage, 1985), pp.

95-108.

42 또한 다음의 글을 참조하라. Jay Blumler, 'The role of theory in uses and gratifications research', *Communication Research*, 6 (1979): 9-36.

제5장 아젠다 세팅은 어떻게 작동하는가

1 이 시스템적인 시각의 중요하고 필연적인 결과는 뉴스 보도만으로는 아젠다 세팅 효과를 창출하기 어렵다는 것이다. 유럽 통합이라는 이슈를 살펴보면, 학자들은 1999년 6월에 진행된 유럽 선거 운동에 관한 TV 뉴스 보도와 선거 후에 모든 EU 국가에서 벌어진 여론 조사 결과를 비교했다. 그 결과, EU를 다룬 보도가 늘어난다고 해서 대중이 인지하는 유럽 통합의 중요성이 저절로 커지지는 않았다. 정치 엘리트들이 유럽 통합을 두고 의견이 나뉘는 국가에서는 사람들이 EU에 관한 뉴스를 많이 시청할수록 유럽 통합의 중요성을 높이 평가했다. 반면, 유럽 통합에 관한 엘리트들의 의견이 일치하는 국가에서는 이런 효과가 나타나지 않았다. 다음의 글을 보라. Peter Jochem, 'Country characteristics as contingent conditions of agenda setting: the moderating influence of polarized elite opinion', *Communication Research*, 30 (2003): 683-712.

2 Pu-Tsung King, 'The press, candidate images, and voter perceptions', in *Communication and Democracy*, eds. Maxwell McCombs, Donald Shaw and David Weaver (Mahwah, NJ: Lawrence Erlbaum, 1997), pp. 29-40.

3 George A. Miller, 'The magic number seven, plus or minus two: some limits on our capacity for processing information', *Psychological Review*, 63 (1956): 81-97.

4 W. R. Neuman, 'The threshold of public attention', *Public Opinion Quarterly*, 54 (1990): 159-76.

5 Yue Tan and David Weaver, 'Agenda diversity and agenda setting from 1956 to 2004: what are the trends over time?', *Journalism Studies*.

6 Jian-Hua Zhu, 'Issue competition and attention distraction: a zero-sum theory of agenda setting', *Journalism Quarterly*, 68 (1992): 825-36.

7 Tom Smith, 'America's most important problems—a trend analysis, 1946-1976', *Public Opinion Quarterly*, 44 (1980): 164-80.

8 Maxwell McCombs and Jian-Hua Zhu, 'Capacity, diversity and volatility of the public agenda', *Public Opinion Quarterly*, 59 (1995): 495-525.

9 Samuel Popkin, *The Reasoning Voter* (Chicago: University of Chicago Press, 1991), p. 36.

10 Ibid., p. 43.

11 McCombs and Zhu, 'Capacity, diversity and volatility of the public agenda'.

12 Wayne Wanta, *The Public and the National Agenda: How People Learn about Important Issues* (Mahwah, NJ: Lawrence Erlbaum, 1997), pp. 22-4.

13 P. E. Converse, quoted by Jian-Hua Zhu with William Boroson, 'Susceptibility to agenda setting: a cross-sectional and longitudinal analysis of individual differences', in *Communication and Democracy*, eds. McCombs, Shaw and Weaver, p. 71. 컨버스(Converse)가 말하는 '개념적인 해박함'을 더 자세히 설명해주는 연구가 최근에 진행되었다. 연구 결과, 매체가 후보자의 이미지에 가하는 속성 아젠다 세팅 효과가 개인의 정치적 해박함 때문에 완화된다는 사실이 밝혀졌다. 따라서 정치에 매우 해박한 시민들은 매체에 많이 노출되더라도 매체의 영향을 덜 받는다. 하지만 정치적 지식의 양이 중간 정도인 유권자의 경우, 매체에 등장하는 정치적인 메시지에 노출될 만큼 정치에 관심이 있으며 매체의 영향도 가장 많이 받는다. 다음의 글을 보라. Sungtae Ha, 'Attribute priming effects and presidential candidate evaluation: the conditionality of political sophistication', *Mass Communication and Society*, 14 (2011): 315-42.

14 Michael MacKuen, 'Social communication and the mass policy agenda', in *More Than News: Media Power in Public Affairs*, eds. Michael MacKuen and Steven Coombs (Beverly Hills, CA: Sage, 1981), pp. 19-144. 개인이 특정한 공공 이슈에 관여하는 데 영향을 미치는 조건에 관한 추가적인 논의와 증거가 궁금하다면 다음의 자료를 참조하라. Lutz Erbring, Edie Goldenberg and Arthur Miller, 'Front-page news and real-world cues: a new look at agenda setting by the media', *American Journal of Political Science*, 24 (1980): 16-49.

15 Zhu with Boroson, 'Susceptibility to agenda setting'.

16 Ibid., p. 82.

17 Toshio Takeshita, 'Current critical problems in agenda-setting research', *International Journal of Public Opinion Research*, 18 (2006): 275-96. 이런 차

이는 널리 인용되는 다음의 자료와 일맥상통한다. Elaboration Likelihood Model: R. E. Petty and J. T. Cacioppo, *Communication and Persuasion: Central and Peripheral Routes to Attitude Change* (New York: Springer, 1986).

18 Kristin Bulkow, Juliane Urban and Wolfgang Schweiger, 'The duality of agenda-setting: the role of information processing', *International Journal of Public Opinion Research*, 25 (2013): 43-63.

19 Ibid., p. 17.

20 Raymond Pingree, Andrea Quenette, John Tchernev and Ted Dickinson, 'Effects of media criticism on gatekeeping trust and implications for agenda setting', *Journal of Communication*, 63 (2013): 351-72. Raymond Pingree and Elizabeth Stoycheff, 'Differentiating cueing from reasoning in agenda setting effects', *Journal of Communication*.

21 David Weaver, 'Audience need for orientation and media effects', *Communication Research*, 7 (1980): 361-76.

22 Lindita Camaj, 'Need for orientation, selective exposure and attribute agenda setting effects: change versus reinforcement in Kosovo', paper presented to the Association for Education in Journalism and Mass Communication, Chicago, 2012.

23 Recall the discussion of curvilinear patterns of agenda-setting effects in 다음의 자료를 통해 아젠다 세팅 효과의 곡선 패턴에 관한 논의를 떠올려보자. Ha, 'Attribute priming effects and presidential candidate evaluation'.

24 Natalie Stroud, *Niche News: The Politics of News Choice* (New York: Oxford University Press, 2011).

25 James Winter and Chaim Eyal, 'Agenda setting for the civil rights issue', *Public Opinion Quarterly*, 45 (1981): 376-83.

26 Harold Zucker, 'The variable nature of news media influence', in *Communication Yearbook 2*, ed. Brent Ruben (New Brunswick, NJ: Transaction Books, 1978), pp. 225-40.

27 Michael Salwen, 'Effects of accumulation of coverage on issue salience in agenda setting', *Journalism Quarterly*, 65 (1988): 100-6, 130.

28 Marilyn Roberts, Wayne Wanta and Tzong-Houng (Dustin) Dzwo, 'Agenda

setting and issue salience online', *Communication Research*, 29 (2002): 452-65.

29 Wayne Wanta and Y. Hu, 'Time-lag differences in the agenda setting process: an examination of five news media', *International Journal of Public Opinion Research*, 6 (1994): 225-40.

30 Gerald Stone and Maxwell McCombs, 'Tracing the time lag in agenda setting', *Journalism Quarterly*, 58 (1981): 151-5.

31 아젠다 세팅 효과의 쇠락에 따른 이와 유사한 변동성은 다음의 자료에서 찾아볼 수 있다. James H. Watt, Mary Mazza and Leslie Synder, 'Agenda-setting effects of television news coverage and the memory decay curve', *Communication Research*, 20 (1993): 408-35.

32 Michael Salwen and Don Stacks, eds., *An Integrated Approach to Communication Theory and Research* (Mahwah, NJ: Lawrence Erlbaum, 1996), and Jennings Bryant and Dolf Zillmann, eds., *Media Effects: Advances in Theory and Research* (Hillsdale, NJ: Lawrence Erlbaum, 1994).

33 Chaim Eyal, James Winter and William DeGeorge, 'The concept of time frame in agenda-setting', in *Mass Communication Review Yearbook*, vol. 2, eds. G. Cleveland Wilhoit and Harold de Bock (Beverly Hills, CA: Sage, 1981), pp. 212-18.

34 Zhu, 'Issue competition and attention distraction'.

35 Gerald Kosicki, 'Problems and opportunities in agenda-setting research', *Journal of Communication*, 43 (1993): 117.

36 Maxwell McCombs and Jian-Hua Zhu, 'Capacity, diversity, and volatility of the public agenda', *Public Opinion Quarterly*, 59 (1995): 495-525. 또한 다음의 글을 보라. Smith, 'America's most important problem—a trend analysis, 1946-1976', *Public Opinion Quarterly*, 44 (1980): 164-80. 일부 아젠다 세팅 연구의 경우, 독자적인 표현을 사용하지 않고 갤럽이 사용한 표현인 "국가가 직면한 가장 중요한 문제"를 거의 그대로 가져다 쓴다.

37 Young Min, Salma Ghanem and Dixie Evatt, 'Using a split-ballot survey to explore the robustness of the "MIP" question in agenda-setting research: a methodological study', *International Journal of Public Opinion Research*, 19 (2007): 221-36.

38 Scott L. Althaus and David Tewksbury, 'Agenda setting and the "new" news: patterns of issue importance among readers of the paper and online versions of the New York Times', *Communication Research*, 29 (2002): 180–207.

39 Tai-Li Wang, 'Agenda-setting online: an experiment testing the effects of hyperlinks in online newspapers', *Southwestern Mass Communication Journal*, 15, 2 (2000): 59–70.

40 Dixie Evatt and Salma Ghanem, 'Building a scale to measure salience', paper presented to the World Association for Public Opinion Research, Rome, Italy, 2001.

41 Edna F. Einsiedel, Kandice L. Salomone and Frederick Schneider, 'Crime: effects of media exposure and personal experience on issue salience', *Journalism Quarterly*, 61 (1984): 131–6.

42 David Cohen, 'A report on a non-election agenda setting study', paper presented to the Association for Education in Journalism, Ottawa, Canada, 1975.

43 David Weaver, Doris Graber, Maxwell McCombs and Chaim Eyal, *Media Agenda Setting in a Presidential Election: Issues, Images and Interest* (Westport, CT: Greenwood, 1981).

44 Spiro Kiousis and Maxwell McCombs, 'Agenda-setting effects and attitude strength: political figures during the 1996 presidential election', *Communication Research*, 31 (2004): 36–57.

45 Sei-Hill Kim, Dietram Scheufele and James Shanahan, 'Think about it this way: Attribute agenda-setting function of the press and the public's evaluation of a local issue', *Journalism and Mass Communication Quarterly*, 79 (2007): 7–25.

46 Joe Bob Hester and Rhonda Gibson, 'The agenda-setting function of national versus local media: a time-series analysis for the issue of same sex marriage', *Mass Communication and Society*, 10 (2007): 299–317.

47 Lori Young and Stuart Soroka, 'Affective news: the automated coding of sentiment in political texts', *Political Communication*, 29 (2012): 205–31.

제6장 아젠다 세팅의 효과와 역할

1 Eugene F. Shaw, 'Agenda-setting and mass communication theory', International Communication Gazette, 25, 2 (1979): 101. 이 분야에 매우 일찍 발을 들이려는 시도의 창의적인 예시는 다음의 자료에서 찾아볼 수 있다. Lee Becker, 'The impact of issue saliences', Notes to pages 97-101 169 in *The Emergence of American Political Issues*, eds. Donald Shaw and Maxwell McCombs (St Paul, MN: West, 1977), pp. 121-32.

2 Joseph Klapper, *The Effects of Mass Communication* (New York: Free Press, 1960).

3 Carl Hovland, Irving Janis and Harold Kelley, *Communication and Persuasion* (New Haven, CT: Yale University Press, 1953). 또한 다음의 글을 보라. Nathan Maccoby, 'The new "scientific" rhetoric', in *The Science of Human Communication*, ed. Wilbur Schramm (New York: Basic Books, 1963), pp. 41-53.

4 Shanto Iyengar and Donald Kinder, *News that Matters* (Chicago: University of Chicago Press, 1987), p. 63. 이 책에 실린 증거는 TV 뉴스만 다루고 있다. 그런데도 "다른 뉴스 매체"라는 대목을 넣은 것은 모든 뉴스 매체가 공인에 관한 대중의 판단에 영향을 끼칠 수 있다는 증거가 상당하기 때문이다.

5 Samuel Popkin, *The Reasoning Voter* (Chicago: University of Chicago Press, 1991).

6 전형적인 휴리스틱 정보 처리 과정은 다음 자료에 소개되어 있다. Amos Tversky and Daniel Kahneman, 'Availability: a heuristic for judging frequency and probability', *Cognitive Psychology*, 5 (1973): 207-32.

7 Iyengar and Kinder, *News that Matters*, chapters 7-11.

8 Jon Krosnick and Donald Kinder, 'Altering the foundations of support for the president through priming', *American Political Science Review*, 84 (1990): 497-512.

9 Ibid., p. 505. 다양한 미국선거연구(NES)에 바탕을 둔 점화 효과의 다른 증거가 궁금하다면 다음의 자료를 참조하라. Jon Krosnick and Laura Brannon, 'The impact of war on the ingredients of presidential evaluations: George Bush

and the Gulf conflict', *American Political Science Review*, 87 (1993): 963-75; Shanto Iyengar and Adam Simon, 'News coverage of the Gulf crisis and public opinion', in *Do the Media Govern?*, eds. S. Iyengar and R. Reeves (Thousand Oaks, CA: Sage, 1997), pp. 248-57.

10 Lars Willnat and Jian-Hua Zhu, 'Newspaper coverage and public opinion in Hong Kong: a time-series analysis of media priming', *Political Communication*, 13 (1996): 231-46.

11 David Nicolas Hopmann, Rens Vliegenthart, Claes de Vreese and Erik Albaek, 'Effects of television news coverage: how visibility and tone influence party choice', *Political Communication*, 27 (2010): 389-405.

12 Iyengar and Simon, 'News coverage of the Gulf crisis and public opinion', p. 250.

13 추가적인 논의를 위해서는 다음의 자료를 참조하라. Lars Willnat, 'Agenda setting and priming: conceptual links and differences', in *Communication and Democracy*, eds. M. McCombs, D. Shaw and D. Weaver (Mahwah, NJ: Lawrence Erlbaum, 1997), pp. 51-66.

14 George Comstock and Erica Scharrer, *Television: What's On, Who's Watching, and What it Means* (San Diego, CA: Academic Press, 1999).

15 Iyengar and Simon, 'News coverage of the Gulf crisis and public opinion'.

16 Frank Baumgartner and Bryan Jones, *Agendas and Instability in American Politics* (Chicago: University of Chicago Press, 1993).

17 Hans Mathias Kepplinger, Wolfgang Donsbach, Hans Bernd Brosius and Joachim Friedrich Staab, 'Media tone and public opinion: a longitudinal study of media coverage and public opinion on Chancellor Kohl', *International Journal of Public Opinion Research*, 1 (1989): 326-42.

18 Daron Shaw, 'The impact of news media favorability and candidate events in presidential campaigns', *Political Communication*, 16 (1999): 183-202.

19 Esteban Lopez-Escobar, Maxwell McCombs and Antonio Tolsá, 'Measuring the public images of political leaders: a methodological contribution of agenda-setting theory', paper presented at the Congress for Political Communication Investigation, Madrid, Spain, 2007.

20 Kihan Kim and Maxwell McCombs, 'News story descriptions and the public's opinions of political candidates', *Journalism and Mass Communication Quarterly*, 84 (2007): 299-314.

21 Meital Balmas and Tamir Sheafer, 'Candidate image in election campaigns: attribute agenda setting, affective priming, and voting intentions', *International Journal of Public Opinion Research*, 22 (2010): 204-29.

22 Tamir Sheafer, 'How to evaluate it: the role of story-evaluation tone in agenda setting and priming', *Journal of Communication*, 57 (2007): 21-39. 또한 다음의 글을 보라. Tamir Sheafer and Gabriel Weimann, 'Agenda building, agenda setting, priming individual voting intentions and the aggregate results: an analysis of four Israeli elections', *Journal of Communication*, 55 (2005): 347-65.

23 Gunho Lee, 'Who let priming out? Analysis of first and second-level agenda-setting effects on priming', *International Communication Gazette*, 72 (2010): 759-76.

24 Lutz Erbring, Edie Goldenberg and Arthur Miller, 'Front-page news and real-world cues', *American Journal of Political Science*, 24 (1980): 16-49.

25 Deborah J. Blood and Peter C. B. Phillips, 'Economic headline news on the agenda: new approaches to understanding causes and effects', in *Communication and Democracy*, eds. McCombs, Shaw and Weaver, pp. 97-114. 또한 다음의 글을 보라. Joe Bob Hester and Rhonda Gibson, 'The economy and second-level agenda setting: a time-series analysis of economic news and public opinion about the economy', *Journalism and Mass Communication Quarterly*, 80 (2003): 73-90.

26 Blood and Phillips, 'Economic headline news on the agenda', p. 107.

27 Spiro Kiousis, 'Agenda-setting and attitudes: exploring the impact of media salience on perceived salience and public attitude strength of US presidential candidates from 1984 to 2004', *Journalism Studies*, 12 (2011): 359-74.

28 Spiro Kiousis and Maxwell McCombs, 'Agenda-setting effects and attitude strength: political figures during the 1996 presidential election', *Communication Research*, 31 (2004): 36-57.

29 Natalie Stroud and Kate Kenski, 'From agenda setting to refusal setting: survey nonresponse as a function of media coverage across the 2004 election cycle', *Public Opinion Quarterly*, 71 (2007): 539-59.

30 Patrick Rossler and Michael Schenk, 'Cognitive bonding and the German reunification: agenda-setting and persuasion effects of mass media', *International Journal of Public Opinion Research*, 12 (2000): 29-47.

31 *Philadelphia Inquirer*, 27 December 1996: A1 and 18.

32 New York Times, 17 January 1989, p. 22. 세계적으로 보면, 국제인구소통단체(Population Communications International)는 가족계획, 에이즈 예방, 남녀평등을 비롯하여 여러 사회적 이슈를 다루는 개발도상국들의 TV 드라마 제작을 도왔다. (Doris Graber, *Processing Politics: Learning from Television in the Internet Age* (Chicago: University of Chicago Press, 2001), p. 127.

33 Craig Trumbo, 'The effect of newspaper coverage of influenza on the rate of physician visits for influenza 2002-2008', *Mass Communication and Society*, 15 (2012): 718-38.

34 K. K. Ma, William Schaffner, C. Colmenares, J. Howser, J. Jones and K. A. Poehling, 'Influenza vaccinations of young children increased with media coverage in 2003', *Pediatrics*, 117 (2006): 157-63.

35 이 연구는 맥콤스가 시러큐스대학교에서 가르친 의사소통 이론 강의를 위해 알렉산더 블로이가 진행했으며 다음의 자료에 보고되었다. Maxwell McCombs and Donald Shaw, 'A progress report on agenda-setting research', paper presented to the Association for Education in Journalism, San Diego, CA, 1974.

36 Marilyn Roberts, 'Predicting voter behavior via the agenda setting tradition', *Journalism Quarterly*, 69 (1992): 878-92.

37 John Petrocik, 'Issue ownership in presidential elections with a 1980 case study', *American Journal of Political Science*, 40 (1996): 825-50. 또한 다음의 글을 보라. John Petrocik, William Benoit, and G.J. Hansen, 'Issue ownership and presidential campaigning, 1952-2000', *Political Science Quarterly*, 118 (2003): 599-626.

38 Riccardo Puglisi, 'The spin doctor meets the rational voter: a model of electoral competition and media capture with agenda setting effects', London

School of Economics, 2003. 미출간 원고.

39 Marilyn Roberts, Ronald Anderson and Maxwell McCombs, '1990 Texas gubernatorial campaign influence of issues and images', *Mass Communication Review*, 21 (1994): 20-35.

40 M. Sutherland and J. Galloway, 'Role of advertising: persuasion or agenda setting?', *Journal of Advertising Research*, 21, 5 (1981): 25-9; Shailendra Ghorpade, 'Agenda setting: a test of advertising's neglected function', *Journal of Advertising Research*, 25 (1986): 23-7.

41 Robert L. Stevenson, Rainer Bohme and Nico Nickel, 'The TV agendasetting influence on campaign 2000', *Egyptian Journal of Public Opinion Research*, 2, 1 (2001): 29-50.

42 Tsuneo Ogawa, 'Framing and agenda setting function', *Keio Communication Review*, 23 (2001): 71-80.

43 뉴스 보도의 양적인 변화와 사람들이 선거를 다룬 뉴스에 관해 이야기하고 생각한 정도의 유사점에 관한 추가적인 증거가 궁금하다면 다음의 자료를 참조하라. Thomas Patterson, *The Vanishing Voter: Public Involvement in an Age of Uncertainty* (New York: Alfred A. Knopf, 2002).

44 David Weaver, 'Issue salience and public opinion: are there consequences of agenda-setting?', *International Journal of Public Opinion Research*, 3 (1991): 53-68.

45 Nancy Kieffer, 'Agenda-setting and corporate communication issues: can the mass media influence corporate stock prices?', Syracuse University, 1983. 미출간 석사학위 논문.

46 Craig Carroll, ed., *Corporate Reputation and the News Media: Agenda-setting within News Coverage in Developed, Emerging, and Frontier Markets* (New York: Routledge, 2011). 또한 다음의 글을 보라. M.M. Meijer and Jan Kleinnijenhuis, 'Issue news and corporate reputation: applying the theories of agenda setting and issue ownership in the field of business communication', *Journal of Communication*, 56 (2006): 543-59; Craig Carroll, 'The relationship between media favorability and firms ' public esteem', *Public Relations Journal*, 3-4 (2010): 1-32.

47 Spiro Kiousis, Cristina Popescu and Michael Mitrook, 'Understanding influence on corporate reputation: an examination of public relations efforts, media coverage, public opinion, and financial performance from an agendabuilding and agenda-setting perspective', *Journal of Public Relations Research*, 19 (2007): 147-65.

48 아젠다 세팅의 세 번째 단계의 근원은 네트워크 분석으로 규정되며 다음의 자료에서 찾아볼 수 있다. Craig Carroll, 'How the mass media influence perceptions of corporate reputation: exploring agenda-setting effects within business news coverage', University of Texas at Austin, 2004. 미출간 박사학위 논문.

49 Coy Callison, 'Media relations and the internet: how Fortune 500 company websites assist journalists in news gathering', *Public Relations Review*, 29 (2003): 29-41.

50 Matthew Ragas, 'Issue and stakeholder intercandidate agenda setting among corporate information subsidies', *Journalism and Mass Communication Quarterly*, 89 (2012): 91-111; Coral Ohl, J. David Pincus, Tony Rimmer and Denise Harison, 'Agenda building role of news releases in corporate takeovers', *Public Relations Review*, 21 (1995): 89-101.

제7장 미디어 아젠다는 어떻게 형성되는가

1 Pamela Shoemaker and Stephen Reese, *Mediating the Message: Theories of Influences on Mass Media Content* (New York: Longman, 1991). 이 마지막 껍질인 기자 개인의 상황에 관한 독일의 추가 분석이 궁금하다면 다음의 자료를 참조하라. Wolfram Peiser, 'Setting the journalist agenda: influences from journalists' individual characteristics and from media factors', *Journalism and Mass Communication Quarterly*, 77 (2000): 243-57.

2 이 방대한 문헌 중에서 자주 인용되는 대표적인 자료에는 다음의 것도 포함된다. Warren Breed, 'Social control in the newsroom', *Social Forces*, 33 (May 1955): 326-35; Gaye Tuchman, 'Telling stories', *Journal of Communication*, 26, 4 (1976): 93-7; and Herbert Gans, *Deciding What's News: A Study of CBS Evening News, NBC Nightly News, Newsweek and Time* (New York: Pantheon,

1979).

3 Sheldon Gilbert, Chaim Eyal, Maxwell McCombs and David Nicholas, 'The State of the Union address and the press agenda', *Journalism Quarterly*, 57 (1980): 584-88.

4 Maxwell McCombs, Sheldon Gilbert and Chaim Eyal, 'The State of the Union address and the press agenda: a replication', paper presented to the International Communication Association, Boston, 1982.

5 Thomas J. Johnson and Wayne Wanta, with John T. Byrd and Cindy Lee, 'Exploring FDR's relationship with the press: a historical agenda-setting study', *Political Communication*, 12 (1995): 157-72.

6 Wayne Wanta, Mary Ann Stephenson, Judy VanSlyke Turk and Maxwell McCombs, 'How president's State of Union talk influenced news media agendas', *Journalism Quarterly*, 66 (1989): 537-41. 대통령의 기자 회견과 연설이 국가의 아젠다에 미치는 영향에 관한 증거가 궁금하다면 다음의 자료를 참조하라. Spiro Kiousis and Jesper Stromback, 'The White House and public relations: examining the linkages between presidential communications and public opinion', *Public Relations Review*, 36 (2010): 7-14.

7 William Gonzenbach, *The Media, the President and Public Opinion* (Mahwah, NJ: Lawrence Erlbaum, 1996); Wayne Wanta and Joe Foote, 'The president-news media relationship: a time-series analysis of agenda setting', *Journal of Broadcasting and Electronic Media*, 38 (1994): 437-48. Wayne Wanta, *The Public and the National Agenda* (Mahwah, NJ: Lawrence Erlbaum, 1997). *The Public and the National Agenda*의 제7장에서는 연두 교서의 분석을 통해 연두 교서가 공중 아젠다에 행사하는 영향력을 알아본다. 여기에는 이슈를 크게 네 가지로 나눠서(즉, 대통령은 강조했지만 뉴스 매체는 강조하지 않은 이슈, 뉴스 매체만 강조한 이슈, 대통령과 뉴스 매체 둘 다 강조한 이슈, 대통령과 뉴스 매체 둘 중 그 누구도 강조하지 않은 이슈) 비교한 기발한 방법이 쓰였다. 연구 결과, TV에서 연두 교서를 직접 시청한 것이 아닌 뉴스 매체 자체에 노출된 것만이 대통령 혼자 강조한 이슈를 제외한 다른 모든 이슈의 중요성에 대해 핵심적인 예측 변수로 작용했다. 뉴스 매체와 대통령이 둘 다 강조한 이슈의 경우, 뉴스 매체에 노출된 것만이 의미 있는 예측 변수로 작용했다. 이는 서로 중복되는 미디어 아젠다가 대통령의 권위보다

영향력이 크다는 점을 보여준다.

8 R. W. Cobb and C. D. Elder, *Participation in American Politics: The Dynamics of Agenda-Building* (Baltimore: Johns Hopkins University Press, 1972).

9 James Dearing and Everett Rogers, *Agenda-Setting* (Thousand Oaks, CA:Sage, 1996).

10 Davis Merritt, *Public Journalism and Public Life: Why Telling the News is Not Enough*, 2nd edn (Mahwah, NJ: Lawrence Erlbaum, 1998), chapter 9.

11 Barbara Nelson, *Making an Issue of Child Abuse: Political Agenda Setting for Social Problems* (Chicago: University of Chicago Press, 1984).

12 Marcus Brewer and Maxwell McCombs, 'Setting the community agenda', *Journalism and Mass Communication Quarterly*, 73 (1996): 7-16.

13 David Protess, Fay Cook, Jack Doppelt, James Ettema, Margaret Gordon, Donna Leff and Peter Miller, *The Journalism of Outrage: Investigative Reporting and Agenda Building in America* (New York: Guilford, 1991). 또한 다음의 글을 보라. David Protess and Maxwell McCombs, eds., *Agenda Setting: Readings on Media, Public Opinion, and Policymaking* (Hillsdale, NJ: Lawrence Erlbaum, 1991), 특히 4장을 참고하라.

14 Everett Rogers, James Dearing and Soonbum Chang, 'AIDS in the 1980s: the agenda-setting process for a public issue', *Journalism Monographs*, 126 (1991).

15 Craig Trumbo, 'Longitudinal modelling of public issues: an application of the agenda-setting process to the issue of global warming', *Journalism Monographs*, 152 (1995).

16 Gonzenbach, *The Media, the President and Public Opinion*.

17 Oscar Gandy, *Beyond Agenda Setting: Information Subsidies and Public Policy* (Norwood, NJ: Ablex, 1982); Jarol B. Manheim, *Strategic Public Diplomacy and American Foreign Policy: The Evolution of Influence* (New York: Oxford University Press, 1994), 8장; Judy VanSlyke Turk, 'Information subsidies and media content: a study of public relations influence on the news', *Journalism Monographs*, 100 (1986).

18 Leon Sigal, Reporters and Officials: *The Organization and Politics of Newsmaking* (Lexington, MA: D. C. Heath, 1973), p. 121.

19 Justin Lewis, Andrew Williams and Bob Franklin, 'A compromised Fourth Estate? UK news journalism, public relations and news sources', Journalism Studies, 9 (2008): 1-20. 인용문은 7쪽에 실려 있다(원문에 이탤릭체로 표시되어 있음). 영국 언론이 홍보 자료에 의지하는 현상을 더 부정적으로 평가한 글이 궁금하다면 다음의 자료를 참조하라. Nick Davies, *Flat Earth News: An Award-winning Reporter Exposes Falsehood, Distortion and Propaganda in the Global Media* (London: Chatto and Windus, 2008).

20 Ibid., 인용문은 18쪽에 실려 있다.

21 Judy VanSlyke Turk, 'Public relations influence on the news', *Newspaper Research Journal*, 7 (1986): 15-27; Judy VanSlyke Turk, 'Information subsidies and influence', *Public Relations Review*, 11 (1985): 10-25.

22 Rogers, Dearing and Chang, 'AIDS in the 1980s'; Liz Watts, 'Coverage of polio and AIDS: agenda setting in reporting cure research on polio and AIDS in newspapers, news magazines and network television', *Ohio Journalism Monograph Series* [School of Journalism, Ohio University], 4 (1993).

23 Bent Flyvbjerg, Todd Landman and Sanford Schram, eds., *Real Social Science: Applied Phronesis* (Cambridge: Cambridge University Press, 2012), chapter 7.

24 John V. Pavlik, *Public Relations: What Research Tells Us* (Newbury Park, CA: Sage, 1987), 4장.

25 Jarol B. Manheim and R. B. Albritton, 'Changing national images: international public relations and media agenda setting', *American Political Science Review*, 73 (1984): 641-7. 또한 다음의 글을 보라. Spiro Kiousis and Xu Wu, 'International agenda-building and agenda-setting: exploring the influence of public relations counsel on US news media and public perceptions of foreign nations', *International Communication Gazette*, 70 (2008): 58-75.

26 *Political Public Relations: Principles and Applications, eds. Jesper Stromback and Spiro Kiousis* (New York: Routledge, 2011); Kathleen Hall Jamieson and Karlyn Kohrs Campbell, *The Interplay of Influence: News, Advertising, Politics and the Mass Media* (Belmont, CA: Wadsworth, 1992).

27 Nicholas O' Shaughnessy, *The Phenomenon of Political Marketing* (London: Macmillan, 1990).

28 Holli Semetko, Jay Blumler, Michael Gurevitch and David Weaver, with Steve Barkin and G. C. Wilhoit, *The Formation of Campaign Agendas: A Comparative Analysis of Party and Media Roles in Recent American and British Elections* (Hillsdale, NJ: Lawrence Erlbaum, 1991).

29 Semetko, Blumler, Gurevitch and Weaver, *The Formation of Campaign Agendas*, p. 49. 인용문은 Michael Gurevitch와 Jay Blumler의 것이다. 'The construction of election news at the BBC: an observation study', in *Individuals in Mass Media Organizations: Creativity and Constraint, eds. James Ettema and Charles Whitney* (Beverly Hills, CA: Sage, 1982): 179-204. 또한 다음의 글을 보라. Heinz Brandenburg, 'Who follows whom? The impact of parties on media agenda formation in the 1997 British general elections campaign', *Harvard International Journal of Press/Politics*, 7, 3 (2002): 34-54.

30 Joseph Lelyveld, *New York Times*, 22 August 1999, p. 18.

31 Mark Miller, Julie Andsager and Bonnie Riechert, 'Framing the candidates in presidential primaries', *Journalism and Mass Communication Quarterly*, 75 (1998): 312-24. 이 논문과 제3장에 보고된 상관관계는 맥콤스가 2000년 봄학기에 오스틴에 있는 텍사스대학교에서 개최한 아젠다 세팅 이론 세미나에서 계산한 값이다.

32 Robert Lichter and Ted Smith, 'Why elections are bad news: media and candidate discourse in the 1996 presidential primaries', *Harvard International Journal of Press/Politics*, 1, 4 (1996): 15-35.

33 Thomas P. Boyle, 'Intermedia agenda setting in the 1996 presidential primaries', *Journalism and Mass Communication Quarterly*, 78 (2001): 26-44.

34 John Tedesco, 'Issue and strategy agenda-setting in the 2000 presidential primaries', Virginia Technological University, 2001. 미출간 논문.

35 Werner Wirth, Jorg Matthes, Christian Schemer, Martin Wettstein, Thomas Friemel, Regula Hänggli and Gabriele Siegert, 'Agenda building and setting in a referendum campaign: investigating the flow of arguments among campaigners, the media, and the public', *Journalism and Mass Communication Quarterly*, 87 (2010): 328-45.

36 Spiro Kiousis, Ji Young Kim, Matt Ragas, Gillian Wheat, Sarab Kochhar,

Emma Svensson and Maradith Miles, 'Exploring new frontiers of agenda building during the 2012 US presidential election pre-convention period: examining linkages across three levels', paper presented to the International Communication Association convention, London, 2013.

37 Roland Burkart and Uta Russmann, 'Quality of understanding in political campaign communication: an analysis of political parties' press releases and media coverage in Austria (1970-2008)', University of Vienna, 2013. 조사보고서.

38 Michael Gurevitch and Jay Blumler, 'Political communication systems and democratic values', in *Democracy and the Mass Media*, ed. J. Lichtenberg (Cambridge: Cambridge University Press, 1990), pp. 269-89. 또한 다음의 글을 보라. Davis Merritt and Maxwell McCombs, *The Two W's of Journalism* (Mahwah, NJ: Lawrence Erlbaum, 2003), chapter 6.

39 Russell Dalton, Paul Allen Beck, Robert Huckfeldt and William Koetzle, 'A test of media-centered agenda setting: newspaper content and public interests in a presidential election', *Political Communication*, 15 (1998): 463-81.이 논문에는 다양한 아젠다 간의 원래의 0차 상관관계가 보고되었다. 이 장을 위해서 맥콤스는 다양한 통제 수단이 도입되는 부분적인 상관관계를 계산했다.

40 Sungtae Ha, 'The intermediary role of news media in the presidential campaign: a mediator, moderator, or political agent?', University of Texas at Austin, 2001. 미출간 논문. 이 패턴이 미국 상원의원 선거에서 반복되는 장면을 살펴보려면 다음의 자료를 참조하라. Jason Martin, 'Agenda setting, elections, and the impact of information technology', in *Agenda Setting in a 2.0 World*, ed. T. Johnson (New York: Routledge, 2013).

41 Spiro Kiousis, Soo-Yeon Kim, Michael McDevitt and Ally Ostrowski, 'Competing for attention: information subsidy influence in agenda building during election campaigns', *Journalism and Mass Communication Quarterly*, 86 (2009): 545-62.

42 Spiro Kiousis, Michael Mitrook, Xu Wu and Trent Seltzer, 'First-and second-level agenda-building and agenda-setting effects: exploring the linkages among candidate news releases, media coverage, and public opinion during the 2002 Florida gubernatorial election', *Journal of Public Relations Research*,

18 (2006): 265-85.

43 Marilyn Roberts and Maxwell McCombs, 'Agenda setting and political advertising: origins of the news agenda', *Political Communication*, 11 (1994): 249-62.

44 Dixie Evatt and Tamara Bell, 'Upstream influences: the early press releases, agenda-setting and politics of a future president', Southwestern Mass Communication Journal, 16, 2 (2001): 70-81. 또한 다음의 글을 보라. S. W. Dunn, 'Candidate and media agenda setting in the 2005 Virginia gubernatorial Election', *Journal of Communication*, 59 (2009): 635-52.

45 Esteban Lopez-Escobar, Juan Pablo Llamas, Maxwell McCombs and Federico Rey Lennon, 'Two levels of agenda setting among advertising and news in the 1995 Spanish elections', *Political Communication*, 15 (1998): 225-38.

46 Kenneth Bryan, 'Political communication and agenda setting in local races', University of Texas at Austin, 1997. 미출간 박사학위 논문.

47 Stuart Soroka, 'Issue attributes and agenda-setting by media, the public, and policymakers in Canada', *International Journal of Public Opinion Research*, 14 (2002): 264-85. 캐나다의 주요 이슈 여덟 가지에 관한 더 폭넓고 상세한 분석이 궁금하다면 다음의 자료를 참조하라. Stuart Soroka, *Agenda-Setting Dynamics in Canada* (Vancouver: UBC Press, 2002).

48 David Weaver and Swanzy Nimley Elliot, 'Who sets the agenda for the media? A study of local agenda-building', *Journalism Quarterly*, 62 (1985): 87-94.

49 Ibid., p. 93.

50 Also see Kyle Huckins, 'Interest-group influence on the media agenda: a case study', *Journalism and Mass Communication Quarterly*, 76 (1999): 76-86.

51 Karen Callaghan and Frauke Schnell, 'Assessing the democratic debate: how the news media frame elite policy discourse', *Political Communication*, 18 (2001): 183-212.

52 Ibid., p. 197.

53 Penelope Ploughman, 'The creation of newsworthy events: an analysis of newspaper coverage of the man-made disaster at Love Canal', State University of New York at Buffalo, 1984. 미출간 박사학위 논문; Allen Mazur, 'Putting

radon on the public risk agenda', *Science, Technology, and Human Values*, 12, 3-4 (1987): 86-93.

54 Stephen Reese and Lucig Danielian, 'Intermedia influence and the drug issue', in *Communication Campaigns about Drugs*, ed. P. Shoemaker (Hillsdale, NJ: Lawrence Erlbaum, 1989), pp. 29-46.

55 Jeongsub Lim, 'A cross-lagged analysis of agenda setting among online news media', *Journalism and Mass Communication Quarterly*, 83 (2006): 298-312.

56 Warren Breed, 'Newspaper opinion leaders and the process of standardization', *Journalism Quarterly*, 32 (1955): 277-84, 328.

57 Richard Kluger, *The Paper: the Life and Death of the New York Herald Tribune* (New York: Alfred A. Knopf, 1986).

58 한 예로, 《USA 투데이》 1면에 실렸던 기사가 'CBS 이브닝 뉴스'의 톱뉴스로 등장하기까지의 이야기가 궁금하다면 다음의 자료를 참조하라. Peter Pritchard, 'The McPapering of America: an insider's candid account', Washington Journalism Revue (1987): 32-7. 또 다른 예로는, 한 천주교 사제의 부적절한 행동을 다룬 특정한 뉴스 기사 때문에 그 후로 4년 동안 성직자들에 관한 부정적인 이야기가 쏟아져 나온 일이 있었다. 이 사례 연구는 다음 글에 소개되어 있다. Michael J. Breen, 'A cook, a cardinal, his priests, and the press: deviance as a trigger for intermedia agenda setting', *Journalism and Mass Communication Quarterly*, 74 (1997): 348-56.

59 Timothy Crouse, *The Boys on the Bus* (New York: Ballentine, 1973), pp. 84-5.

60 Trumbo, 'Longitudinal modelling of public issues'.

61 David Gold and Jerry Simmons, 'News selection patterns among Iowa dailies', *Public Opinion Quarterly*, 29 (1965): 425-30.

62 D. Charles Whitney and Lee Becker, '"Keeping the gates" for gatekeepers: the effects of wire news', *Journalism Quarterly*, 59 (1982): 60-5.

63 Lee Becker, Maxwell McCombs and Jack McLeod, 'The development of political cognitions', in *Political Communication: Issues and Strategies for Research, ed. Steven Chaffee* (Beverly Hills, CA: Sage, 1975), p. 39.

64 전통적인 게이트키핑 연구에 나오는 미디어 간 아젠다 세팅 상관관계에 관한 도널드 쇼의 계산 결과는 다음의 자료에 보고되었다. Maxwell McCombs and Donald

Shaw, 'Structuring the unseen environment', *Journal of Communication*, 26, spring (1976): 18-22.

65 David Manning White, 'The gate keeper: a case study in the selection of news', *Journalism Quarterly*, 27 (1949): 383-90.

66 Paul Snider, 'Mr. Gates revisited: a 1966 version of the 1949 case study', *Journalism Quarterly*, 44 (1967): 419-27.

67 쇼의 계산 결과는 다음의 자료에 보고되었다. McCombs and Shaw, 'Structuring the unseen environment'.

68 Roberts and McCombs, 'Agenda setting and political advertising'.

69 Lopez-Escobar, Llamas, McCombs and Lennon, 'Two levels of agenda setting among advertising and news in the 1995 Spanish elections'.

70 Maxwell McCombs and Donald Shaw, 'The agenda-setting function of mass media', *Public Opinion Quarterly*, 36 (1972): 183.

71 Pu-Tsung King, 'Issue agendas in the 1992 Taiwan legislative election', University of Texas at Austin, 1994. 미출간 박사학위 논문.

72 Toshio Takeshita, 'Agenda-setting and framing: two dimensions of attribute agenda-setting', *Mita Journal of Sociology* [Japan], 12 (2007): 4-18. , which was discussed in Chapter 3. 이 연구는 다케시타가 우리가 제3장에서 살펴본 자신의 다른 논문을 반복하고 확장한 것이다. Takeshita, 'Expanding attribute agenda setting into framing', paper presented to the International Communication Association, Seoul, Korea

73 Marc Benton and P. Jean Frazier, 'The agenda-setting function of the mass media at three levels of information-holding', *Communication Research*, 3 (1976): 261-74.

74 Pu-Tsung King, 'The press, candidate images, and voter perceptions', in *Communication and Democracy*, eds. M. McCombs, D. Shaw and D. Weaver (Mahwah, NJ: Lawrence Erlbaum, 1997), pp. 29-40.

75 Sitaram Asur, Bernardo A. Huberman, Gabor Szabo and Chunyan Wang, 'Trends in social media: persistence and decay', Social Computing Lab Hewlitt Packard, Palo Alto, CA. (2011). Quote on p. 8. http://mashable.com/2011/02/14/twitter-trending-topics-hp/

76 블로그와 다른 온라인 매체를 다룬 최신 연구를 종합적으로 살펴보려면 다음의 자료를 참조하라. Hai Tran, 'Online agenda setting: a new frontier for theory development', in *Agenda Setting in a 2.0 World*, ed. T. Johnson (New York: Routledge, 2013). 미디어 아젠다 간의 수렴과 확산을 보여주는 연구의 예시를 살펴보려면 다음의 자료를 참조하자. Sharon Meraz, 'The fight for how to think: traditional media, social networks, and issue interpretation', *Journalism: Theory, Practice, and Criticism*, 12 (2011): 107-27; Jae Kook Lee, 'The effect of the internet on homogeneity of the media agenda: a test of the fragmentation thesis', *Journalism and Mass Communication Quarterly*, 84 (2007): 745-60.

77 Matthew Ragas and Spiro Kiousis, 'Intermedia agenda-setting and political activism: MoveOn.org and the 2008 presidential election', *Mass Communication and Society*, 13 (2010): 560-83.

78 Leonard Pitts, 'Objectivity might be impossible, so we strive for fairness', *Austin American-Statesman*, 17 December 2001, p. A13.

79 Stuart N. Soroka, 'Schindler's List's intermedia influence: exploring the role of "entertainment" in media agenda-setting', *Canadian Journal of Communication*, 25 (2000): 211-30.

제8장 매스컴과 아젠다 세팅 이론의 확장

1 Harold Lasswell, 'The structure and function of communication in society', in *The Communication of Ideas, ed. Lyman Bryson* (New York: Institute for Religious and Social Studies, 1948), pp. 37-51.

2 Jian-Hua Zhu with William Boroson, 'Susceptibility to agenda setting', in *Communication and Democracy*, eds. M. McCombs, D. Shaw and D. Weaver (Mahwah, NJ: Lawrence Erlbaum, 1997), p. 82 (강조는 원저자).

3 Donald Shaw and Shannon Martin, 'The function of mass media agenda setting', *Journalism Quarterly*, 69 (1992): 902-20.

4 Ching-Yi Chiang, 'Bridging and closing the gap of our society: social function of media agenda setting', University of Texas at Austin, 1995. 미출간 석사논문; Esteban Lopez-Escobar, Juan Pablo Llamas and Maxwell McCombs, 'Una

dimension social do los efectos do los medios de difusion: agenda-setting y consenso', *Comunicacion y Sociedad IX* (1996): 91-125; Esteban Lopez-Escobar, Juan Pablo Llamas and Maxwell McCombs, 'Agenda setting and community consensus: first and second level effects', *International Journal of Public Opinion Research*, 10 (1998): 335-48.

5 Vanessa de Macedo Higgins Joyce, 'Consensus-building function of agenda setting in times of crisis: substantive and affective dimensions', in *Agenda Setting in a 2.0 World*, ed. Thomas J. Johnson (New York: Routledge, 2013).

6 David Weaver, Doris Graber, Maxwell McCombs and Chaim Eyal, *Media Agenda Setting in a Presidential Election* (Westport, CT: Greenwood, 1981).

7 Joseph Cappella and Kathleen Hall Jamieson, *Spiral of Cynicism: The Press and the Public Good* (New York: Oxford University Press, 1997); Thomas Patterson, *Out of Order* (New York: Random House Vintage Books, 1993).

8 Lutz Erbring, Edie Goldenberg and Arthur Miller, 'Front-page news and real-world cues', *American Journal of Political Science*, 24 (1980): 16-49.

9 Spiro Kiousis, Mike McDevitt and Xu Wu, 'The genesis of civic awareness: agenda setting in political socialization', *Journal of Communication*, 55 (2005): 756-74; Spiro Kiousis and Michael McDevitt, 'Agenda setting in civic development: effects of curricula and issue importance on youth voter turnout', *Communication Research*, 35 (2008): 481-502.

10 보수적인 종교 단체인 '기독교 연합'이 제7장에서 언급한 뉴스 매체의 아젠다에 행사하는 영향력을 떠올려보자. Kyle Huckins, 'Interest-group influence on the media agenda', *Journalism and Mass Communication Quarterly*, 76 (1999): 76-86.

11 Judith Buddenbaum, 'The media, religion, and public opinion: toward a unified theory of cultural influence', in *Religion and Popular Culture: Studies in the Interaction of Worldviews*, eds. Daniel A. Stout and Judith Buddenbaum (Ames: Iowa State University Press, 2001), p. 27.

12 Jacqueline Harris and Maxwell McCombs, 'The interpersonal/mass communication interface among church leaders', *Journal of Communication*, 22 (1972): 257-62.

13 Moshe Hellinger and Tsuriel Rashi, 'The Jewish custom of delaying communal prayer: a view from communication theory', *Review of Rabbinic Judaism*, 12 (2009): 189-203.

14 예를 들면 다음 글을 보라. Michael Robinson, 'Collective memory: from the 20s through the 90s: the way we think we were', *Public Perspective*, 11, 1 (2000): 14-19, 44-7.

15 Kurt Lang, Gladys Engel Lang, Hans Mathias Kepplinger and Simone Ehmig, 'Collective memory and political generations: a survey of German journalists', *Political Communication*, 10 (1993): 211-29.

16 Yoram Peri, 'The media and collective memory of Yitzhak Rabin's remembrance', *Journal of Communication*, 49 (1999): 106-24.

17 Neta Kliger-Vilenchik, 'Memory setting: applying agenda-setting theory to the study of collective memory' in *On Media Memory: Collective Memory in a New Media Age*, eds. Motti Neiger, Oren Meyers and Eyal Zandberg (London: Palgrave Macmillan, 2011), pp. 226-37.

18 Asva Besova and Skye Chance Cooley, 'Foreign news and public opinion: attribute agenda-setting theory revisited', *Ecquid Novi: African Journalism Studies*, 30 (2009): 219-42.

19 Wayne Wanta, Guy Golan and Cheolhan Lee, 'Agenda setting and international news: media influence on public perception of foreign nations', *Journalism and Mass Communication Quarterly*, 81 (2004): 364-77.

20 Raquel Rodriguez Diaz, 'Los profesores universitarios como medios de comunicacion: la agenda-setting de los lumnos y profesores' [University professors as communication media: agenda-setting of students and professors], Complutense University of Madrid, 2000. 미출간 박사학위 논문.

21 Lawrence Wenner, quoted in John Fortunato, *The Ultimate Assist: The Relationship and Broadcasting Strategies of the NBA and Television Networks* (Cresskill, NJ: Hampton Press, 2001), p. 2.

22 Fortunato, *The Ultimate Assist*.

23 Philemon Bantimaroudis, Stelios Zyglidopoulos and Pavlos Symeou, 'Greek museum media visibility and museum visitation: an exploration of

cultural agenda setting', *Journal of Communication*, 60 (2010): 743-57; Stelios Zyglidopoulos, Pavlos Symeou, Philemon Bantimaroudis and Eleni Kampanellou, 'Cultural agenda setting: media attributes and public attention of Greek museums', *Communication Research*, 39 (2012): 480-98.

24 Lisa Weidman, 'Consumer knowledge about Oregon wines: applying agenda-setting theory to the dissemination of information about consumer products', paper presented to the Midwest Association for Public Opinion Research, Chicago, 2011.

에필로그 미디어의 아젠다 세팅과 수용자의 아젠다 융합

* 도널드 쇼는 채플힐 노스캐롤라이나대학교 언론학과의 언론학 명예 교수이며, 데이비드 위버는 인디애나대학교 언론학과의 로이 하워드(Roy W. Howard) 명예 석좌 교수다. 두 저자는 분석을 도와준 채플힐 노스캐롤라이나대학교 언론학과 학생인 크리스 바고(Chris Vargo)에게 감사 인사를 전한다.

1 Maxwell E. McCombs and Donald L. Shaw, 'The agenda-setting function of mass media', *Public Opinion Quarterly*, 36 (1972): 176-87.

2 우리는 보조금을 지원해주신 채플힐 노스캐롤라이나대학교 언론학과의 당시 학과장이셨던 진 폴커츠(Jean Folkerts)와 인디애나대학교 언론학과의 당시 학과장이셨던 브래드 함(Brad Hamm)에게 감사 인사를 전하고 싶다. 노스캐롤라이나대학교에도 대단히 감사드린다. 아울러 면담 시행과 미디어 표본 수집에 도움을 주신 채플힐 노스캐롤라이나대학교 박사 과정 학생들에게도 감사드린다. 당시에 노스캐롤라이나대학교 언론학과 학생이었던 멜라니 후닥(Melanie Hudak)과 빈스 하얏트(Vince Hyatt)는 도널드 쇼의 '아틀라스 I' 콘텐츠 분석을 도왔다. 채플힐 노스캐롤라이나대학교 언론학과의 조앤 케이츠(Joan Cates) 박사는 현장 작업을 지휘하셨고, 채플힐 노스캐롤라이나대학교의 쉐린 엘 투키(Sherine El-Toukhy) 박사 역시 현장 연구 지휘를 도와주셨다.

3 David H. Weaver, 'Political issues and voter need for orientation' in *The Emergence of American Political Issues: The Agenda-Setting Function of the Press*, eds. Donald L. Shaw and Maxwell E. McCombs (St Paul, MN: West, 1977): 107-19.

참고문헌

Ader, Christine, 'A longitudinal study of agenda setting for the issue of environmental pollution', *Journalism and Mass Communication Quarterly*, 72(1995): 300-11.

Althaus, Scott L. and David Tewksbury, 'Agenda setting and the "new" news: patterns of issue importance among readers of the paper and online versions of the *New York Times*', *Communication Research*, 29 (2002): 180-207.

Asur, Sitaram, Bernardo A. Huberman, Gabor Szabo and Chunyan Wang, 'Trends in social media: persistence and decay', Social Computing Lab Hewlitt Packard, Palo Alto, C. A., http://mashable.com/2011/02/14/twitter-trendingtopics-hp/ (2011)

Atwater, Tony, Michael Salwen and Ronald Anderson, 'Interpersonal discussion as a potential barrier to agenda setting', *Newspaper Research Journal*, 6, 4 (1985): 37-43.

Balmas, Meital and Tamir Sheafer, 'Candidate image in election campaigns: attribute agenda setting, affective priming, and voting intentions', *International Journal of Public Opinion Research*, 22 (2010): 204-29.

Bantimaroudis, Philemon, Stelios Zyglidopoulos and Pavlos Symeou,'Greek museum media visibility and museum visitation: an exploration of cultural agenda setting',*Journal of Communication*, 60 (2010): 743-57.

Baumgartner, Frank and Bryan Jones, *Agendas and Instability in American Politics* (Chicago: University of Chicago Press, 1993).

Becker, Lee, 'The impact of issue salience', in *The Emergence of American Political Issues*, ed. Donald Shaw and Maxwell McCombs (St Paul, MN: West, 1977), pp.

121-32.

Becker, Lee, Maxwell McCombs and Jack McLeod, 'The development of political cognitions', in *Political Communication: Issues and Strategies for Research*, ed. Steven Chaffee (Beverly Hills, CA: Sage, 1975), chapter 1.

Becker, Lee and Maxwell McCombs, 'The role of the press in determining voter reactions to presidential primaries', *Human Communication Research*, 4 (1978): 301-7

Benton, Marc and P. Jean Frazier, 'The agenda-setting function of the mass media', *Communication Research*, 3 (1976): 261-74.

Berganza, Rosa and Marta Martin, 'Selective exposure to highly politicized media', paper presented at the World Association for Public Opinion Research regional conference, Pamplona, Spain, 1997.

Besova, Asva and Skye Chance Cooley, 'Foreign news and public opinion: attribute agenda-setting theory revisited', *Ecquid Novi: African Journalism Studies*, 30 (2009): 219-42.

Bettag, Tom, 'What's news? Evolving definitions of news', *Harvard International Journal of Press/Politics*, 5, 3 (2000): 105.

Birkland, Thomas, *After Disaster: Agenda Setting, Public Policy, and Focusing Events* (Washington, D.C.: Georgetown University Press, 1997).

Blood, Deborah J. and Peter C. B. Phillips, 'Economic headline news on the agenda: new approaches to understanding causes and effects', in *Communication and Democracy*, eds. Maxwell McCombs, Donald Shaw and David Weaver (Mahwah, NJ: Lawrence Erlbaum, 1997), pp. 97-114.

Blood, Warwick, 'Competing models of agenda-setting: issue obtrusiveness vs. media exposure', paper presented to the Association for Education in Journalism, Boston, 1980.

Blood, Warwick, 'Unobtrusive issues in the agenda setting role of the press', unpublished doctoral dissertation, Syracuse University, 1981.

Blumler, Jay, 'The role of theory in uses and Gratifications research', *Communication Research*, 6 (1979): 9-36.

Blumler, Jay G. and Dennis Kavanagh, 'The third age of political communication:

influences and features', *Political Communication*, 16 (1999).

Boczkowski, Pablo, *News at Work: Imitation in an Age of Information Abundance*. (Chicago: University of Chicago Press, 2010).

Bouza, Fermin, 'The impact area of political communication: citizenship faced with public discourse', *International Review of Sociology*, 14 (2004): 245-59.

Boyle, Thomas P., 'Intermedia agenda setting in the 1996 presidential primaries', *Journalism and Mass Communication Quarterly*, 78 (2001): 26-44.

Brandenburg, Heinz, 'Who follows whom? The impact of parties on media agenda formation in the 1997 British general elections campaign', *Harvard International Journal of Press/Politics*, 7, 3 (2002): 34-54.

Breed, Warren, 'Social control in the newsroom', *Social Forces*, 33 (1955): 326-35.

Breed, Warren, 'Newspaper opinion leaders and the process of standardization', *Journalism Quarterly*, 32 (1955): 277-84, 328.

Breen, Michael J., 'A cook, a cardinal, his priests, and the press: deviance as a trigger for intermedia agenda setting', *Journalism and Mass Communication Quarterly*, 74 (1997): 348-56.

Brewer, Marcus and Maxwell McCombs, 'Setting the community agenda', *Journalism and Mass Communication Quarterly*, 73 (1996): 7-16.

Brosius, Hans-Bernd and Hans Mathias Kepplinger, 'The agenda setting function of television news: static and dynamic views', *Communication Research*, 17(1990): 183-211.

Bryan, Kenneth, 'Political communication and agenda setting in local races', unpublished doctoral dissertation, University of Texas at Austin, 1997.

Bryant, Jennings and Dolf Zillmann, eds., *Media Effects: Advances in Theory and Research* (Hillsdale, NJ: Lawrence Erlbaum, 1994).

Buddenbaum, Judith, 'The media, religion, and public opinion: toward a unified theory of cultural influence', in *Religion and Popular Culture: Studies in the Interaction of Worldviews*, eds. Daniel A. Stout and Judith Buddenbaum (Ames: Iowa State University Press, 2001).

Bulkow, Kristin, Juliane Urban and Wolfgang Schweiger, 'The duality of agenda-setting: the role of information processing', *International Journal of Public*

Opinion Research, 25 (2013): 43-63.

Burkart, Roland and Uta Russmann, 'Quality of understanding in political campaign communication: an analysis of political parties' press releases and media coverage in Austria (1970-2008)', working paper, University of Vienna, 2013.

Callaghan, Karen and Frauke Schnell, 'Assessing the democratic debate: how the news media frame elite policy discourse', *Political Communication*, 18 (2001): 183-212.

Callison, Coy, 'Media relations and the internet: how Fortune 500 company websites assist journalists in news gathering', *Public Relations Review*, 29 (2003): 29-41.

Camaj, Lindita, 'Need for orientation, selective exposure and attribute agenda setting effects: change versus reinforcement in Kosovo', paper presented to the Association for Education in Journalism and Mass Communication, Chicago, 2012.

Canel, Maria Jose, Juan Pablo Llamas and Federico Rey, 'El primer nivel del efecto agenda setting en la informacion local: los "problemas mas importantes" de la ciudad de Pamplona' ['The first level agenda setting effect on local information: the "most important problems" of the city of Pamplona'], *Comunicacion y Sociedad*, 9, 1 and 2 (1996): 17-38.

Cao, Xiaoxia, 'Hearing it from Jon Stewart: the impact of *The Daily Show* on public attentiveness to politics', *International Journal of Public Opinion Research*, 22 (2010): 26-46.

Cappella, Joseph and Kathleen Hall Jamieson, *Spiral of Cynicism: The Press and the Public Good* (New York: Oxford University Press, 1997). Carroll, Craig, 'How the mass media influence perceptions of corporate reputation: exploring agenda-setting effects within business news coverage', unpublished doctoral dissertation, University of Texas at Austin, 2004.

Carroll, Craig, 'The relationship between media favorability and firms' public esteem', *Public Relations Journal*, 3-4 (2010): 1-32.

Carroll, Craig, ed., *Corporate Reputation and the News Media: Agenda-setting within News Coverage in Developed, Emerging, and Frontier Markets* (New

York: Routledge, 2011).

Carter, Richard, 'Communication and affective relations', *Journalism Quarterly*, 42 (1965): 203-12.

de Pereson, Alicia Casermeiro, 'La jerarquizacion tematica y de imagen segun los medios, y su transferencia a los habitantes de la ciudad de Buenos Aires: aplicacion de la teoria de la agenda setting al caso Argentino' ['The ranking of themes and images according to the media, and their transfer to the citizens of Buenos Aires: application of agenda-setting theory to the Argentine case'], unpublished doctoral dissertation, Austral University, Buenos Aires, 2002.

Caspi, Dan, 'The agenda-setting function of the Israeli press', *Knowledge: Creation, Diffusion, Utilization*, 3 (1982): 401-14.

Caudill, Edward, 'An agenda-setting perspective on historical public opinion', in *Communication and Democracy: Exploring the Intellectual Frontiers in Agenda-Setting Theory*, eds. Maxwell McCombs, Donald Shaw and David Weaver(Mahwah, NJ: Lawrence Erlbaum, 1997).

Chaffee, Steven and Miriam Metzger, 'The end of mass communication?', *Mass Communication and Society*, 4 (2001): 365-79.

Chaffee, Steven and Donna Wilson, 'Media rich, media poor: two studies of diversity in agenda-holding', *Journalism Quarterly*, 54 (1977): 466-76.

Chernov, Gennadiy, Sebastian Valenzuela and Maxwell McCombs, 'An experimental comparison of two perspectives on the concept of need for orientation in agenda-setting theory', *Journalism and Mass Communication Quarterly*, 88 (2011): 142-55.

Chiang, Ching-Yi, 'Bridging and closing the gap of our society: social function of media agenda setting', unpublished master's thesis, University of Texas at Austin, 1995.

Cobb, R. W. and C. D. Elder, *Participation in American Politics: The Dynamics of Agenda-Building* (Baltimore: Johns Hopkins University Press, 1972).

Cohen, Bernard, *The Press and Foreign Policy* (Princeton, NJ: Princeton University Press, 1963).

Cohen, David, 'A report on a non-election agenda setting study', paper presented to the Association for Education in Journalism, Ottawa, Canada, 1975.

Coleman, Renita and Stephen Banning, 'Network TV news' affective framing of the presidential candidates: evidence for a second-level agenda-setting effect through visual framing', *Journalism and Mass Communication Quarterly*, 83 (2006): 313-28.

Coleman, Renita and Maxwell McCombs, 'The young and agenda-less? Agerelated differences in agenda-setting on the youngest generation, baby boomers, and the civic generation', *Journalism and Mass Communication Quarterly*, 84 (2007): 299-311.

Coleman, Renita and Denis Wu, 'Proposing emotion as a dimension of affective agenda setting: separating affect into two components and comparing their second-level effects', *Journalism and Mass Communication Quarterly*, 87 (2010): 315-27.

Comstock, George and Erica Scharrer, *Television: What's On, Who's Watching, and What it Means* (San Diego, CA: Academic Press, 1999).

Conway, Michael and J. R. Patterson, 'Today's top story? An agenda-setting and recall experiment involving television and Internet news', *Southwestern Mass Communication Journal*, 24 (2008): 31-48.

Crouse, Timothy, *The Boys on the Bus* (New York: Ballentine, 1973).

Dalton, Russell, Paul Allen Beck, Robert Huckfeldt and William Koetzle, 'A test of media-centered agenda setting: newspaper content and public interests in a presidential election', *Political Communication*, 15 (1998): 463-81.

Davies, Nick, *Flat Earth News: An Award-winning Reporter Exposes Falsehood, Distortion and Propaganda in the Global Media* (London: Chatto and Windus, 2008).

Dearing, James and Everett Rogers, *Agenda-Setting* (Thousand Oaks, CA: Sage, 1996).

Downs, Anthony, 'Up and down with ecology: the "issue-attention cycle"', *The Public Interest*, 28 (1972): 38-50.

Dunn, S. W., 'Candidate and media agenda setting in the 2005 Virginia gubernatorial Election', *Journal of Communication*, 59 (2009): 635-52.

Eaton, Howard Jr, 'Agenda setting with bi-weekly data on content of three national media', *Journalism Quarterly*, 66 (1989): 942-8.

Edelstein, Alex, Youichi Ito and Hans Mathias Kepplinger, *Communication and Culture: A Comparative Approach* (New York: Longman, 1989).

Einsiedel, Edna F., Kandice L. Salomone and Frederick Schneider, 'Crime: effects of media exposure and personal experience on issue salience', *Journalism Quarterly*, 61 (1984): 131-6.

Entman, Robert, 'Framing: toward a clarification of a fractured paradigm', *Journal of Communication*, 43 (4) (1993): 51-58.

Erbring, Lutz, Edie Goldenberg and Arthur Miller, 'Front-page news and realworld cues', *American Journal of Political Science*, 24 (1980): 16-49.

Evatt, Dixie and Tamara Bell, 'Upstream influences: the early press releases, agenda-setting and politics of a future president', *Southwestern Mass Communication Journal*, 16, 2 (2001): 70-81.

Evatt, Dixie and Salma Ghanem, 'Building a scale to measure salience', paper presented to the World Association for Public Opinion Research, Rome, Italy, 2001.

Eyal, Chaim, James Winter and William DeGeorge, 'The concept of time frame in agenda-setting', in *Mass Communication Review Yearbook*, vol. 2, eds. G. Cleveland Wilhoit and Harold de Bock (Beverly Hills, CA: Sage, 1981), pp. 212-18.

Fan, David, Kathy Keltner and Robert Wyatt, 'A matter of guilt or innocence: how news reports affect support for the death penalty in the United States', *International Journal of Public Opinion Research*, 14 (2002): 439-52.

Flyvbjerg, Bent, Todd Landman and Sanford Schram, eds., *Real Social Science: Applied Phronesis* (Cambridge: Cambridge University Press, 2012).

Folkerts, Jean Lange, 'William Allen White's anti-populist rhetoric as an agenda-setting technique', *Journalism Quarterly*, 60 (1983): 28-34.

Frankel, Max, *The Times of My Life and My Life with The Times* (New York: Random House, 1999): 414-15.

Funkhouser, Ray, 'The issues of the sixties', *Public Opinion Quarterly*, 37 (1973):

62–75.

Gamson, William, *Talking Politics* (New York: Cambridge University Press, 1992).

Gandy, Oscar, *Beyond Agenda Setting: Information Subsidies and Public Policy* (Norwood, NJ: Ablex, 1982).

Gans, Herbert, *Deciding What's News: A Study of CBS Evening News, NBC Nightly News, Newsweek and Time* (New York: Pantheon, 1979).

Gerbner, George, Larry Gross, Michael Morgan, Nancy Signorielli and James Shanahan, 'Growing up with television: cultivation processes', in *Media Effects: Advances in Theory and Research*, 2nd edn, eds. Jennings Bryant and Dolf Zillmann (Mahwah, NJ: Lawrence Erlbaum, 1994), pp. 43–68.

Ghanem, Salma, 'Media coverage of crime and public opinion: an exploration of the second level of agenda setting', unpublished doctoral dissertation, University of Texas at Austin, 1996.

Ghanem, Salma, 'Filling in the tapestry: the second level of agenda-setting', in *Communication and Democracy*, eds. Maxwell McCombs, Donald Shaw and David Weaver (Mahwah, NJ: Lawrence Erlbaum, 1997), pp. 3–14.

Ghorpade, Shailendra, 'Agenda setting: a test of advertising's neglected function', *Journal of Advertising Research*, 25 (1986): 23–7.

Gilbert, Sheldon, Chaim Eyal, Maxwell McCombs and David Nicholas, 'The State of the Union address and the press agenda', *Journalism Quarterly*, 57 (1980): 584–88.

Glynn, Carroll, Michael Huge, James Reineke, Bruce Hardy and James Shanahan, 'When Oprah intervenes: political correlates of daytime talk show viewing', *Journal of Broadcasting and Electronic Media*, 51 (2007): 228–44.

Gold, David and Jerry Simmons, 'News selection patterns among Iowa dailies', *Public Opinion Quarterly*, 29 (1965): 425–30.

Gonzenbach, William, *The Media, the President, and Public Opinion: A Longitudinal Analysis of the Drug Issue, 1984–1991* (Mahwah, NJ: Lawrence Erlbaum, 1996).

Gordon, Margaret T. and Linda Heath, 'The news business, crime and fear', in *Reactions to Crime*, ed. Dan Lewis (Beverly Hills, CA: Sage, 1981). Excerpt reprinted in *Agenda Setting: Readings on Media, Public Opinion, and Policy-Making*, eds. David Protess and Maxwell McCombs (Hillsdale, NJ: Lawrence Erlbaum, 1991), pp. 71-4.

Graber, Doris, *Processing Politics: Learning from Television in the Internet Age* (Chicago: University of Chicago Press, 2001).

Gross, Kimberly and Sean Aday, 'The scary world in your living room and neighborhood: using local broadcast news, neighborhood crime rates, and personal experience to test agenda setting and cultivation', *Journal of Communication*, 53 (2003): 411-26.

Gumpert, G. and R. Cathcart, eds., *Inter/Media: Interpersonal Communication in a Media World* (New York: Oxford University Press, 1986).

Guo, Lei and Maxwell McCombs, 'Network agenda setting: a third level of media effects', paper presented to the International Communication Association, Boston, 2011.

Gurevitch, Michael and Jay Blumler, 'The construction of election news at the BBC: an observation study', in *Individuals in Mass Media Organizations: Creativity and Constraint*, eds. James Ettema and Charles Whitney (Beverly Hills, CA: Sage, 1982), pp. 179-204.

Gurevitch, Michael and Jay Blumler, 'Political communication systems and democratic values', in *Democracy and the Mass Media*, ed. J. Lichtenberg (Cambridge: Cambridge University Press, 1990), pp. 269-89.

Ha, Sungtae, 'The intermediary role of news media in the presidential campaign: a mediator, moderator, or political agent?', unpublished paper, University of Texas at Austin, 2001.

Ha, Sungtae, 'Attribute priming effects and presidential candidate evaluation: the conditionality of political sophistication', *Mass Communication and Society*, 14 (2011): 315-42.

Hamilton, J. T., *Channeling Violence* (Princeton, NJ: Princeton University Press, 1998).

Harris, Jacqueline and Maxwell McCombs, 'The interpersonal/mass communication interface among church leaders', *Journal of Communication*, 22 (1972):

257-62.

Hellinger, Moshe and Tsuriel Rashi, 'The Jewish custom of delaying communal prayer: a view from communication theory', *Review of Rabbinic Judaism*, 12 (2009): 189-203.

Henry, Gary T. and Craig S. Gordon, 'Tracking issue attention: specifying the dynamics of the public agenda', *Public Opinion Quarterly*, 65 (2001): 157-77.

Herbst, Susan, 'The cultivation of conversation', in *The Poll with a Human Face: The National Issues Convention Experiment in Political Communication*, eds. Maxwell McCombs and Amy Reynolds (Mahwah, NJ: Lawrence Erlbaum, 1999), esp. pp. 201-4.

Hester, Joe Bob and Rhonda Gibson, 'The economy and second-level agenda setting: a time-series analysis of economic news and public opinion about the economy', *Journalism and Mass Communication Quarterly*, 80 (2003): 73-90.

Hester, Joe Bob and Rhonda Gibson, 'The agenda-setting function of national versus local media: a time-series analysis for the issue of same sex marriage', *Mass Communication and Society*, 10 (2007): 299-317.

Higgins, E. T., 'Knowledge activation: accessibility, applicability, and salience' in *Social Psychology: Handbook of Basic Principles*, eds. E. T. Higgins and A. W. Kruglanski, (New York: Guilford, 1996), pp. 133-68.

Higgins-Joyce, Vanessa de Macedo, 'Consensus-building function of agenda setting in times of crisis: substantive and affective dimensions', in *Agenda Setting in a 2.0 World*, ed. Thomas J. Johnson (New York: Routledge, 2013).

Holbrook, R. Andrew and Timothy Hill, 'Agenda-setting and priming in prime time television: crime dramas as political cues', *Political Communication*, 22 (2005): 277-95.

Hopmann, David Nicolas, Rens Vliegenthart, Claes de Vreese and Erik Albaek, 'Effects of television news coverage: how visibility and tone influence party choice', *Political Communication*, 27 (2010): 389-405.

Hovland, Carl, Irving Janis and Harold Kelley, *Communication and Persuasion* (New Haven, CT: Yale University Press, 1953).

Huckins, Kyle, 'Interest-group influence on the media agenda', *Journalism and*

Mass Communication Quarterly, 76 (1999): 76-86.

Inglehart, Ronald, *Culture Shift in Advanced Industrial Society* (Princeton, NJ: Princeton University Press, 1990).

Iyengar, Shanto and Donald Kinder, *News that Matters: Television and American Opinion* (Chicago: University of Chicago Press, 1987).

Iyengar, Shanto and Adam Simon, 'News coverage of the Gulf crisis and public opinion', in *Do the Media Govern?*, eds. S. Iyengar and R. Reeves (Thousand Oaks, CA: Sage, 1997), pp. 248-57.

Jamieson, Kathleen Hall and Karlyn Kohrs Campbell, *The Interplay of influence: News, Advertising, Politics and the Mass Media* (Belmont, CA: Wadsworth, 1992).

Jasperson, Amy, Dhavan Shah, Mark Watts, Ronald Faber and David Fan, 'Framing and the public agenda: media effects on the importance of the federal budget deficit', *Political Communication*, 15 (1998): 205-24.

Jochem, Peter, 'Country characteristics as contingent conditions of agenda setting: the moderating influence of polarized elite opinion', *Communication Research*, 30 (2003): 683-712.

Jochen, Peter and C. H. de Vreese, 'Agenda-rich, agenda-poor: a cross-national comparative investigation of nominal and thematic public agenda diversity', *International Journal of Public Opinion Research*, 15 (2003): 44-64.

Johnson, Thomas J. and Wayne Wanta, with John T. Byrd and Cindy Lee, 'Exploring FDR's relationship with the press: a historical agenda-setting study', *Political Communication*, 12 (1995): 157-72.

Kahneman, Daniel and Amos Tversky, 'Choices, values and frames', *American Psychologist*, 39 (1984): 341-50.

Kepplinger, Hans Mathias, Wolfgang Donsbach, Hans Bernd Brosius and Joachim Friedrich Staab, 'Media tone and public opinion: a longitudinal study of media coverage and public opinion on Chancellor Kohl', *International Journal of Public Opinion Research*, 1 (1989): 326-42.

Kepplinger, Hans Mathias and Herbert Roth, 'Creating a crisis: German mass media and oil supply in 1973-74', *Public Opinion Quarterly*, 43 (1979): 285-96.

Kieffer, Nancy, 'Agenda-setting and corporate communication issues: can the mass media influence corporate stock prices?', unpublished master's thesis, Syracuse University, 1983.

Kim, Joohan, Robert Wyatt and Elihu Katz, 'News, talk, opinion, participation: the part played by conversation in deliberative democracy', *Political Communication*, 16 (1999): 361-85.

Kim, Kihan and Maxwell McCombs, 'News story descriptions and the public's opinions of political candidates', *Journalism and Mass Communication Quarterly*, 84 (2007): 299-314.

Kim, Sei-Hill, Dietram Scheufele and James Shanahan, 'Think about it this way: attribute agenda-setting function of the press and the public's evaluation of a local issue', *Journalism and Mass Communication Quarterly*, 79 (2007): 7-25.

King, Pu-Tsung, 'Issue agendas in the 1992 Taiwan legislative election', unpublished doctoral dissertation, University of Texas at Austin, 1994.

King, Pu-Tsung, 'The press, candidate images, and voter perceptions', in *Communication and Democracy*, eds. Maxwell McCombs, Donald Shaw and David Weaver (Mahwah, NJ: Lawrence Erlbaum, 1997), pp. 29-40.

Kiousis, Spiro, 'Compelling arguments and attitude strength-exploring the impact of second-level agenda setting on public opinion of presidential candidate images', *Harvard International Journal of Press/Politics*, 10 (2005): 3-27.

Kiousis, Spiro, 'Agenda-setting and attitudes: exploring the impact of media salience on perceived salience and public attitude strength of US presidential candidates from 1984 to 2004', *Journalism Studies*, 12 (2011): 359-74.

Kiousis, Spiro, Philemon Bantimaroudis and Hyun Ban, 'Candidate image attributes: experiments on the substantive dimension of second-level agenda setting', *Communication Research*, 26 (1999): 414-28.

Kiousis, Spiro, Ji Young Kim, Matt Ragas, Gillian Wheat, Sarab Kochhar, Emma Svensson and Maradith Miles, 'Exploring new frontiers of agenda building during the 2012 US presidential election pre-convention period: examining linkages across three levels', paper presented to the International Communication Association convention, London, 2013.

Kiousis, Spiro, Soo-Yeon Kim, Michael McDevitt and Ally Ostrowski, 'Competing for attention: information subsidy influence in agenda building during election campaigns', *Journalism and Mass Communication Quarterly*, 86 (2009): 545-62.

Kiousis, Spiro and Maxwell McCombs, 'Agenda-setting effects and attitude strength: political fi gures during the 1996 presidential election', *Communication Research*, 31 (2004): 36-57.

Kiousis, Spiro and Michael McDevitt, 'Agenda setting in civic development: effects of curricula and issue importance on youth voter turnout', *Communication Research*, 35 (2008): 481-502.

Kiousis, Spiro, Michael McDevitt and Xu Wu, 'The genesis of civic awareness: agenda setting in political socialization', *Journal of Communication*, 55 (2005): 756-74.

Kiousis, Spiro, Michael Mitrook, Xu Wu and Trent Seltzer, 'First-and secondlevel agenda-building and agenda-setting effects: exploring the linkages among candidate news releases, media coverage, and public opinion during the 2002 Florida gubernatorial election', *Journal of Public Relations Research*, 18 (2006): 265-85.

Kiousis, Spiro, Cristina Popescu and Michael Mitrook, 'Understanding influence on corporate reputation: an examination of public relations efforts, media coverage, public opinion, and financial performance from an agenda-building and agenda-setting perspective', *Journal of Public Relations Research* 19 (2007): 147-65.

Kiousis, Spiro and Jesper Stromback, 'The White House and public relations: examining the linkages between presidential communications and public opinion', *Public Relations Review*, 36 (2010): 7-14.

Kiousis, Spiro and Xu Wu, 'International agenda-building and agenda-setting: exploring the influence of public relations counsel on US news media and public perceptions of foreign nations', *International Communication Gazette*, 70 (2008): 58-75.

Klapper, Joseph, *The Effects of Mass Communication* (New York: Free Press, 1960).

Kliger-Vilenchik, Neta, 'Memory setting: applying agenda-setting theory to the study of collective memory' in *On Media Memory: Collective Memory in a New Media Age*, eds. Motti Neiger, Oren Meyers and Eyal Zandberg (London: Palgrave Macmillan, 2011), pp. 226-37.

Kluger, Richard, *The Paper: the Life and Death of the New York Herald Tribune* (New York: Alfred A. Knopf, 1986).

Kosicki, Gerald, 'Problems and opportunities in agenda-setting research', *Journal of Communication*, 43 (1993): 100-27.

Krosnick, Jon and Laura Brannon, 'The impact of war on the ingredients of presidential evaluations: George Bush and the Gulf conflict', *American Political Science Review*, 87 (1993): 963-75.

Krosnick, Jon and Donald Kinder, 'Altering the foundations of support for the president through priming', *American Political Science Review*, 84 (1990): 497-512.

Ku, Gyotae, Linda Lee Kaid and Michael Pfau, 'The impact of website campaigning on traditional news media and public information processing', *Journalism and Mass Communication Quarterly*, 80 (2003): 528-47.

Lane, Robert E., *Political Life: Why and How People Get Involved in Politics* (New York: Free Press, 1959).

Lang, Kurt, Gladys Engel Lang, Hans Mathias Kepplinger and Simone Ehmig, 'Collective memory and political generations: a survey of German journalists', *Political Communication*, 10 (1993): 211-29.

Lasorsa, Dominic and Wayne Wanta, 'Effects of personal, interpersonal and media experiences on issue saliences', *Journalism Quarterly*, 67 (1990): 804-13.

Lasswell, Harold, 'The structure and function of communication in society', in *The Communication of Ideas, ed. Lyman Bryson* (New York: Institute for Religious and Social Studies, 1948), pp. 37-51.

Lazarsfeld, Paul, Bernard Berelson and Hazel Gaudet, *The People's Choice* (New York: Columbia University Press, 1944).

Lazarsfeld, Paul F. and Robert Merton, 'Mass communication, popular taste and organized social action', in *The Communication of Ideas*, ed. Lyman Bryson

(New York: Institute for Religious and Social Studies, 1948), pp. 95-118.

Lee, Gunho, 'Who let priming out? Analysis of first and second-level agendasetting effects on priming', *International Communication Gazette*, 72 (2010): 759-76.

Lee, Jae Kook, 'The effect of the internet on homogeneity of the media agenda: a test of the fragmentation thesis', *Journalism and Mass Communication Quarterly*, 84 (2007): 745-60.

Lee, Jae Kook and Renita Coleman, 'Testing generational, life cycle, and period effects of age on agenda setting', *Mass Communication and Society* (in press). Doi:10.1080/15205436.2013.788721

Lelyveld, Joseph, 'Politicians vs the press as agenda-setters', *New York Times*, 22 August 1999, p. 18.

Lennon, Federico Rey, 'Argentina: 1997 elecciones: los diarios nacionales y la campana electoral' ['The 1997 Argentina election: the national dailies and the electoral campaign'], report by the Freedom Forum and Austral University, 1998.

Lewis, Justin, Andrew Williams and Bob Franklin, 'A compromised Fourth Estate? UK news journalism, public relations and news sources', *Journalism Studies*, 9 (2008): 1-20.

Lichter, Robert and Ted Smith, 'Why elections are bad news: media and candidate discourse in the 1996 presidential primaries', *Harvard International Journal of Press/Politics*, 1, 4 (1996): 15-35.

Lim, Jeongsub, 'A cross-lagged analysis of agenda setting among online news media', *Journalism and Mass Communication Quarterly*, 83 (2006): 298-312.

Lippmann, Walter, *Public Opinion* (New York: Macmillan, 1922).

Lopez-Escobar, Esteban, Juan Pablo Llamas and Maxwell McCombs, 'Una dimension social de los efectos de los medios de difusion: agenda-setting y consenso' ['A social dimension of the effects of the mass media: agenda-setting and consensus'], *Comunicacion y Sociedad* IX (1996): 91-125.

Lopez-Escobar, Esteban, Juan Pablo Llamas and Maxwell McCombs, 'Agenda setting and community consensus: first and second level effects', *International*

Journal of Public Opinion Research, 10 (1998): 335-48.

Lopez-Escobar, Esteban, Juan Pablo Llamas, Maxwell McCombs and Federico Rey Lennon, 'Two levels of agenda setting among advertising and news in the 1995 Spanish elections', *Political Communication*, 15 (1998): 225-38.

Lopez-Escobar, Esteban, Maxwell McCombs and Antonio Tolsá, 'Measuring the public images of political leaders: a methodological contribution of agenda-setting theory', paper presented at the Congress for Political Communication Investigation, Madrid, Spain, 2007.

Lowry, Dennis, Tam Ching, Josephine Nio and Dennis Leitner, 'Setting the public fear agenda: a longitudinal analysis of network TV crime reporting, public perceptions of crime, and FBI crime statistics', *Journal of Communication*, 53, (2003): 61-73.

Ma, K. K., William Schaffner, C. Colmenares, J. Howser, J. Jones and K. A. Poehling, 'Influenza vaccinations of young children increased with media coverage in 2003', *Pediatrics*, 117 (2006): 157-63.

Maccoby, Nathan, 'The new "scientific" rhetoric', in *The Science of Human Communication*, ed. Wilbur Schramm (New York: Basic Books, 1963), pp. 41-53.

McCombs, Maxwell, 'Editorial endorsements: a study of influence', *Journalism Quarterly*, 44 (1967): 545-8.

McCombs, Maxwell, 'Explorers and surveyors: expanding strategies for agenda setting research', *Journalism Quarterly*, 69 (1992): 813-24.

McCombs, Maxwell, 'The future agenda for agenda setting research', *Journal of Mass Communication Studies [Japan]*, 45 (1994): 171-81.

McCombs, Maxwell, 'Personal involvement with issues on the public agenda', *International Journal of Public Opinion Research*, 11 (1999): 152-68.

McCombs, Maxwell, 'Civic osmosis: the social impact of media', *Communication and Society*, 25 (2012): 7-14.

McCombs, Maxwell, Edna Einsiedel and David Weaver, *Contemporary Public Opinion: Issues and the News* (Hillsdale, NJ: Lawrence Erlbaum, 1991).

McCombs, Maxwell and Dixie Evatt, 'Los temas y los aspectos: explorando una nueva dimension de la agenda setting' ['Objects and attributes: exploring a new dimension of agenda setting'], *Comunicacion y Sociedad*, 8, 1 (1995): 7-32.

McCombs, Maxwell, Sheldon Gilbert and Chaim Eyal, 'The State of the Union address and the press agenda: a replication', paper presented to the International Communication Association, Boston, 1982.

McCombs, Maxwell and Lei Guo, 'Agenda-setting influence of the media in the public sphere', *in International Handbook of Media and Mass Communication Theory*, eds. Robert Fortner and Mack Fackler (New York: Wiley-Blackwell, forthcoming).

McCombs, Maxwell, Juan Pablo Llamas, Esteban Lopez-Escobar and Federico Rey, 'Candidate images in Spanish elections: second-level agenda setting effects', *Journalism and Mass Communication Quarterly*, 74 (1997): 703-17.

McCombs, Maxwell, Esteban Lopez-Escobar and Juan Pablo Llamas, 'Setting the agenda of attributes in the 1996 Spanish general election', *Journal of Communication*, 50, 2 (2000): 77-92.

McCombs, Maxwell and Donald Shaw, 'The agenda-setting function of mass media', *Public Opinion Quarterly*, 36 (1972): 176-87.

McCombs, Maxwell and Donald Shaw, 'Structuring the unseen environment', *Journal of Communication*, 26, spring (1976): 18-22.

McCombs, Maxwell and John Smith, 'Perceptual selection and communication', *Journalism Quarterly*, 46 (1969): 352-5.

McCombs, Maxwell and David Weaver, 'Toward a merger of gratifications and agenda-setting research', in *Media Gratifications Research*, eds. K. E. Rosengren, L. Wenner and P. Palmgreen (Beverly Hills, CA: Sage, 1985): 95-108.

McCombs, Maxwell and Jian-Hua Zhu, 'Capacity, diversity, and volatility of the public agenda: trends from 1954 to 1994', *Public Opinion Quarterly*, 59 (1995): 495-525.

McGuire, W. J., 'Psychological motives and communication gratification', in *The Uses of Mass Communication: Current Perspectives on Gratifications Research*, eds. J. G. Blumler and Elihu Katz (Beverly Hills, CA: Sage, 1974), pp. 167-96.

McGuire, William, 'Theoretical foundations of campaigns', in *Public Communication Campaigns*, 2nd edn, eds. R. E. Rice and C. K. Atkin (Newbury Park, CA: Sage, 1989), pp. 43-65.

MacKuen, Michael, 'Social communication and the mass policy agenda', in *More Than News: Media Power in Public Affairs*, eds. Michael MacKuen and Steven Coombs (Beverly Hills, CA: Sage, 1981), pp. 19-144.

McLeod, Jack, Lee B. Becker and J. E. Byrnes, 'Another look at the agendasetting function of the press', *Communication Research*, 1 (1974): 131-66.

Manheim, Jarol B., *Strategic Public Diplomacy and American Foreign Policy: The Evolution of influence* (New York: Oxford University Press, 1994).

Manheim, Jarol B. and R. B. Albritton, 'Changing national images: international public relations and media agenda setting', *American Political Science Review*, 73 (1984): 641-7.

Martin, Jason, 'Agenda setting, elections and the impact of information technology', in *Agenda Setting in a 2.0 World,* ed. T. Johnson (New York: Routledge, 2013).

Matthes, Jorg, 'The need for orientation towards news media: revising and validating a classic concept', *International Journal of Public Opinion Research*, 18 (2006): 422-44.

Matthes, Jorg, 'Need for orientation as a predictor of agenda-setting effects: causal evidence from a two-wave panel study', *International Journal of Public Opinion Research*, 20 (2008): 440-53.

Mayer, W. G., *The Changing American Mind: How and Why American Public Opinion Changed between 1960 and 1988* (Ann Arbor: University of Michigan Press, 1992).

Mazur, Allen, 'Putting radon on the public risk agenda', *Science, Technology, and Human Values*, 12, 3-4 (1987): 86-93.

Meijer, M. M. and Jan Kleinnijenhuis, 'Issue news and corporate reputation: applying the theories of agenda setting and issue ownership in the field of business communication', *Journal of Communication*, 56 (2006): 543-59.

Meraz, Sharon, 'The fight for how to think: traditional media, social networks, and issue interpretation', *Journalism: Theory, Practice, and Criticism*, 12 (2011):

107-27.

Merritt, Davis, *Public Journalism and Public Life: Why Telling the News is Not Enough*, 2nd edn (Mahwah, NJ: Lawrence Erlbaum, 1998).

Merritt, Davis and Maxwell McCombs, *The Two W's of Journalism: The Why and What of Public Affairs Reporting* (Mahwah, NJ: Lawrence Erlbaum, 2003).

Merritt, Richard L., *Symbols of American Community, 1735-1775* (New Haven, CT: Yale University Press, 1966).

Mikami, Shunji, Toshio Takeshita, Makoto Nakada and Miki Kawabata, 'The media coverage and public awareness of environmental issues in Japan', paper presented to the International Association for Mass Communication Research, Seoul, Korea, 1994.

Miller, George A., 'The magic number seven, plus or minus two: some limits on our capacity for processing information', *Psychological Review*, 63 (1956): 81-97.

Miller, Joanne M., 'Examining the mediators of agenda setting: a new experimental paradigm reveals the role of emotions', *Political Psychology*, 28 (2007): 689-717.

Miller, Mark, Julie Andsager and Bonnie Riechert, 'Framing the candidates in presidential primaries: issues and images in press releases and news coverage', *Journalism and Mass Communication Quarterly*, 75 (1998): 312-24.

Min, Young, Salma Ghanem and Dixie Evatt, 'Using a split-ballot survey to explore the robustness of the "MIP" question in agenda-setting research: a methodological study', *International Journal of Public Opinion Research*, 19 (2007): 221-36.

Morin, Richard, 'Crime time: the fear, the facts: how the sensationalism got ahead of the stats', Outlook, *Washington Post* (30 January 1994), p. C1.

Mueller, J. E., 'Choosing among 133 candidates', *Public Opinion Quarterly*, 34 (1970): 395-402.

Nelson, Barbara, *Making an Issue of Child Abuse: Political Agenda Setting for Social Problems* (Chicago: University of Chicago Press, 1984).

Nelson, T. E., R. A. Clawson and Z. M. Oxley, 'Media framing of a civil liberties conflict and its effect on tolerance', *American Political Science Review*, 91 (1997): 567–83.

Neuman, W. Russell, 'The threshold of public attention', *Public Opinion Quarterly*, 54 (1990): 159–76.

Neuman, W. Russell and Lauren Guggenheim, 'The evolution of media effects theory: a six-stage model of cumulative research'. *Communication Theory*, 21 (2011): 169–96.

Neuman, W. Russell, Marion Just and Ann Crigler, *Common Knowledge: News and the Construction of Political Meaning* (Chicago: University of Chicago Press, 1992).

New York Times, Designated drivers, 17 January 1989, p. 22.

New York Times, quoting the editor of *The Sowetan*, 8 March 2000, p. A3.

New York Times, Lord Beaverbrook as agenda-setter, 26 February 2001, p. C15.

New York Times, McCall's lack of image, 1 November 2002, p. A28.

Nimmo, Dan and Robert L. Savage, *Candidates and Their Images* (Pacific Palisades, CA: Goodyear, 1976).

Noelle-Neumann, Elisabeth, *The Spiral of Silence: Our Social Skin*, 2nd edn (Chicago: University of Chicago Press, 1993).

Noelle-Neumann, Elisabeth, 'The spiral of silence: a response', in *Political Communication Yearbook 1984*, eds. Keith Sanders, Lynda Lee Kaid and Dan Nimmo (Carbondale: Southern Illinois University Press, 1985), pp. 66–94.

Nord, David Paul, 'The politics of agenda setting in late 19th century cities', *Journalism Quarterly*, 58 (1981): 565–74, 612.

Ogawa, Tsuneo, 'Framing and agenda setting function', *Keio Communication Review*, 23 (2001): 71–80.

Ohl, Coral, J. David Pincus, Tony Rimmer and Denise Harison, 'Agenda building role of news releases in corporate takeovers', *Public Relations Review*, 21 (1995): 89–101.

O'Shaughnessy, Nicholas, *The Phenomenon of Political Marketing* (London: Macmillan, 1990).

Park, Robert, 'News as a form of knowledge', *American Journal of Sociology*, 45

(1940): 667-86.

Patterson, Thomas, *Out of Order* (New York: Random House Vintage Books, 1993).

Patterson, Thomas, *The Vanishing Voter: Public Involvement in an Age of Uncertainty*(New York: Alfred A. Knopf, 2002).

Pavlik, John V., *Public Relations: What Research Tells Us* (Newbury Park, CA: Sage, 1987).

Peiser, Wolfram, 'Setting the journalist agenda: influences from journalists' individual characteristics and from media factors', *Journalism and Mass Communication Quarterly*, 77 (2000): 243-57.

Peri, Yoram, 'The media and collective memory of Yitzhak Rabin's remembrance', *Journal of Communication*, 49 (1999): 106-24.

Petrocik, John, 'Issue ownership in presidential elections with a 1980 case study', *American Journal of Political Science*, 40 (1996): 825-50.

Petrocik, John, William Benoit, and G. J. Hansen, 'Issue ownership and presidential campaigning, 1952-2000', *Political Science Quarterly*, 118 (2003): 599-626.

Petty, R. E. and J. T. Cacioppo, *Communication and Persuasion: Central and peripheral routes to attitude change* (New York: Springer, 1986).

Philadelphia Inquirer, University of Pennsylvania applications, 27 December 1996, pp. A1 and 18.

Pingree, Raymond, Andrea Quenette, John Tchernev and Ted Dickinson, 'Effects of media criticism on gatekeeping trust and implications for agenda setting', *Journal of Communication*, 63 (2013): 351-72.

Pingree, Raymond and Elizabeth Stoycheff, 'Differentiating cueing from reasoning in agenda setting effects', *Journal of Communication* (in press).

Pitts, Leonard, 'Objectivity might be impossible, so we strive for fairness', *Austin American-Statesman*, 17 December 2001, p. A13.

Ploughman, Penelope, 'The creation of newsworthy events: an analysis of newspaper coverage of the man-made disaster at Love Canal', unpublished doctoral dissertation, State University of New York at Buffalo, 1984.

Poindexter, Paula, Maxwell McCombs, Laura Smith and others, 'Need for orientation in the new media landscape', unpublished paper, University of

Texas at Austin, 2002.

Popkin, Samuel, *The Reasoning Voter* (Chicago: University of Chicago Press, 1991).

Presser, Stanley, 'Substance and method in *Public Opinion Quarterly*, 1937–2010', *Public Opinion Quarterly*, 75 (2011): 839–45.

Price, Vincent and David Tewksbury, 'News values and public opinion: a theoretical account of media priming and framing' in *Progress in Communication Sciences: Advances in Persuasion*, eds. G.& A. Barnett and F. J. Boster, (Greenwich, CT: Ablex, 1997) pp. 173–212.

Pritchard, Peter, 'The McPapering of America: an insider's candid account', *Washington Journalism Revue* (1987): 32–7.

Protess, David, Fay Cook, Jack Doppelt, James Ettema, Margaret Gordon, Donna Leff and Peter Miller, *The Journalism of Outrage: Investigative Reporting and Agenda Building in America* (New York: Guilford, 1991).

Protess, David and Maxwell McCombs, eds., *Agenda Setting: Readings on Media, Public Opinion, and Policymaking* (Hillsdale, NJ: Lawrence Erlbaum, 1991).

Puglisi, Riccardo, 'The spin doctor meets the rational voter: a model of electoral competition and media capture with agenda setting effects', unpublished manuscript, London School of Economics, 2003.

Ragas, Matthew, 'Issue and stakeholder intercandidate agenda setting among corporate information subsidies', *Journalism and Mass Communication Quarterly*, 89 (2012): 91–111.

Ragas, Matthew and Spiro Kiousis, 'Intermedia agenda-setting and political activism: MoveOn.org and the 2008 presidential election', *Mass Communication and Society*, 13 (2010): 560–83.

Reese, Stephen and Lucig Danielian, 'Intermedia influence and the drug issue', in *Communication Campaigns about Drugs*, ed. P. Shoemaker (Hillsdale, NJ: Lawrence Erlbaum, 1989), pp. 29–46.

Roberts, Marilyn, 'Predicting voter behavior via the agenda setting tradition', *Journalism Quarterly*, 69 (1992): 878–92.

Roberts, Marilyn, Ronald Anderson and Maxwell McCombs, '1990 Texas gubernatorial campaign influence of issues and images', *Mass Communication*

Review, 21 (1994): 20-35.

Roberts, Marilyn and Maxwell McCombs, 'Agenda setting and political advertising: origins of the news agenda', *Political Communication*, 11 (1994): 249-62.

Roberts, Marilyn, Wayne Wanta and Tzong-Houng (Dustin) Dzwo, 'Agenda setting and issue salience online', *Communication Research*, 29 (2002): 452-65.

Robinson, Michael, 'Collective memory: from the 20s through the 90s: the way we think we were', *Public Perspective*, 11, 1 (2000): 14-19, 44-7.

Rodriguez-Diaz, Raquel, 'Los profesores universitarios como medios de comunicacion: la agenda-setting de los lumnos y profesores' [University professors as communication media: agenda-setting of students and professors], unpublished doctoral dissertation, Complutense University of Madrid, 2000.

Rogers, Everett, James Dearing and Soonbum Chang, 'AIDS in the 1980s: the agenda-setting process for a public issue', *Journalism Monographs*, 126 (1991).

Rossler, Patrick and Michael Schenk, 'Cognitive bonding and the German reunification: agenda-setting and persuasion effects of mass media', *International Journal of Public Opinion Research*, 12 (2000): 29-47.

Safire, William, 'Like father, unlike son', *New York Times*, 2 September 2002, p. A17.

Salwen, Michael, 'Effects of accumulation of coverage on issue salience in agenda setting', *Journalism Quarterly*, 65 (1988): 100-6, 130.

Salwen, Michael and Don Stacks, eds., *An Integrated Approach to Communication Theory and Research* (Mahwah, NJ: Lawrence Erlbaum, 1996).

Sanchez-Aranda, Jose Javier, Maria Jose Canel and Juan Pablo Llamas, 'Framing effects of television political advertising and the selective perception process', paper presented at the World Association for Public Opinion Research regional conference, Pamplona, Spain, 1997.

Scheufele, Dietram, 'Agenda-setting, priming and framing revisited: another look at cognitive effects of political communication', *Mass Communication and Society*, 3 (2000): 297-316.

Schoenbach, Klaus and Holli Semetko, 'Agenda setting, agenda reinforcing or agenda deflating? A study of the 1990 German national election', *Journalism Quarterly*, 68 (1992): 837-46.

Schudson, Michael, *The Good Citizen: A History of American Civic Life* (New York: Free Press, 1998), pp. 310–11.

Semetko, Holli, Jay Blumler, Michael Gurevitch and David Weaver, with Steve Barkin and G. C. Wilhoit, *The Formation of Campaign Agendas: A Comparative Analysis of Party and Media Roles in Recent American and British Elections* (Hillsdale, NJ: Lawrence Erlbaum, 1991).

Shaw, Daron, 'The impact of news media favorability and candidate events in presidential campaigns', *Political Communication*, 16 (1999): 183–202. Shaw, Donald and Maxwell McCombs, eds., *The Emergence of American Political Issues* (St Paul, MN: West, 1977).

Shaw, Donald and Shannon Martin, 'The function of mass media agenda setting', *Journalism Quarterly*, 69 (1992): 902–20.

Shaw, Donald and John Slater, 'Press puts unemployment on agenda: Richmond community opinion, 1981–1984', *Journalism Quarterly*, 65 (1988): 407–11.

Shaw, Eugene F., 'Agenda-setting and mass communication theory', *International Communication Gazette*, 25, 2 (1979): 101.

Sheafer, Tamir, 'How to evaluate it: the role of story-evaluation tone in agenda setting and priming', *Journal of Communication*, 57 (2007): 21–39.

Sheafer, Tamir and Gabriel Weimann, 'Agenda building, agenda setting, priming individual voting intentions and the aggregate results: an analysis of four Israeli elections', *Journal of Communication*, 55 (2005): 347–65.

Shoemaker, Pamela, ed., *Communication Campaigns about Drugs* (Hillsdale, NJ: Lawrence Erlbaum, 1989).

Shoemaker, Pamela, 'Hardwired for news: using biological and cultural evolution to explain the surveillance function', *Journal of Communication*, 46, 3 (1996): 32–47.

Shoemaker, Pamela and Stephen Reese, *Mediating the Message: Theories of influences on Mass Media Content* (New York: Longman, 1991).

Shoemaker, Pamela and Tim Vos, *Gatekeeping Theory* (New York: Routledge, 2009).

Sigal, Leon, *Reporters and Officials: The Organization and Politics of News-making*

(Lexington, MA: D. C. Heath, 1973).

Smith, Kim, 'Newspaper coverage and public concern about community issues', *Journalism Monographs*, 101 (1987).

Smith, Tom, 'America's most important problem-a trend analysis, 1946-1976', *Public Opinion Quarterly*, 44 (1980): 164-80.

Smith, Tom, 'The polls: America's most important problems', *Public Opinion Quarterly*, 49 (1985): 264-74.

Snider, Paul, 'Mr. Gates revisited: a 1966 version of the 1949 case study', *Journalism Quarterly*, 44 (1967): 419-27.

Son, Y. J. and David Weaver, 'Another look at what moves public opinion: media agenda setting and polls in the 2000 US election', *International Journal of Public Opinion Research*, 18 (2006): 174-97.

Song, Yonghoi, 'Internet news media and issue development: a case study on the roles of independent online news services as agenda-builders for anti-US protests in South Korea', *New Media and Society*, 9 (2007): 71-92.

Soroka, Stuart N., '*Schindler's List*'s intermedia influence: exploring the role of "entertainment" in media agenda-setting', *Canadian Journal of Communi-cation*, 25 (2000): 211-30.

Soroka, Stuart N., 'Media, public opinion, and foreign policy', paper presented to the American Political Science Association, San Francisco, 2001.

Soroka, Stuart, 'Issue attributes and agenda-setting by media, the public, and policymakers in Canada', *International Journal of Public Opinion Research*, 14 (2002): 264-85.

Soroka, Stuart, *Agenda-Setting Dynamics in Canada* (Vancouver: UBC Press, 2002).

Stevenson, Robert L., Rainer Bohme and Nico Nikel, 'The TV agenda-setting influence on campaign 2000', *Egyptian Journal of Public Opinion Research*, 2, 1 (2001): 29-50.

Stone, Gerald and Maxwell McCombs, 'Tracing the time lag in agenda setting', *Journalism Quarterly*, 58 (1981): 151-5.

Stromback, Jesper and Spiro Kiousis, 'A new look at agenda-setting effects-

Comparing the predictive power of overall political news consumption and specific news media consumption across different media channels and media types', *Journal of Communication*, 60 (2010): 271–92.

Stromback, Jesper and Spiro Kiousis, eds., *Political Public Relations: Principles and Applications* (New York: Routledge, 2011).

Stroud, Natalie, *Niche News: The Politics of News Choice* (New York: Oxford University Press, 2011).

Stroud, Natalie and Kate Kenski, 'From agenda setting to refusal setting: survey nonresponse as a function of media coverage across the 2004 election cycle', *Public Opinion Quarterly*, 71 (2007): 539–59.

Sutherland, M. and J. Galloway, 'Role of advertising: persuasion or agenda setting?', *Journal of Advertising Research*, 21, 5 (1981): 25–9.

Swanson, David and Paolo Mancini, eds., *Politics, Media, and Modern Democracy: An International Study of Innovations in Electoral Campaigning and Their Consequences* (Westport, CT: Praeger, 1996).

Takeshita, Toshio, 'Agenda-setting effects of the press in a Japanese local election', *Studies of Broadcasting*, 29 (1993): 193–216.

Takeshita, Toshio, 'Expanding attribute agenda setting into framing: an application of the problematic situation scheme', paper presented to the International Communication Association, Seoul, Korea, 2002.

Takeshita, Toshio, 'Current critical problems in agenda-setting research', *International Journal of Public Opinion Research*, 18 (2006): 275–96.

Takeshita, Toshio, 'Agenda-setting and framing: two dimensions of attribute agenda-setting', *Mita Journal of Sociology [Japan]*, 12 (2007): 4–18.

Takeshita, Toshio and Shunji Mikami, 'How did mass media influence the voters' choice in the 1993 general election in Japan? A study of agenda setting', *Keio Communication Review*, 17 (1995): 27–41.

Tan, Yue and David Weaver, 'Agenda diversity and agenda setting from 1956 to 2004: what are the trends over time?', *Journalism Studies* (in press).

Tedesco, John, 'Issue and strategy agenda-setting in the 2000 presidential primaries', unpublished paper, Virginia Technological University, 2001.

Tolman, Edward C., *Purposive Behavior in Animals and Men* (New York: Appleton-Century-Crofts, 1932).

Tolman, Edward C., 'Cognitive maps in rats and men', *Psychological Review*, 55 (1948): 189-208.

Toynbee, Polly, 'Press ganged', *Guardian*, 21 May 2003.

Tran, Hai, 'Online agenda setting: a new frontier for theory development', in *Agenda Setting in a 2.0 World*, ed. T. Johnson (New York: Routledge, 2013).

Trumbo, Craig, 'Longitudinal modelling of public issues: an application of the agenda-setting process to the issue of global warming', *Journalism Monographs*, 152 (1995).

Trumbo, Craig, 'The effect of newspaper coverage of influenza on the rate of physician visits for influenza 2002-2008', *Mass Communication and Society*, 15 (2012): 718-38.

Tuchman, Gaye, 'Telling stories', *Journal of Communication*, 26, 4 (1976): 93-7.

Turk, Judy VanSlyke, 'Information subsidies and influence', *Public Relations Review*, 11 (1985): 10-25.

Turk, Judy VanSlyke, 'Information subsidies and media content: a study of public relations influence on the news', *Journalism Monographs*, 100 (1986).

Turk, Judy VanSlyke, 'Public relations influence on the news', *Newspaper Research Journal*, 7 (1986): 15-27.

Tversky, Amos and Daniel Kahneman, 'Availability: a heuristic for judging frequency and probability', *Cognitive Psychology*, 5 (1973): 207-32.

Valenzuela, Sebastian, 'Materialism, post-materialism and agenda-setting effects: the values-issues consistency hypothesis', *International Journal of Public Opinion Research*, 23 (2011): 437-63.

Váně, Jan and František Kalvas, 'Focusing events and their effect on agendasetting', paper presented to the World Association for Public Opinion Research, Hong Kong, 2012.

Vu, Hong, Lei Guo and Maxwell McCombs, 'Exploring "the world outside and the pictures in our heads": a network agenda setting study', paper presented to the Association for Education in Journalism and Mass Communication,

Chicago, 2012.

Wang, Tai-Li, 'Agenda-setting online: an experiment testing the effects of hyperlinks in online newspapers', *Southwestern Mass Communication Journal*, 15, 2 (2000): 59-70.

Wanta, Wayne, *The Public and the National Agenda: How People Learn about Important Issues* (Mahwah, NJ: Lawrence Erlbaum, 1997).

Wanta, Wayne and Joe Foote, 'The president-news media relationship: a timeseries analysis of agenda setting', *Journal of Broadcasting and Electronic Media*, 38 (1994): 437-48.

Wanta, Wayne and Salma Ghanem, 'Effects of agenda setting', in *Mass Media Effects Research: Advances through Meta-Analysis*, eds. R. W. Preiss, B. M. Gayle, N. Burrell, M. Allen and Jennings Bryant (Mahwah, NJ: Lawrence Erlbaum, 2006), pp. 37-51.

Wanta, Wayne, Guy Golan and Cheolhan Lee, 'Agenda setting and international news: media influence on public perception of foreign nations', *Journalism and Mass Communication Quarterly*, 81 (2004): 364-77.

Wanta, Wayne and Y. Hu, 'Time-lag differences in the agenda setting process: an examination of five news media', *International Journal of Public Opinion Research*, 6 (1994): 225-40.

Wanta, Wayne, Mary Ann Stephenson, Judy VanSlyke Turk and Maxwell McCombs, 'How president's State of Union talk influenced news media agendas', *Journalism Quarterly*, 66 (1989): 537-41.

Wanta, Wayne and Yi-Chen Wu, 'Interpersonal communication and the agenda setting process', *Journalism Quarterly*, 69 (1992): 847-55.

Watt, James H., Mary Mazza and Leslie Synder, 'Agenda-setting effects of television news coverage and the memory decay curve', *Communication Research*, 20 (1993): 408-35.

Watts, Liz, 'Coverage of polio and AIDS: agenda setting in reporting cure research on polio and AIDS in newspapers, news magazines and network television', *Ohio Journalism Monograph Series* [School of Journalism, Ohio University], 4 (1993).

Weaver, David, 'Political issues and voter need for orientation', in *The Emergence of American Political Issues*, eds. Donald Shaw and Maxwell McCombs (St Paul, MN: West, 1977), pp. 107-19.

Weaver, David, 'Audience need for orientation and media effects', *Communication Research*, 7 (1980): 361-76.

Weaver, David, 'Issue salience and public opinion: are there consequences of agendasetting?', *International Journal of Public Opinion Research*, 3 (1991): 53-68.

Weaver, David and Swanzy Nimley Elliot, 'Who sets the agenda for the media? A study of local agenda-building', *Journalism Quarterly*, 62 (1985): 87-94.

Weaver, David, Doris Graber, Maxwell McCombs and Chaim Eyal, *Media Agenda Setting in a Presidential Election: Issues, Images and Interest* (Westport, CT: Greenwood, 1981).

Weaver, David and Maxwell McCombs, 'Voters' need for orientation and choice of candidate: mass media and electoral decision making', paper presented to the American Association for Public Opinion Research, Roanoke, VA, 1978.

Weaver, David, Jian-Hua Zhu and Lars Willnat, 'The bridging function of interpersonal communication in agenda setting', *Journalism Quarterly*, 69 (1992): 856-67.

Webster, James and Thomas Ksiazek, 'The dynamics of audience fragmentation: public attention in an age of digital media', *Journal of Communication*, 62 (2012): 39-56.

Weidman, Lisa, 'Consumer knowledge about Oregon wines: applying agenda-setting theory to the dissemination of information about consumer products', paper presented to the Midwest Association for Public Opinion Research, Chicago, 2011.

Westley, Bruce and Lee Barrow, 'An investigation of news seeking behavior', *Journalism Quarterly*, 36 (1959): 431-8.

White, David Manning, 'The gate keeper: a case study in the selection of news', *Journalism Quarterly*, 27 (1949): 383-90.

White, Theodore, *The Making of the President, 1972* (New York: Bantam, 1973).

Whitney, D. Charles and Lee Becker, '"Keeping the gates" for gatekeepers: the effects of wire news', *Journalism Quarterly*, 59 (1982): 60-5.

Willnat, Lars, 'Agenda setting and priming: conceptual links and differences', in *Communication and Democracy*, eds. M. McCombs, D. Shaw and D. Weaver (Mahwah, NJ: Lawrence Erlbaum, 1997), pp. 51-66.

Willnat, Lars and Jian-Hua Zhu, 'Newspaper coverage and public opinion in Hong Kong: a time-series analysis of media priming', *Political Communication*, 13 (1996): 231-46.

Winter, James P., 'Contingent conditions in the agenda-setting process', in *Mass Communication Review Yearbook*, eds. G. C. Wilhoit and Harold de Bock (Beverly Hills, CA: Sage, 1981), pp. 235-43.

Winter, James and Chaim Eyal, 'Agenda setting for the civil rights issue', *Public Opinion Quarterly*, 45 (1981): 376-83.

Winter, James, Chaim Eyal and Ann Rogers, 'Issue-specific agenda setting: the whole as less than the sum of the parts', *Canadian Journal of Communication*, 8, 2 (1982): 1-10.

Wirth, Werner, Jorg Matthes, Christian Schemer, Martin Wettstein, Thomas Friemel, Regula Hänggli and Gabriele Siegert, 'Agenda building and setting in a referendum campaign: investigating the flow of arguments among campaigners, the media, and the public', *Journalism and Mass Communication Quarterly*, 87 (2010): 328-45.

Yang, Jin and Gerald Stone, 'The powerful role of interpersonal communication on agenda setting', *Mass Communication and Society*, 6 (2003): 57-74.

Yioutas, Julie and Ivana Segvic, 'Revisiting the Clinton/Lewinsky scandal: the convergence of agenda setting and framing', *Journalism and Mass Communication Quarterly*, 80 (2003): 567-82.

Young, Lori and Stuart Soroka, 'Affective news: the automated coding of sentiment in political texts', *Political Communication*, 29 (2012): 205-31.

Zhu, Jian-Hua, 'Issue competition and attention distraction: a zero-sum theory of agenda setting', *Journalism Quarterly*, 68 (1992): 825-36.

Zhu, Jian-Hua with William Boroson, 'Susceptibility to agenda setting', in *Commu-*

nication and Democracy, eds. M. McCombs, D. Shaw and D. Weaver (Mahwah, NJ: Lawrence Erlbaum, 1997).

Zucker, Harold, 'The variable nature of news media influence', in *Communication Yearbook 2*, ed. Brent Ruben (New Brunswick, NJ: Transaction Books, 1978), pp. 225-40.

Zyglidopoulos, Stelios, Pavlos Symeou, Philemon Bantimaroudis and Eleni Kampanellou, 'Cultural agenda setting: media attributes and public attention of Greek museums', *Communication Research*, 39 (2012): 480-98.

아젠다 세팅

1판 1쇄 인쇄 2021년 12월 20일
1판 1쇄 발행 2021년 12월 30일

지은이 맥스웰 맥콤스
옮긴이 황선영
펴낸이 최태선
펴낸곳 라이온북스
등록 제313-2005-000221호
주소 04022 서울시 마포구 동교로 70 소와소빌딩 3층
전화 02.3142.4364
팩스 02.6442.4364
이메일 lionbooks@naver.com
종이 타라유통
인쇄 조광프린팅
용지 표지 : 아르떼 190g
본문 : 백상지 100g

ISBN 978-89-94643-87-8 03330

- 값은 뒤표지에 있습니다.
- 잘못된 책은 구입하신 서점에서 교환해 드립니다.